江苏省示范马克思主义学院思想政治理论课教学改革系列成果

《马克思主义基本原理》案例导学

程志波　罗肖泉　赵斌／主编

中国矿业大学出版社
·徐州·

图书在版编目(CIP)数据

《马克思主义基本原理》案例导学 / 程志波，罗肖泉，赵斌主编. —徐州 ：中国矿业大学出版社，2023.12

ISBN 978 - 7 - 5646 - 6028 - 4

Ⅰ. ①马… Ⅱ. ①程… ②罗… ③赵… Ⅲ. ①马克思主义理论—教案(教育)—高等学校 Ⅳ. ①A81

中国国家版本馆 CIP 数据核字(2023)第 208798 号

书　　名	《马克思主义基本原理》案例导学
主　　编	程志波　罗肖泉　赵　斌
责任编辑	万士才
出版发行	中国矿业大学出版社有限责任公司 (江苏省徐州市解放南路　邮编 221008)
营销热线	(0516)83885370　83884103
出版服务	(0516)83995789　83884920
网　　址	http://www.cumtp.com　**E-mail**:cumtpvip@cumtp.com
印　　刷	江苏凤凰数码印务有限公司
开　　本	710 mm×1000 mm　1/16　**印张** 15.5　**字数** 282 千字
版次印次	2023 年 12 月第 1 版　2023 年 12 月第 1 次印刷
定　　价	48.00 元

(图书出现印装质量问题，本社负责调换)

前　言

《马克思主义基本原理》是大学生学习和掌握马克思主义基本立场、观点和方法的重要课程，在高校思想政治理论课程体系中占有十分重要的地位。但是，我们在教学中发现，大学生尤其是对于理工科学生，由于缺少相关的知识背景，在学习马克思主义基本原理时遇到很多困难，很多时候看似弄懂了，实则没有真懂，更莫说灵活应用。因此，应学生的强烈要求，针对学生学习中遇到的重点和难点问题，我们以国家统编教材《马克思主义基本原理》(2023年版)内容为基础，编写了这本案例导学集。

在编写过程中，我们遵循准确性、可读性、针对性、系统性和比较性的基本原则。准确性是指在准确理解马克思主义基本原理和方法的基础上，从权威文献选取60个典型案例，力求内容准确无误，论据扎实可靠、可考。为此，我们对引文出处做了详细的标注，一则供读者考证，二则读者可以循此线索，按图索骥，更深入地学习引文文献，从而更好地理解相关内容。可读性是指案例长短适宜，夹叙夹议，故事生动，图文并茂，生动活泼，不落俗套。所选案例的难度深浅不一，宜深则深，宜浅则浅，有的是用浅显生动的案例帮助学生理解复杂的概念，有的则是引用深奥的原文来帮助学生深化对看似浅显概念的认识。针对性就是选材针对学生在学习马克思主义基本原理时的重点难点问题，这些重点难点问题一则来自我们对《马克思主义基本原理》上机考试情况的统计分析，二则来自讲课过程中与学生的讨论和访谈，选择那些同学似懂非懂，将信将疑或论据与结论之间因果链条较长，学生不易理解和把握的问题。系统性是指所选取案例之间有内在的逻辑联系和时空、人物上的前后呼应。比较性是指在内容选择和论题设置上既有马克思主义批判的典型观点，也有马克思主义的基本论断，使学生在相互比较中厘清正确的观点和错误的观点，厘清马克思主义与其他思想观点的区别，以及相关思想发展的历史脉络，从而更全面、准确地理解马克思主义的立场、观点和方法。毛泽东曾指出："真理是跟谬误相比较，并且同它作斗争发展起来的。美是跟丑相比较，并且同它作斗争发展起来的。善恶也是这样，善事、善人是跟恶事、恶人相比较，并且同它作斗争发展起来的。总之，香花是跟毒草相比较，并且同它作斗争发展起来的。"①他还强调说："不懂得唯心主义和形而上学，没有同这些反面的东西作过斗争，你那个唯物主义和辩证法是不巩固的。我们有些共产党员、共产党的知识分子的缺点，恰恰是对于反面的东西知道得太少。读了几本马克思的书，就那么照着讲，比较单调。讲话，写文章，缺乏说服力。你不研究反面的东西，就驳不倒它。马克思、恩格斯、列宁都不是这样。他们努力学习和研究当代的和历史上的各种东西，并且教人们也这么做。"②这一点也是本案例集的一个突出特点。

本案例集编写的基本思路是：以统编教材为本，以学生学习和教师教学中遇到的难点和盲点为重点，回答"教材上提到但没有细讲而学生必须知道才能很好理解原理内在逻辑"的难点和盲点问题。难点就是与学生平时的思维方式差距较大，学生掌握起来比较费劲；盲点就是教材中思维跨度较大，学生不易理解问题提出的前因后果或论证逻辑的问题，比如为什么马克思主义哲学一上来就问"世界的本原是什么"？什么是"本原""同一性""统一性"？什么是"存在方式"？等等。这些常用但其实理解模糊的问题。有时任课老师会在课上讲一点，但从考试情况和课后随访来看，很多学生其实并不能清楚理解这些概念，导致它们对马克思主义原理的理解和认识多停留在识记层面，而对其中的内在逻辑以及马克思主义在理论和实践上的革命意义不能深入理解和认同，思想政治教育课就上成了知识技能课，不但达不到思想政治理论课的目的，而且具有鲜

① 《毛泽东文集》第7卷，人民出版社1999年版，第192页。

② 《毛泽东文集》第7卷，人民出版社1999年版，第193页。

活生命力和批判精神的马克思主义原理也变成了一个个教条甚至应试背诵的纸条，这确是悲哀。

本案例集的编写前后历时两年多，虽然主编负责全书统稿和修订，但整个教研室老师都付出了辛勤劳动，案例集是集体劳动的结晶。我们不想仅仅出版无人理睬的“故纸堆”，我们希望它能成为学生学习原理课的“好帮手”，在学生疑惑之时能够点亮一盏小灯，灯光未必闪亮，但有亮就有希望，星星之火可以燎原，帮助学生把乱了的思路整理出个线索来，透过教材略显枯燥的内容感受到马克思主义深厚的理论背景和蓬勃的理论生命。参与本案例集编写的老师有罗肖泉、于衍平、南普照、丛占修、汤海艳、何丹、胡可涛、纪佳妮、张灿、赵斌、王棋、程慧敏等老师，由程志波和赵斌负责全书统稿和组织协调，池忠军教授、罗肖泉教授审阅校订。我们头一次编写《马克思主义基本原理》案例导学，虽然尽力做好，但错漏之处在所难免，敬请读者不吝指教，待有机会再版之时修正提高。

主　编

二〇二三年十月

目　录

导　论

案例 1　真理的光芒

【案例内容】

一、真理的味道非常甜

习近平总书记曾经讲述过这样一个故事：一天，一个小伙子在家里奋笔疾书，妈妈在外面喊着说："你吃粽子要加红糖水，吃了吗？"他说："吃了吃了，甜极了。"结果老太太进门一看，这个小伙子还在埋头写书，嘴上全是黑墨水。他旁边一碗红糖水，他没喝，把那个墨水给喝了。但是他浑然不觉啊，还说，"可甜了可甜了"。这人是谁呢？就是陈望道。他当时在浙江义乌的家里翻译《共产党宣言》，由此就说了一句话：真理的味道非常甜。

《共产党宣言》
（中文全译版）封面

陈望道（1891—1977）是中国著名教育家、语言学家。浙江省义乌市人，1891 年出生于农民家庭，早年曾赴日本早稻田大学学习文学、哲学、法律等，并阅读了马克思主义书籍，回国后在复旦大学、上海大学等高校任教。他翻译了中国第一版《共产党宣言》，担任过《辞海》总主编。1920 年 4 月底，陈望道历时两个月完成了《共产党宣言》的翻译工作。同年 5 月，陈望道将《共产党宣言》中文全译本稿带至上海，交由陈独秀和李汉俊校阅，并于同年8月在上海印刷出版。随后平民书社、上海书店、国光书店等相继出版，到1926年5月《共产党宣言》中文版已刊印17版。

二、砍头不要紧，只要主义真

“砍头不要紧，只要主义真。杀了夏明翰，还有后来人。”中国共产党早期著名革命活动家夏明翰的这首气壮山河的就义诗鼓舞着无数志士仁人追求真理、献身革命。

夏明翰(1900—1928)出身名门望族，其父母思想开明，早年曾支持维新，是辛亥革命运动的先行者之一。1917年，在母亲的支持下，夏明翰考入湖南省立第三甲种工业学校。在校期间，他积极阅读进步书籍，寻找救国救民的道路。后在毛泽东、何叔衡的教育培养下，1921年秋，夏明翰加入中国共产党，成了一名坚定的共产主义战士。1928年初，夏明翰被调到湖北工作，任中共湖北省委常委。同年3月18日，由于叛徒出卖，他不幸在汉口被国民党反动派逮捕。在狱中，敌人对夏明翰施以酷刑，劝他投降，但被严厉拒绝。被捕两天后即1928年3月20日的清晨，夏明翰被带到汉口余记里刑场。执行官问他有无遗言，他大喝道：“有，给我纸笔来！”接着，他挥笔写下了“砍头不要紧”的就义诗。这一正气凛然的词句，当时就被人称作热血谱写的革命战歌，激励了无数后人。

三、真理的光芒

2018年5月4日，习近平总书记在纪念马克思诞辰200周年大会上的讲话中指出：马克思是全世界无产阶级和劳动人民的革命导师，是马克思主义的主要创始人，是马克思主义政党的缔造者和国际共产主义的开创者，是近代以来最伟大的思想家。两个世纪过去了，人类社会发生了巨大而深刻的变化，但马克思的名字依然在世界各地受到人们的尊敬，马克思的学说依然闪烁着耀眼的真理光芒！

马克思说：“共产党人的理论原理，决不是以这个或那个世界改革家所发明或发现的思想、原则为根据的。”[①]“这些原理不过是现存的阶级斗争、我们眼前的历史运动的真实关系的一般表述。”[②]

---

① 中共中央马克思恩格斯列宁斯大林著作编译局：《马克思恩格斯文集》第2卷，人民出版社2009年版，第44页。

② 同上，第45页。

马克思主义是科学的理论，创造性地揭示了人类社会发展规律。在马克思提出科学社会主义之前，空想社会主义者早已存在，他们怀着悲天悯人的情感，对理想社会有很多美好的设想，但由于没有揭示社会发展规律，没有找到实现理想的有效途径，因而也就难以真正对社会发展发生作用。马克思创建了唯物史观和剩余价值学说，揭示了人类社会发展的一般规律，揭示了资本主义运行的特殊规律，为人类指明了从必然王国向自由王国飞跃的途径，为人民指明了实现自由和解放的道路。

恩格斯说过："一个民族要想站在科学的最高峰，就一刻也不能没有理论思维。"①中华民族要实现伟大复兴，也同样一刻不能没有理论思维。马克思主义始终是我们党和国家的指导思想，是我们认识世界、把握规律、追求真理、改造世界的强大思想武器。

今天，我们纪念马克思，是为了向人类历史上最伟大的思想家致敬，也是为了宣示我们对马克思主义科学真理的坚定信念。②

【案例讨论】

1. 陈望道为何废寝忘食地翻译《共产党宣言》?

2. 革命先烈夏明翰为何说"……，只要主义真。杀了夏明翰，还有后来人"?

3. 谈谈你对"马克思的学说依然闪烁着耀眼的真理光芒"的理解和认识。

4. 谈谈你对为什么要认真学习马克思主义基本原理的认识。

【案例分析】

我们学习马克思主义基本原理最根本的原因在于马克思主义是科学真理，正如教材上写到的："在人类思想史上，就科学性和影响力而言，没有一种思想理论能达到马克思主义的高度，也没有一种学说能像马克思主义那样对世界产生如此广泛而深远的影响。"③马克思主义"广泛而深远的影响"根源于它的真理性，即它正确地反映了自然、社会和思维的本质规律，这些本质规律不以人的意志为转移，但可以被人认识和利用，成为指导人们认识和改造世界

① 中共中央马克思恩格斯列宁斯大林著作编译局：《马克思恩格斯文集》第9卷，人民出版社2009年版，第437页。

② 习近平：《在纪念马克思诞辰200周年大会上的讲话》，《光明日报》，2018年5月5日。

③ 本书编写组：《马克思主义基本原理》，高等教育出版社2023年版，第1页。

的锐利武器，从而创造出既符合客观规律又能满足主体需求的理想世界。也正是在这个意义上说，马克思主义对人们认识世界、改造世界和创造美好生活具有“不可替代的作用”，而这种“不可替代的作用”同样源于马克思主义是科学真理及真理的“客观性”和“一元性”。“真理的客观性指真理的内容是对客观事物及其规律的正确反映，真理中包含着不依赖于人和人的意识的客观内容。”“真理的客观性决定了真理的一元性。真理的一元性是指在同一条件下对于特定的认识客体的真理性认识只有一个，而不可能有多个。”“尽管认识主体在立场、观点、方法等方面的差异，会导致人们关于同一客体的认识结果往往有所不同，有时甚至截然相反，但这并不表明多样的观点都是真理。”[①]无论人们对马克思主义采取什么态度，宣称自己信奉什么主义或思想，若要在认识和改造世界的实践中获得成功，则必然在事实上遵从马克思主义所阐释的一般理论和方法。总之，马克思主义是科学真理，这是我们学习和坚持马克思主义的根本原因。

① 本书编写组：《马克思主义基本原理》，高等教育出版社 2023 年版，第 92—93 页。

案例2 科学的信仰

【案例内容】

马克思主义是科学学说还是信仰?

有人问我:马克思主义是科学学说还是信仰?马克思主义当然是科学学说,但对以马克思主义为指导的共产党来说,对马克思主义者和一切反对资本主义制度的革命者来说,马克思主义学说可以成为一种信仰。这里所说的信仰,就是行为原则、理想追求、价值目标。

马克思主义是科学学说,它是以事实为依据,以规律为对象,以实践为检验标准的学说。事实、规律、实践,是任何一门科学的本质要素。不以事实为依据、不研究规律、不以实践为检验标准的所谓"学说",不能称为科学。马克思主义是科学学说,马克思和恩格斯创立马克思主义依据的就是事实。马克思主义政治经济学依据的是资本主义社会的经济事实,马克思主义哲学是对自然科学和社会科学的总结,尤其是19世纪上半叶自然科学和社会科学研究提供的科学成果;至于科学社会主义不同于空想社会主义的地方,正在于它是立足于资本主义社会现实的。马克思主义基本原理,包括哲学原理、政治经济学原理、科学社会主义原理,都是以事实为依据,以规律为对象,经过实践检验和仍然经得起实践检验的具有规律性的认识。当然,它不可能详尽无遗地包括马克思和恩格斯的全部思想。我们还在不断地根据新的时代,新的事实进行研究。基本原理可以丰富、运用和发展,但不能推翻。当代中国马克思主义在哲学、政治经济学和社会主义学说的发展,其事实依据就是我国国情和我国发展的实践,成果就是对中国特色社会主义规律的新的概括和新总结,而标准仍然是实践。事实依据、规律概括、实践标准,是马克思主义作为科学学说始终如一的要素。

马克思主义学说是科学,绝不是说马克思主义揭示的规律可以没有人的参与而自动起作用。相反它必须有这种学说的信仰者为之奋斗,为之实践,马克思主义学说的理想才有可能实现。正如普列汉诺夫说的,月食是客观规律,没有人为阻止月食或促进月食而组织月食党,但为实现无产阶级革命必须组织革命党。由学说进到行动,由理论进到实践,必然进入到对马克思主义科学学说的信仰维度。一个不为马克思主义理想而奋斗，不为社会主义和共产主义理想而奋斗的共产党，只是徒有其名的“共产党”；一个不为马克思主义理想而奋斗的人，最多可成为马克思主义的研究者，而不是信仰者；可成为学者，而不是马克思主义者。

马克思主义理论家陈先达教授

马克思主义作为科学和作为信仰有区别吗？当然有。科学是共有的、普遍的，而信仰是个人的。马克思主义作为共产党的信仰，其中就包括每个共产党员个人的共同信仰。马克思主义所揭示的规律，对所有的人都适用。资产者们可以不喜欢劳动价值论，不喜欢剩余价值学说，不喜欢阶级和阶级斗争学说，不喜欢社会主义最终会取代资本主义社会的学说，总之，他们可以不喜欢马克思主义学说，反对或禁止马克思主义的传播，可是马克思主义揭示的规律照样存在。中世纪不会因为神学家们的反对，地球就不再围绕太阳旋转。马克思主义揭示的基本规律也不以人们的意志为转移，个人好恶取舍无碍于它的存在。“不为尧存，不为桀亡”，用在此处，十分贴切。

信仰则不同。马克思主义只有对共产党人，对马克思主义者，对一切拥护马克思主义的人来说，它才是信仰。对于一切反对马克思主义的政党或学者，它就不具有信仰的性质，而是反对的对象，被视为歪理邪说。任何信仰都是信仰者的信仰，而不能成为不信仰者的信仰。作为一种信仰，可以有马克思主义的信仰者，也会有马克思主义的反对者。即使在马克思主义队伍内部，信仰的坚定性程度也不会完全一样。

对坚定的马克思主义者来说，科学和信仰是统一的。一个马克思主义者的信仰是否坚定，取决于它对马克思主义科学性的态度。越是深入地理解马克思主义的科学性，个人信仰越是坚定。马克思主义的科学性是信仰坚定性的理论基础；而信仰坚定性是马克思主义学说科学性的内化，化为内心的坚定的信念和情感：“砍头不要紧，只要主义真。杀了夏明翰，还有后来人。”科学理论动摇，信仰就会随之倒塌。这就是为什么恩格斯要求追随者们要把社会主义作为科学来研究的原因。[①]

① 本案例摘选自：陈先达：《做坚定的马克思主义理论工作者》，《光明日报》，2016年3月2日。

【案例讨论】

1. 结合具体案例或自身经历，谈谈你对科学和信仰辩证关系的理解。

2. 著名哲学家罗素在他的《西方哲学史》中比附说，耶和华等于辩证唯物主义，救世主是马克思，无产阶级是选民，共产党是教会，耶稣降临是革命，地狱是对资本主义的处罚，千年王国是共产主义。你怎样看待这种把马克思主义宗教化的观点？这种观点错在哪里？

3. 马克思主义作为信仰和宗教信仰有何本质区别？

【案例分析】

马克思主义信仰根植于对于事物发展客观规律的正确认识和对历史主体使命的自觉担当。

把马克思主义宗教化的观点，实质上是把为改变此岸世界而斗争的学说，变为憧憬彼岸世界的梦想，把科学的理想变为虚妄的幻想，把革命学说变为劝世箴言。

马克思主义作为信仰与宗教信仰有本质区别。马克思主义的信仰，是以事实为依据的信仰，是建立在客观规律基础上的信仰；而宗教信仰是建立在“信”的基础上的信仰，我“信”因而我信仰。宗教信仰不追问“为什么可信”，而是“信”，其信的基础是偶然的、虚幻的；科学学说不是问“信什么”，而是要问“为什么可信”，其信的基础是必然的、可靠的。不能回答“为什么信”“可信”的科学根据和事实根据是什么，就没有科学；而穷根究底地追问为什么信，为什么可信，信仰的科学根据和事实根据是什么，就不会有宗教信仰。马克思主义是救世的，是改造社会的，是认识世界和改造世界的学说；而宗教是救心的，宗教信仰是自救自赎的，宗教不企图改变世界，改变社会，而是要回归自己的内心世界，改变自我。马克思主义解决的是社会不公问题，而宗教解决的是个人灵魂失衡问题。宗教抚慰对宗教信仰者有效，而对非信仰者无效。马克思主义以解放人类为目标，解决社会向何处去的问题，不管你信与不信马克思主义，消灭剥削，消灭阶级，消除两极分化，获得解放的不是某个人，而是整个社会。宗教对人心有良性教化作用，但社会不可能通过逐个改造人心而得到根本改造，只有变革社会，建立一个共同富裕的公平正义的社会，人才真正有安身立命之处。对于虔诚的信徒来说，其所信仰的宗教是不能批评的，而马克思主义不仅批判世界，而且提倡自我批评。因此，学习和信仰马克思主义就是认识和信仰真理，从而更好地尊重和利用规律。

案例3　时代的口号

【案例内容】

一、资本主义的魔力

棉纺机和蒸汽机的发明和大量使用要求增加铁、钢和煤的供应量。通过一系列生产技术革新，到1800年时，英国生产的煤和铁比世界上其他地区合在一起生产得还多。英国的煤产量从1770年的600万吨上升到1800年的1 200万吨，进而又上升到1861年的5 700万吨。英国的铁产量也从1770年的5万吨增长到1800年的13万吨，进而增长到1861年的380万吨。铁已经丰富和便宜到足以用于一般的建设，因而，人类不仅进入了蒸汽时代，也进入了钢铁时代。纺织工业、采矿工业和冶金工业的发展引起对改进过的运输工具的需要，这引起了运河开凿热，使英国到1830年时拥有2 500英里长的运河。与运河时代相提并论的是伟大的筑路时代。到1838年，英国拥有500英里铁路；到1850年，拥有6 600英里铁路；到1870年，拥有15 500英里铁路。工业革命不但在交通运输方面，而且在通讯联络方面也引发了一场革命。19世纪中叶，人们发明了电报。1866年，人们铺设了一道横越大西洋的电缆，建立了东半球与美洲之间直接的通讯联络。①

工业革命以世界性的规模有效地利用了人力资源和自然资源，使生产率得到史无前例的提高。大不列颠首先受到这方面的影响，使其资本从1750年的5亿英镑增长到1800年的15亿英镑、1833年的25亿英镑和1865年的60亿英镑。②

资产阶级在它的不到一百年的阶级统治中所创造的生产力，比过去一切世代创造的全部生产力还要多，还要大。自然力的征服，机器的采用，化学在

---

① 〔美〕勒芬·斯塔夫里阿诺斯：《全球通史：从史前史到21世纪》，吴象婴 等译，北京大学出版社2006年版，第493—495页。

② 〔美〕勒芬·斯塔夫里阿诺斯：《全球通史：从史前史到21世纪》，吴象婴 等译，北京大学出版社2006年版，第498页。

纪念蒸汽机发明人瓦特的邮票

工业和农业中的应用，轮船的行使，铁路的通行，电报的使用，整个整个大陆的开垦，河川的通航，仿佛用法术从地下呼唤出来的大量人口——过去哪一个世纪料想到在社会劳动里蕴藏有这样的生产力呢？[①]

二、资本主义的罪恶

1715至1787年间，法国从海外地区输入的进口商品增加了10倍，而出口商品增加了7至8倍。英国贸易也有了几乎同样惊人的增长——在1698至1775年这一时期，进口商品和出口商品都增长到500%至600%之间。欧洲的总的贸易在增长，但是，殖民地贸易正在其中占有一个愈来愈大的部分。例如，1689年，英国15%的海运贸易是与其殖民地进行的，但是，到1775年，这一数字已上升到33%。……资本以利润的形式从世界各地源源流入欧洲——从西伯利亚和北美的毛皮贸易；从墨西哥和秘鲁的银矿；从非洲的奴隶贸易；从一些东印度公司、西印度公司、黎凡特公司、非洲公司和其他各式各样的公司包括莫斯科公司、哈德孙湾公司以及南北美洲的种种路上殖民地公司的利润中。据估计，18世纪从印度和西印度蔗糖殖民地所榨取的资金的总量与1800年在该工业上投入的资金总量大约差不多。[②]

① 中共中央马克思恩格斯列宁斯大林著作编译局：《马克思恩格斯文集》第2卷，人民出版社2009年版，第36页。

② 〔美〕勒芬·斯塔夫里阿诺斯：《全球通史：从史前史到21世纪》，吴象婴 等译，北京大学出版社2006年版，第488页。

1714年至1820年间，英国有超过600万英亩的土地被圈占。这意味着严重的混乱和苦难。贫穷的农民失去了自己的部分甚至全部的土地，被迫当租地人或打散工的人，否则，就不得不去城里找工作。英国自耕农被大批大批地逐出家园这一现象使得关心社会的个别人极为恐惧，他们直言不讳地起来反对。虽然圈占土地的过程是令人不安、令人不快的，但就工业革命而言，它履行了两个必不可少的职责——为工厂提供了劳动力，为城市提供了粮食。①

无疑，在工业化的早期阶段，存在着大量的剥削和社会分裂。佃农被逐出家园，织布工和其他手工业者由于新的机制商品的不可抵抗的竞争而被淘汰。这些人同别的和他们一样的人一起，面临着迁居城市、寻找工作、适应不熟悉的环境及陌生的生活方式和工作方式的考验。他们没有土地、房屋、工具和资本，完全依靠他们的雇主。总之，他们成为纯粹的雇佣劳动者，除了自己的劳动力外一无所有。当他们找到工作时，他们发现工作时间很长，16小时工作日决不是罕见的。如果仅仅是工作时间长，原本可以忍受，因为他们的工作时间并不比实行家庭包工制在家里工作的时间更长。但是，在变得习惯于工厂的纪律和管理机器的单调方面，遇到了真正的困苦。工人们随着工厂的汽笛声而上下班。他们必须跟上机器的运转，并始终处于在场监工的严格监督下。雇主自然把他们的工资账单看做是一笔应尽可能降低的开支。因而，他们中的许多人，尤其是纺织工业的雇主们，更喜欢雇佣妇女和童工，因为妇女和童工愿意接受较低的工资，而且更服从命令。对妇女和童工劳动的剥削达到了很大的规模，以致议会的许多委员会在进行调查时发现了种种令人震惊的情况。②

威廉·伍德，9岁，“从7岁零10个月就开始做工”。一直是“运模子”(把已经入模的坯子搬到干燥房，再把空模搬回来)。他每周天天早晨6点上工，晚上9点左右下工。“我每周天天都干到晚上9点钟。例如最近七八个星期都是这样。”就是说，一个7岁的孩子竟劳动15小时！约·默里，12岁，他说：“我干的是运模子和转轱辘。我早晨6点钟上工，有时4点钟上工。昨天，我干了一整夜，一直干到今天早晨6点钟。我从前天夜里起就没有上过床。除我以外，还有八九个孩子昨天都干了一整夜。除了一个没有来，其余的孩子今

① 〔美〕勒芬·斯塔夫里阿诺斯：《全球通史：从史前史到21世纪》，吴象婴 等译，北京大学出版社2006年版，第490页。

② 〔美〕勒芬·斯塔夫里阿诺斯：《全球通史：从史前史到21世纪》，吴象婴 等译，北京大学出版社2006年版，第498—499页。

天早晨又都上工了。我一个星期挣 3 先令 6 便士(1 塔勒 5 格罗申)。我整整干了一夜,也没多得到一个钱。上星期我就整整干了两夜。"弗尼霍夫,10 岁,他说:"我不总是能够得到十足一小时的吃饭时间,而往往只有半小时,每星期四、星期五、星期六都是这样。"格林豪医生指出,在特伦特河畔斯托克和沃尔斯坦顿这两个陶业区,人的寿命特别短。20 岁以上的男子从事陶业生产所得,在斯托克区虽然只占 36.6%,在沃尔斯坦顿只占 30.4%,但是在这类年龄的男子死亡人数中,死于胸腔病的陶工在斯托克区占一半以上,在沃尔斯坦顿区约占 2/5。在汉利行医的布思罗伊德医生说:"陶工一代比一代矮,一代比一代弱。"另一个医生麦克贝恩先生也说:"我在陶工中间行医 25 年了,我发觉这个阶段在身高和体重方面显著退化。"①

工业革命时期工厂里的童工

在商业危机期间,总是不仅有很大一部分制成的产品被毁灭掉,而且有很大一部分已经造成的生产力被毁灭掉。在危机期间,发生一种在过去一切时代看来都好像是荒唐现象的社会瘟疫,即生产过剩的瘟疫。社会突然发现自己回到了一时的野蛮状态;仿佛是一次饥荒、一场普遍的毁灭性战争,使社会失去了全部生活资料;仿佛是工业和商业全被毁灭了。②

【案例讨论】

1. 结合上述案例,谈谈你对马克思主义产生的社会根源的认识。

① 中共中央马克思恩格斯列宁斯大林著作编译局:《马克思恩格斯文集》第 5 卷,人民出版社 2009 年版,第 283—284 页。

② 中共中央马克思恩格斯列宁斯大林著作编译局:《马克思恩格斯文集》第 2 卷,人民出版社 2009 年版,第 37 页。

2. 有人说，当代资本主义社会及工人阶级的状况与马克思恩格斯生活的那个年代已经有了很大改观，因此马克思主义已经过时了。请从时代及时代问题演变的角度，谈谈你对这个观点的看法：马克思主义过时了吗？

3. 从马克思主义及其产生的社会根源内在关系的角度，谈谈你对重大理论创新产生规律的认识。

【案例分析】

马克思指出："问题就是公开的、无畏的、左右一切个人的时代声音。问题就是时代的口号，是它表现自己精神状态的最实际的呼声。"①马克思主义不是凭空臆造，更不是无病呻吟、自说自话的理论自恋，而是对重大时代问题的科学回答。资本主义制度在不断创造出巨大社会财富和资产阶级的"民主"和"自由"的同时，对社会生产造成巨大破坏，对无产阶级进行残酷压榨，巨大的现实反差映衬出一个重大时代课题："资本主义向何处去、人类向何处去"②。时代呼唤科学理论，马克思主义的问世回应了时代呼唤。马克思恩格斯以其科学的方法、批判的精神、深邃的思想、渊博的学识、深厚的问题意识在众声喧哗中聆听时代声音，在现实中发现问题，在探索中提出问题，以历史勇气直面问题，以责任担当研究问题，以卓越智慧回答问题，以实践精神解决问题，在全面总结和批判人类社会实践经验和思想理论的基础上，创立了马克思主义。这个学说的产生有其历史必然性，它绝不是以哪个学问家所发明的思想或原则为根据的，而是对马克思恩格斯及后继人所生活和经历的历史运动及人类社会的真实关系的一般表述和正确反映。进入 21 世纪，人类仍然面临社会主义社会代替资本主义社会的重大课题，因此，马克思主义依然而且必须在场，继续指导我们分析和解决时代课题，正如习近平总书记强调指出的，"尽管我们所处的时代同马克思所处的时代相比发生了巨大而深刻的变化，但从世界社会主义 500 年的大视野来看，我们依然处在马克思主义所指明的历史时代。"③

---

① 中共中央马克思恩格斯列宁斯大林著作编译局：《马克思恩格斯全集》第 40 卷，人民出版社 1982 年版，第 289—290 页。

② 本书编写组：《马克思主义基本原理》，高等教育出版社 2023 年版，第 5 页。

③ 《习近平谈治理政》第 2 卷，北京：外文出版社，2017 年版，第 66 页。

案例4 人民的立场

【案例内容】

习近平总书记在纪念马克思诞辰200周年大会上的讲话中指出："在《莱茵报》工作期间，马克思犀利抨击普鲁士政府的专制统治，维护人民权利。"① 维护人民权利，为贫困群众辩护，这是马克思作为《莱茵报》编辑所秉持的基本价值立场，也是马克思一生坚定不移的价值立场。

马克思的精明强干和锐利笔锋吸引了新创立的《莱茵报》股东们的目光，经过一番协商，他们决定聘请马克思担任《莱茵报》编辑，主持整个报纸。马克思于1842年10月中旬来到科隆，是年，马克思24岁。在担任《莱茵报》编辑期间，马克思明确地站在人民群众一边，自觉负起为他们辩护的责任。其中马克思关于林木盗窃法的批判在其思想发展和立场巩固中具有重要意义。

Rheinische Zeitung
Politik, Handel und Gewerbe.

马克思担任编辑的《莱茵报》

在当时的普鲁士，农民们生活贫苦，单靠买的木柴不够烧，只有到森林里去捡枯枝勉强解决燃料问题，很久以来，逐渐形成了农民的一项习惯权利。但是，正在上升的资本主义与这种情况发生了矛盾：资本主义发展需要把森林、土地和公共份地都明确地变为私有财产，而农民为了生计却需要顽强地保护他们先前的习惯权利。于是大量冲突发生了，仅在1836年，在法庭审理的20万件刑事案件中，就有15万件是关于盗窃林木、侵占牧场和私自狩猎的。于是政府提出、省议会讨论通过一个林木盗窃法。根据这项法律，未经土地和林木所有者允许而私伐树木甚至捡枯枝的，都犯了盗窃罪。显然，这部法律对贫困农民是非常不利的，只是为了保护私有者阶级的利益。

① 习近平：《在纪念马克思诞辰200周年大会上的讲话》，《光明日报》，2018年5月5日第2版。

马克思明确地站在贫困农民一边，负起为他们辩护的责任。但是，他遇到了一个难题：他需要对他以前不熟悉的“实际利益”发表意见。马克思这位黑格尔学派的出色人物，虽然在思辩哲学领域出入自如，辩才无碍，但还从未接触过这样的实际问题。这时，马克思这位同情人民的年轻学者毫不犹豫地从哲学的殿堂下降到了“坚实的地面”，写出了《关于林木盗窃法的批判》一文。在该文中，他从“事物的法的本质”入手，宣布“我们为穷人要求习惯法”。贫苦农民捡枯枝的习惯完全是合乎本能的权力感的，是合法的，它就是“最底层的、一无所有的基本群众的法”。他指出，这个法律压制民间的习惯法，是最大的不法。但是，此时虽然马克思还不能从阶级利益去考察问题，但他清楚地看到了林木盗窃法背后的“私人利益”；马克思也还没有把国家看作是阶级统治的工具，但已经清楚地看清到，普鲁士绝不是黑格尔颂扬的“理想国家”，自私自利的林木所有者正通过林木盗窃法“使国家权威变成林木所有者的奴仆”。在写作这篇论文的过程中，马克思通过涉足实际物质利益，开始感觉到黑尔格哲学存在的巨大缺陷，感到需要深入研究一些实际的社会问题。这成为他后来深入研究政治经济学，到经济活动中去寻找社会矛盾根本答案的最初推动力。

《关于林木盗窃法的批判》一文刊发后，马克思又开始关心摩泽尔河沿岸地区人民的贫困问题。摩泽尔河沿岸地区自然环境优越，资源富饶，盛产优质葡萄酒。但是，当地农民的生活却悲惨艰难，政府不但不设法改善农民生活，反而增加了更重的税负。《莱茵报》披露了当时农民生活的惨状，谴责了上层社会的冷漠。这引起莱茵省当局的不满，要求报纸举证。为此，马克思仔细收集了大量材料和官方文件，写成了以《摩泽尔记者的辩护》为标题的一组长文。马克思认为，人民贫困而无人过问的原因不在于个别官员的好坏，其根本原因在于那个普鲁士的国家制度。他写道：“人们在研究国家状况时很容易走入歧途，即忽视各种关系的客观本性，而用当事人的意志来解释一切。但是存在着这样一些关系，这些关系既决定私人的行动，也决定个别行政当局的行动，而且就像呼吸的方式一样不以他们为转移。只要人们一开始就站在这种客观立场上，人们就不会违反常规地以这一方或那一方的善意或恶意为前提，而会在初看起来似乎只有人在起作用的地方看到这些关系在起作用。”在这里，马克思的见解虽然还未能超出唯心主义观点，但他已经把造成摩泽尔地区农民贫困问题的原因追溯到普鲁士国家制度的“客观本性”上。[①]

① 本案例摘选自：张光明，罗传芳：《马克思传》，天地出版社 2018 年版，第 36—39 页。

【案例讨论】

1. 结合具体历史环境以及马克思思想发展脉络，思考马克思当时为何选择站在贫困农民一边，批判林木盗窃法。

2. 请仔细阅读马克思的《关于林木盗窃法的批判》一文。你认为马克思对于林木盗窃法的批判是否令人信服？有何不足之处？马克思后来对这些不足之处做何修正？

3.“为人类而工作”与关注“实际利益”有何内在联系？

【案例分析】

担任《莱茵报》编辑是马克思谋得的第一份社会工作。《莱茵报》工作时期（1842 年 10 月—1843 年 3 月）是马克思思想发展的重要阶段，在此期间，他开始关注现实问题，问题视域从“哲学殿堂”下降到“坚实的地面”，但是马克思为人类服务的立场是一以贯之的。早在青年时期，在启蒙学者人道主义的影响下，马克思就树立了“为人类而工作”的崇高志向，他在中学毕业作文《青年在选择职业时的考虑》中写道，择业的目标应当是为了“人类的幸福和我们自身的完美”，“如果一个人只为自己劳动，他也许能够成为著名的学者、伟大的哲人、卓越的诗人，然而他永远不能成为完美的、真正伟大的人物”。[①] 马克思终生遵循了自己少年时代的诺言，尽管后来历尽坎坷，但矢志不渝。所以，他会自觉维护贫苦农民的权利，批判林木盗窃法和普鲁士的国家制度。马克思同时代的战友及后继者都秉持“维护人民利益”、为人民谋福利的基本理念，“人民至上是马克思主义的政治立场”[②]。

从马克思在《莱茵报》时期所发表文章的立场、观点和方法来看，马克思当时的思想仍然属于唯心主义和民主主义，仍然把一些抽象的原则作为现实批判所依据的基本原则，批判视角和方法也主要是抽象的思辩方法。但是，他已经开始意识到实际物质利益之于社会生活及社会批判的极端重要性，并由此开始质疑黑尔格哲学。“马克思在晚年回顾自己思想发展过程的时候依然会追溯到《莱茵报》时期的经历。正是这一时期的问题意识成就了马克思对德国

① 中共中央马克思恩格斯列宁斯大林著作编译局：《马克思恩格斯全集》第 1 卷，人民出版社 1995 年版，第 459 页。

② 本书编写组：《马克思主义基本原理》，高等教育出版社 2023 年版，第 14 页。

古典哲学的超越。这一时期的问题意识成为马克思阅读古典政治经济学的动力。”[①]他刚一退出《莱茵报》，就立刻借助费尔巴哈的成果展开对黑格尔的批判，写了《黑格尔法哲学批判》手稿，集中批判了黑格尔关于国家决定市民社会的观点，提出“是市民社会决定国家而不是国家决定市民社会”，从而找到了破解普鲁士国家制度的“客观本性”的路径。《黑格尔法哲学批判》手稿标志着马克思向唯物主义和科学社会主义迈出了重要一步。

① 郝立新：《马克思主义发展史》第1卷，人民出版社2018年版，第147页。

案例5　理论的渊源

【案例内容】

马克思学说在整个文明世界中引起全部资产阶级科学（官方科学和自由派科学）极大的仇视和憎恨，这种科学把马克思主义看作某种“有害的宗派”。也不能期望有别的态度，因为建筑在阶级斗争上的社会是不可能有“公正的”社会科学的。全部官方的和自由的科学都这样或那样地为雇佣奴隶制辩护，而马克思主义则对这种奴隶制宣布了无情的战争。期望在雇佣奴隶制的社会里有公正的科学，正像期望厂主在应不应该减少利润来增加工人工资问题上会采取公正态度一样，是愚蠢可笑的。

不仅如此，哲学史和社会科学史都十分清楚地表明：马克思主义同“宗派主义”毫无相似之处，它绝不是离开世界文明发展大道而产生的一种固步自封、僵化不变的学说。恰恰相反，马克思的全部天才正是在于他回答了人类先进思想已经提出的种种问题。他的学说的产生正是哲学、政治经济学和社会主义极伟大的代表人物的学说的直接继续。

马克思学说具有无限力量，就是因为它正确。它完备而严密，它给人们提供了决不同任何迷信、任何反动势力、任何为资产阶级压迫所作的辩护相妥协的完整的世界观。马克思学说是人类在19世纪所创造的优秀成果——德国的哲学、英国的政治经济学和法国的社会主义的当然继承者。

列宁《马克思主义的三个来源和三个组成部分》

现在我们就来简短地说明一下马克思主义的这三个来源以及它的三个组成部分。

一、马克思主义的哲学就是唯物主义。在欧洲全部近代史中，特别是18世纪末叶，在同一切中世纪废物，同农奴制和农奴制思想展开决战的法国，唯物主义成了唯一彻底的科学，它忠于一切自然科学学说，仇视迷信、伪善行为及其他等等。因此，民主的敌人便竭尽全力来“驳倒”、败坏和诋毁唯物主义，维护那些不管怎样总是为宗教辩护或支持宗教的各种哲学唯心主义。

马克思和恩格斯最坚决地捍卫了哲学唯物主义，并且多次说明，一切离开这个基础的倾向都是极端错误的。在恩格斯的著作《路德维希·费尔巴哈》和《反杜林论》里最明确最详尽地阐述了他们的观点，这两部著作同《共产党宣言》一样，都是每个觉悟工人必读的书籍。

但是，马克思并没有停止在18世纪的唯物主义上，而是把哲学向前推进了。他用德国古典哲学的成果，特别是用黑格尔体系（它又导致了费尔巴哈的唯物主义）的成果丰富了哲学。这些成果中主要的就是辩证法，即最完备最深刻最无片面性的关于发展的学说，这种学说认为反映永恒发展的物质的人类知识是相对的。不管那些“重新”回到陈腐的唯心主义那里去的资产阶级哲学家的学说怎样说，自然科学的最新发现，如镭、电子、元素转化，都出色地证实了马克思的辩证唯物主义。

马克思加深和发展了哲学唯物主义，而且把它贯彻到底，把它对自然界的认识推广到对人类社会的认识。马克思的历史唯物主义是科学思想中的最大成果。过去在历史观和政治观方面占支配地位的那种混乱和随意性，被一种极其完整严密的科学理论所代替，这种科学理论说明，由于生产力的发展，如何从一种社会结构中发展出另一种更高级的结构，例如农奴制中生长出资本主义。

正如人的认识反映不依赖于它而存在的自然界即发展着的物质那样，人的社会认识（即哲学、宗教、政治等等的不同观点和学说）反映社会的经济制度。政治设施是经济基础的上层建筑。我们看到，例如现代欧洲各国的各种政治形式，都是为巩固资产阶级对无产阶级的统治服务的。

马克思的哲学是完备的哲学唯物主义，它把伟大的认识工具给了人类，特别是给了工人阶级。

二、马克思认为经济制度是政治上层建筑借以树立起来的基础，所以他特别注意研究这个经济制度。马克思的主要著作《资本论》就是专门研究现代社会即资本主义社会的经济制度的。

马克思以前的古典经济学是在最发达的资本主义国家英国形成的。亚当·斯密和大卫·李嘉图通过对经济制度的研究奠定了劳动价值论的基础。马克思继续了他们的事业。他严密地论证了并且彻底地发展了这个理论。他证明：任何一个商品的价值，都是由生产这个商品所消耗的社会必要劳动时间的数量决定的。

凡是资产阶级经济学家看到物与物之间的关系（商品交换商品）的地方，马克思都揭示了人与人之间的关系。商品交换表现着各个生产者之间通过市场发生的联系。货币意味着这一联系愈来愈密切，把各个生产者的全部经济生活不可分割地联结成一个整体。资本意味着这一联系进一步发展：人的劳动力变成了商品。雇佣工人把自己的劳动力出卖给土地、工厂和劳动工具的占有者。工人用工作日的一部分来抵偿维持本人及其家庭生活的开支（工资），工作日的另一部分则是无报酬地劳动，为资本家创造剩余价值，这也就是利润的来源，资本家阶级财富的来源。

剩余价值学说是马克思经济理论的基石。

工人的劳动所创造的资本压迫工人，使小业主破产，造成失业大军。大生产在工业中的胜利是一眼就能看到的，但是在农业中我们也看到同样的现象：资本主义大农业的优势日益扩大，采用机器愈来愈广泛，农民经济纷纷落入货币资本的绞索，由于技术落后而日益衰败和破产。在农业方面，小生产的衰败的形式虽然不同，但是它的衰败也是无可争辩的事实。

资本打击小生产，同时使劳动生产率不断提高，并且造成大资本家同盟的垄断地位。生产本身日益社会化，使几十万以至几百万工人联结成一个有条不紊的经济机体，而共同劳动的产品却被一小撮资本家所占有。生产的无政府状态愈来愈严重，危机日益加深，争夺市场的斗争愈来愈疯狂，人民群众的生活愈来愈没有保障。

资本主义制度在使工人愈来愈依赖资本的同时，创造着联合劳动的伟大力量。

马克思考察了资本主义的发展过程，从商品经济的最初萌芽，从简单的交换一直到资本主义的高级形式，到大生产。

一切资本主义国家（无论老的或新的）的经验，使工人一年比一年多的人清楚地看到了马克思这一学说的正确性。

资本主义在全世界获得了胜利，但是这一胜利不过是劳动对资本的胜利的前阶。

三、当农奴制度被推翻，“自由”资本主义社会出现的时候，一下子暴露出这种自由意味着压迫和剥削劳动者的一种新制度。于是反映这种压迫和反对这种压迫的各种社会主义学说就立刻产生了。但是最初的社会主义是空想的社会主义。这种社会主义批判资本主义社会，谴责它，咒骂它，幻想消灭它，臆想较好的制度，劝富人相信剥削是不道德的。

但是空想社会主义没有能够指出真正的出路。它既不会阐明资本主义制度下雇佣奴隶制的本质，又不会发现资本主义发展的规律，也不会找到能够成为新社会的创造者的社会力量。

然而，在欧洲各国，特别是在法国，导致封建制度即农奴制崩溃的汹涌澎湃的革命，却日益明显地揭示了阶级斗争是整个发展的基础和动力。

战胜农奴主阶级而赢得政治自由，没有一次不遇到拼命的反抗。没有一个资本主义国家，不是经过资本主义社会各阶级间你死我活的斗争，才在比较自由和民主的基础上建立起来。

马克思的天才就在于他最先从这里得出了全世界历史所提示的结论，并且彻底地贯彻了这个结论。这个结论就是阶级斗争学说。

只要人们还没有学会透过任何有关道德、宗教、政治和社会的言论、声明、诺言，揭示出这些或那些阶级的利益，那他们始终是而且会永远是政治上受人欺骗和自己欺骗自己的愚蠢的牺牲品。只要那些主张改良和改善的人还不懂得，任何一个旧设施，不管它怎样荒谬和腐败，都由某些统治阶级的势力在支撑着，那他们总是会受旧事物拥护者的愚弄。要粉碎这些阶级的反抗，只有一个办法，就是必须在我们所处的社会中找出一种力量，教育它和组织它去进行斗争，这种力量可以（而且按它的社会地位来说应当）成为能够除旧立新的力量。

只有马克思主义的哲学唯物主义，才给无产阶级指明了如何摆脱一切被压迫阶级至今深受其害的精神奴役的出路。只有马克思的经济理论，才阐明了无产阶级在整个资本主义制度中的真正地位。

在全世界，从美洲到日本，从瑞典到南非，无产阶级的独立组织正在不断增加。无产阶级一面进行阶级斗争，一面受到启发和教育，他们逐渐摆脱资产阶级社会的偏见，日益紧密地团结起来并且学习怎样衡量自己的成绩，他们正在锻炼自己的力量并且在不可遏制地成长壮大。[①]

【案例讨论】

1. 请查阅相关资料，举例说明马克思在哪些方面用黑格尔体系的成果丰富了哲学。

2. 为什么说“剩余价值学说是马克思经济理论的基石”？

3. 列宁认为“空想社会主义没有能够指出真正的出路”的主要理由是什么？

---

① 本案例摘选自：中共中央马克思恩格斯列宁斯大林著作编译局：《列宁选集》第2卷，人民出版社1995年版，第309—314页。

【案例分析】

列宁的《马克思主义的三个来源和三个组成部分》,准确而精辟地阐释了马克思主义的理论来源和组成部分,是学习马克思主义发展史和理论体系建构的重要文献,也是学习和研究列宁主义的重要文献。在该文章中,列宁用精要的语言阐释了马克思主义与德国古典哲学(尤其是黑格尔和费尔巴哈)、英国古典政治经济学与空想社会主义之间的联系和区别。

马克思在柏林大学读书的时候曾接触到黑格尔哲学,但只读了一些片段,觉得黑格尔的著作离奇古怪,甚至讽刺黑格尔哲学说:"每个人都可以啜饮这智慧的玉液琼浆,我给诸位揭示一切,因为我实际上什么都没有讲!"[①]但是,在1837年因病疗养期间,马克思再次接触并仔细通读了黑格尔及黑格尔学派的著作,发现黑格尔哲学"古怪的"框架里蕴藏着大量珍宝,尤其是辩证法,掌握黑格尔的辩证法思想,对于马克思创立历史唯物主义哲学体系具有重大意义。因此,马克思终生对黑格尔怀有深深敬意,即使后来他的学术成就已经超越黑格尔,但是针对那些攻击黑格尔的人,马克思则声明:"我公开承认我是这位大思想家的学生。"[②]剩余价值理论深刻揭露了资本主义生产关系的剥削本质,阐明了资产阶级与无产阶级之间阶级斗争的经济根源,指出了无产阶级革命的历史必然性,是马克思主义经济理论的基石,是无产阶级反对资产阶级、揭示资本主义制度剥削本质的锐利武器。由于唯物史观和剩余价值的发现,社会主义由空想变为科学。[③] 科学社会主义与空想社会主义的根本区别,正如列宁指出的:"它[④]既不会阐明资本主义制度下雇佣奴隶制的本质,又不会发现资本主义发展的规律,也不会找到能够成为新社会的创造者的社会力量。"[⑤]因此,虽然德国古典哲学、英国古典政治经济学与法国与英国的空想社会主义是马克思主义的重要理论来源,但后者与前者有本质性区别。

---

① 中共中央马克思恩格斯列宁斯大林著作编译局:《马克思恩格斯全集》第2版第1卷,人民出版社1995年版,第735—736页。

② 中共中央马克思恩格斯列宁斯大林著作编译局:《马克思恩格斯选集》第2版第2卷,人民出版社2012年版,第94页。

③ 本书编写组:《马克思主义基本原理》,高等教育出版社2023年版,第222页。

④ 指空想社会主义,引者注。

⑤ 中共中央马克思恩格斯列宁斯大林著作编译局:《列宁选集》第2卷,人民出版社1995年版,第313页。

案例6 伟人的自白

【案例内容】

习近平总书记在纪念马克思诞辰200周年大会上的讲话中指出："马克思是顶天立地的伟人，也是有血有肉的常人。他热爱生活，真诚朴实，重情重义。"①马克思到底是怎样一个人，他的"自白"能从一个侧面反映出马克思的好恶和精神世界。

"自白"是当时流行的一种带有游戏性质的问卷形式。询问者把事先准备好的问题交给被询问者，后者的答复大都轻松诙谐，但从中仍能看出他们的某些性格特征。马克思的"自白"已发现的有三份，一份是1865年4月1日在荷兰他姨夫家写的，另两份则分别保存在他的长女燕妮和次女劳拉那里。三份内容略有不同，下面是燕妮保存的那一份"自白"的内容：

您喜爱的优点：

一般人：纯朴。

男人：刚强。

女人：柔弱。

您的特点：目标始终如一。

您对幸福的理解：(没有答案)②。

您对不幸的理解：(没有答案)③。

您能原谅的缺点：轻信。

您厌恶的缺点：逢迎。

您讨厌的：马丁·塔波尔、堇菜粉④。

您喜欢做的事：啃书本⑤。

---

① 习近平：《在纪念马克思诞辰200周年大会上的讲话》，《光明日报》，2018年5月5日第2版。

② 另两份"自白"的回答是：斗争。

③ 另两份"自白"的回答是：屈服。

④ 另两份"自白"的回答只有"马丁·塔波尔"。堇菜(Viola verecunda)为堇菜科堇菜属的植物，能清热解毒，可治疥疮、肿毒等症。

⑤ 在姨夫那里的一份"自白"是"看小尼达(马克思的表妹)"。

您喜爱的诗人：但丁、埃斯库罗斯、莎士比亚、歌德。
您喜爱的散文家：狄德罗、莱辛、黑格尔、巴尔扎克。
您喜爱的英雄：斯巴达克、刻卜勒。
您喜爱的女英雄：甘泪卿。
您喜爱的花：瑞香。
您喜爱的颜色：红色。
您喜爱的眼睛和头发的颜色：黑色。
您喜爱的名字：燕妮、劳拉。
您喜爱的菜：鱼。
您厌恶的历史人物：（没有答案）
您喜爱的格言：人所具有的我都具有。
您喜爱的座右铭：怀疑一切。[①]

【案例讨论】

1．马克思在“自白”中说他的特点是“目标始终如一”，请查阅相关资料，看看这一特点有哪些具体表现。

2．马克思说他讨厌“马丁·塔波尔”，请查阅相关资料，看看“马丁·塔波尔”是谁，马克思为什么讨厌他。

3．马克思说他喜爱的女英雄是“甘泪卿”，请查阅相关资料，看看“甘泪卿”是谁，马克思为什么喜爱她。

4．马克思说他喜爱的座右铭是“怀疑一切”，你认为这表现了马克思怎样的思想特点？

【案例分析】

马丁·塔波尔(Martin Tupper)，曾是英国一位最有声望的诗人，其著作《谚语哲学》在19世纪50年代和60年代初发行了几百万册。而同时期出版的马克思的《资本论》却发行不佳，资产阶级学术界企图用“沉默”的老办法来封杀《资本论》。马克思在“自白”中说讨厌塔波尔，有调侃的味道。

马克思在《自白》中写道，他喜爱的女人的优点是“柔弱”，最心仪的女英雄是“甘泪卿”。甘泪卿是歌德《浮士德》中的女性人物，具有温柔善良、坚贞虔

① 中共中央马克思恩格斯列宁斯大林著作编译局：《马克思恩格斯全集》第2版第31卷（下），人民出版社1998年版，第709—710页。

诚、奉献牺牲等性格特征。马克思的夫人和重要助手燕妮(1814—1881),具有与甘泪卿类似的品质特征。燕妮学识广博,言谈举止高贵而又使人感到亲切,与马克思结婚后,虽然生活颠沛流离,历经磨难,但燕妮始终坚定地支持马克思的革命事业。恩格斯评赞燕妮是“以使别人幸福为自己的最大幸福的妇女”。马克思心仪的“柔弱”,实在有着坚贞高贵的优秀品质。马克思对甘泪卿的喜爱与尊敬,不仅源于文学品味,也受到与他共同经历磨难的夫人燕妮的影响。习近平总书记称赞说:“马克思和妻子燕妮患难与共,谱写了理想和爱情的命运交响曲。”①两位女性身上所蕴含的人文精神,对马克思的人文追求有某种浸润与触动。② 马克思把“怀疑一切”作为喜爱的座右铭,体现了马克思的理性批判精神。正是这种精神激励马克思广泛学习各种思想观点,但又不现成地接受和囿于这些观点,而是通过理性批判,不断扬弃旧思想,创造新思想,始终使自己的思想观点保持开放性和不断革新的活力。

马克思与燕妮

① 习近平:《在纪念马克思诞辰200周年大会上的讲话》,《光明日报》,2018年5月5日第2版。

② 和建伟,陆晓光:《马克思何以推重“柔弱”的女英雄——燕妮与甘泪卿的比较》,《社会科学论坛》,2016年第7期,第163—173页。

案例7 宣言的诞生

【案例内容】

2018年5月，习近平总书记在纪念马克思诞辰200周年大会上的讲话中指出："1848年，马克思、恩格斯合作撰写了《共产党宣言》，一经问世就震动了世界。恩格斯说，《共产党宣言》是'全部社会主义文献中传播最广和最具有国际性的著作，是从西伯利亚到加利福尼亚的千百万工人公认的共同纲领'。"[①]2019年，他再次强调指出："《共产党宣言》的问世是人类思想史上的一个伟大事件，《共产党宣言》是第一次全面阐述科学社会主义原理的伟大著作"[②]。马克思和恩格斯为何要写《共产党宣言》？为什么说"《共产党宣言》发表，标志着马克思主义的公开问世"[③]？

1847年2月，从伦敦来的一位客人到了布鲁塞尔，要求会见马克思。这位客人就是伦敦正义者同盟派来的全权代表莫尔（Joseph Moll，1812—1849），此行的主要目的就是与马克思商议改组正义者同盟的事。正义者同盟最初是1836年由一小批德国政治流亡者在法国巴黎建立的一个半密谋性质的革命组织。1839年，该组织参加了布朗基（Louis-Auguste Blanqui，1805—1881）领导的"四季社"起义，起义失败后，成员四散，在欧洲多个城市建立了地方组织。在很长时间，正义者同盟先后受到布朗基主义、魏特林空想共产主义、蒲鲁东主义和"真正社会主义"思潮影响。19世纪40年代中期，伦敦正义者同盟领导人莫尔、沙佩尔（Karl Schapper，1812—1870）等人认识了马克思和恩格斯，在他们的影响下，逐步认识到先前组织原则的狭隘性和指导思想的错误，决心对自己的组织做彻底革新，这就引出了莫尔到布鲁塞尔会见马克思，告知他同盟决定接受马克思和恩格斯的学说，并力邀他们加入同盟，马克思欣然同意。但当1847年6月2日至9日正义者同盟代表大会在伦敦召开时，马克思因为经济拮据不能成行，恩格斯从巴黎前往伦敦参会。

① 习近平：《在纪念马克思诞辰200周年大会上的讲话》，《光明日报》，2018年5月5日第2版。

② 习近平：《学习马克思主义基本理论是共产党人的必修课》，《求是》，2019年第22期。

③ 本书编写组：《马克思主义基本原理》，高等教育出版社2023年版，第7页。

这次大会做出了多项重要决定：① 将正义者同盟改称为共产主义者同盟；② 以马克思、恩格斯提出的“全世界无产者，联合起来！”的口号取代原来的“人人皆兄弟”的口号；③ 决定提出同盟的新纲领，以恩格斯主笔提交的《共产主义信条（草案）》（简称《信条》）为纲领草案，分送各地方支部征求意见，下次大会正式讨论；④ 取消以前的宗派性和密谋性色彩，拟定了同盟的新章程，规定了新的民主的组织原则。恩格斯在《共产主义者同盟的历史》一文中对这次会议回忆到：“会上首先进行了同盟的改组。密谋时代遗留下来的一切旧的神秘名称都被取消了；同盟现在已经是由支部、区部、总区部、中央委员会以及代表大会构成的了，并且从这时起它命名为‘共产主义者同盟’。‘同盟的目的是：推翻资产阶级，建立无产阶级统治，消灭旧的以阶级对立为基础的资产阶级社会和建立没有阶级、没有私有制的新社会。’——章程第一条这样说。组织本身是完全民主的，它的各委员会由选举产生并随时可以罢免，仅就这一条已堵塞了任何要求独裁的密谋狂的道路，而同盟——在平常的和平时期——已变成一个纯粹宣传性的团体。”[①]经过这次大会，原来那个狭隘的半密谋性质的工人小团体面貌一新，变成国际性共产主义组织。

《共产主义信条（草案）》由恩格斯主笔，全文大约 3 000 字，共有 22 条问答，但由于受组织、身份上的限制和思想理论上的挑战，尽管恩格斯努力淡化同盟中旧思想的影响，在文献主体部分坚持科学社会主义原则，但文献前六条仍有较浓的空想社会主义思想痕迹。但是，在同盟各支部讨论《共产主义信条（草案）》时，赫斯在巴黎支部提交了一份充满“真正社会主义”思想色彩的纲领草案，意欲取代《共产主义信条（草案）》，格律恩也极力鼓吹赫斯的纲领草案。这使得恩格斯愤然反击，决心揭穿“真正的社会主义”的反动本质，保证历史唯物主义思想和科学社会主义原则能够在同盟中占据主流。于是，他紧急动笔写作了《共产主义原理》（简称《原理》）。《原理》仍然采用“教义问答”形式，共 25 条，约 18 500 字。《原理》删去了《信条》中有较浓空想社会主义思想痕迹的前六条，而代之以“第一个问题：什么是共产主义？答：共产主义是关于无产阶级解放的条件的学说。”这句话具有鲜明的指向性，明确了共产主义不是随便什么人的学说，而是专属于无产阶级，同时要明确说明作为一名共产主义者的职责和使命，首先需要摆正位置和站好队伍。[②]

① 中共中央马克思恩格斯列宁斯大林著作编译局：《马克思恩格斯文集》第 4 卷，人民出版社 2009 年版，第 236 页。

② 郝立新：《马克思主义发展史》第 1 卷，人民出版社 2018 年版，第 449—465 页。

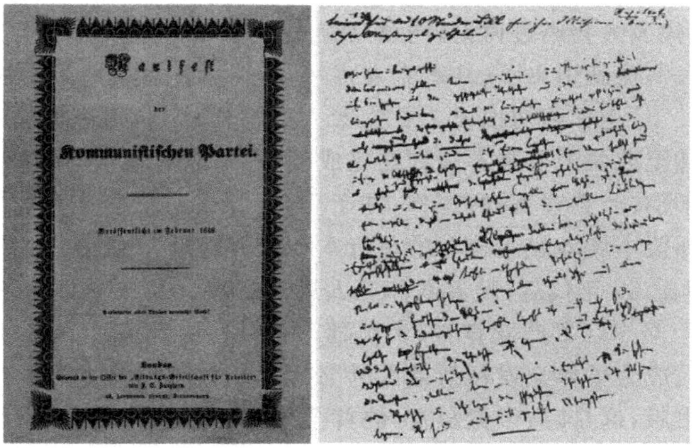

这是《共产党宣言》1848年德文第1版封面(左)和马克思所写《共产党宣言》手稿的一页,头两行为马克思夫人燕妮的手迹。

《共产党宣言》1848 年德文第 1 版封面与手稿

1847 年 11 月下旬,在伦敦召开了共产主义者同盟的第二次代表大会,马克思、恩格斯都参加了这次大会,会议最重要的议题是同盟的纲领问题。代表们经过较长时间的辩论,终于消除了分歧和疑虑,大会一致通过新原则,大会最后委托马克思、恩格斯“起草一个准备公布的详细的理论和实践的党纲”。但是,恩格斯对《共产主义原理》不满意,认为要制定一份向世界庄严宣告党的宗旨的纲领沿用传统的问答体不合适。他在致马克思的信中写到:“请你把《信条》考虑一下。我想,我们最好不要采用那种教义问答形式,而把这个文本题名为《共产主义宣言》。因为其中或多或少要叙述历史,所以现有的形式完全不合适。”①欧洲在 15 世纪发明了印刷术,尤其是在 16 世纪宗教改革运动兴起后,不论是基督教(新教)还是天主教,在其传播过程中经常都会使用一种印刷成的小册子,这种小册子采用一问一答的形式,言简意赅、条理分明,深受信徒欢迎,这就是“教义问答”或“教理问答”。当时著名的教义问答,有 1537 年出版的加尔文的《教理问答》、东正教会在 1723 年出版的《正教简易教理问答》等。直到 19 世纪 40 年代,这种形式在当时的工人运动中都还具有较大影响,正义者同盟至少曾产生过两份教义问答式的纲领,即 1838 年由沙佩尔起

① 中共中央马克思恩格斯列宁斯大林著作编译局:《马克思恩格斯选集》,第 4 卷,人民出版社 2012 年版,第 420 页。

草的《财产共有》和1844年由艾韦贝克起草的《共产主义教义问答》。

第二次代表大会经过讨论，同意马克思和恩格斯的意见，决定委托他们尽快写出"宣言"，这就引出了《共产党宣言》。马克思和恩格斯接受任务后，就开始抓紧写作。马克思起初拟定了更为宏大的写作计划，但因同盟中央委员会多次催促，甚至威胁说要是不能如期完成就将"采取措施"，马克思不得不尽快收笔，结束了《共产党宣言》的写作，并于1848年1月底将定稿寄往伦敦。同年2月，由同盟主席沙佩尔校对的单行本在伦敦问世，并多次重印和在报刊上连载。19世纪60年代后，随着欧洲工人运动高涨，《共产党宣言》迎来第一个传播高潮。[①] 至今，《共产党宣言》多次翻印、再版，被译成200多种文字，出版数千个版本，成为世界上发行量最大的书籍之一。1920年，陈望道翻译的《共产党宣言》出版，这是《共产党宣言》的首个中文全译本。

《共产党宣言》包括引言和正文四章。引言说明了《宣言》产生的历史背景和目的任务。第一章"资产者和无产者"论述了马克思主义的阶级斗争学说。第二章"无产者和共产党人"，说明了无产阶级政党的性质、特点、目的和任务，以及共产党的理论和纲领。第三章"社会主义的和共产主义的文献"，批判了当时流行的各种假社会主义，分析了各种假社会主义流派产生的社会历史条件，并揭露了它们的阶级实质。第四章"共产党人对各种反对党派的态度"论述了共产党人革命斗争的思想策略。

【案例讨论】

1. 请查阅相关资料，比较分析《共产主义信条》《共产主义原理》与《共产党宣言》在内容和思想上有何区别和联系并分析其中的原因。

2. 为什么说"《共产党宣言》发表，标志着马克思主义的公开问世"？

3. 为什么恩格斯说《共产党宣言》"是从西伯利亚到加利福尼亚的千百万工人公认的共同纲领"？

【案例分析】

《共产党宣言》第一次全面系统地阐述了科学社会主义理论，它的发表标志着社会主义从空想到科学，标志着马克思主义的正式诞生，正如列宁评价："这部著作以天才的透彻而鲜明的语言描述了新的世界观"。《共产党宣言》深刻阐述马克思主义基本立场、观点、方法，把马克思主义哲学、政治经济学和科

---

① 张光明，罗传芳：《马克思传》，天地出版社2018年版，第94—102页。

学社会主义融为一体，深入阐述了唯物史观的基本原理、阶级斗争和“两个不可避免”原理、无产阶级历史使命理论、无产阶级革命和无产阶级专政理论、无产阶级政党学说、共产主义新社会的基本特征和人的自由全面发展理论等，奠定了马克思主义理论体系的基础。

《共产党宣言》吸收了《共产主义原理》的很多重要内容，可以看作是《原理》的姊妹篇，同时也发生了很多全新的变化。首先是从“教义问答”式文体变为章节体。其次是篇幅比《原理》增加了将近一倍。再次是内容上有重要补充。例如，《宣言》第一次明确提出了“至今一切社会的历史都是阶级斗争的历史”①，这一唯物史观的基本命题；明确指出，共产党是无产阶级的政党，但“在实践方面，共产党人是各国工人政党中最坚决的、始终起推动作用的部分；在理论方面，他们胜过其余无产阶级群众的地方在于他们了解无产阶级运动的条件、进程和一般结果”；《宣言》用比较大的篇幅，同顽固维护私有制的各种论调进行了义正词严的论战；等等。

① 恩格斯在1888年英文版上对此加了一个注：“这是指有文字记载的全部历史。”

案例 8　开辟新境界

【案例内容】

恩格斯说过："一个民族要想站在科学的最高峰，就一刻也不能没有理论思维。"中华民族要实现伟大复兴，也同样一刻不能没有理论思维。马克思主义始终是我们党和国家的指导思想，是我们认识世界、把握规律、追求真理、改造世界的强大思想武器。

习近平总书记《在纪念马克思诞辰200周年大会上的讲话》单行本封面

马克思主义思想理论博大精深、常学常新。新时代，中国共产党人仍然要学习马克思，学习和实践马克思主义，不断从中汲取科学智慧和理论力量，在统筹推进"五位一体"总体布局、协调推进"四个全面"战略布局中，更有定力、更有自信、更有智慧地坚持和发展新时代中国特色社会主义，确保中华民族伟大复兴的巨轮始终沿着正确航向破浪前行。

——学习马克思，就要学习和实践马克思主义关于人类社会发展规律的思想。马克思科学揭示了人类社会最终走向共产主义的必然趋势。马克思、恩格斯坚信，未来社会"将是这样一个联合体，在那里，每个人的自由发展是一切人的自由发展的条件"，"无产者在这个革命中失去的只是锁链。他们获得的将是整个世界。"马克思坚信历史潮流奔腾向前，只要人民成为自己的主人、社会的主人、人类社会发展的主人，共产主义理想就一定能够在不断改变现存状况的现实运动中一步一步实现。马克思主义奠定了共产党人坚定理想信念的理论基础。我们要全面掌握辩证唯物主义和历史唯物主义的世界观和方法论，深刻认识实现共产主义是由一个一个阶段性目标逐步达成的历史过程，把共产主义远大理想同中国特色社会主义共同理想统一起来、同我们正在做的事情统一起来，坚定中国特色社会主义道路自信、理论自信、制度自信、文化自信，坚守共产党人的理想信念，像马克思那样，为共产主义奋斗终身。

——学习马克思，就要学习和实践马克思主义关于坚守人民立场的思想。人民性是马克思主义最鲜明的品格。马克思说，“历史活动是群众的活动”。让人民获得解放是马克思毕生的追求。我们要始终把人民立场作为根本立场，把为人民谋幸福作为根本使命，坚持全心全意为人民服务的根本宗旨，贯彻群众路线，尊重人民主体地位和首创精神，始终保持同人民群众的血肉联系，凝聚起众志成城的磅礴力量，团结带领人民共同创造历史伟业。这是尊重历史规律的必然选择，是共产党人不忘初心、牢记使命的自觉担当。

——学习马克思，就要学习和实践马克思主义关于生产力和生产关系的思想。马克思主义认为，物质生产力是全部社会生活的物质前提，同生产力发展一定阶段相适应的生产关系的总和构成社会经济基础。生产力是推动社会进步最活跃、最革命的要素。“人们所达到的生产力的总和决定着社会状况。”生产力和生产关系、经济基础和上层建筑相互作用、相互制约，支配着整个社会发展进程。解放和发展社会生产力是社会主义的本质要求，是中国共产党人接力探索、着力解决的重大问题。新中国成立以来特别是改革开放以来，在不到70年的时间内，我们党带领人民坚定不移解放和发展社会生产力，走完了西方几百年的发展历程，推动我国快速成为世界第二大经济体。我们要勇于全面深化改革，自觉通过调整生产关系激发社会生产力发展活力，自觉通过完善上层建筑适应经济基础发展要求，让中国特色社会主义更加符合规律地向前发展。

——学习马克思，就要学习和实践马克思主义关于人民民主的思想。马克思、恩格斯指出，“无产阶级的运动是绝大多数人的，为绝大多数人谋利益的独立的运动”，“工人阶级一旦取得统治权，就不能继续运用旧的国家机器来进行管理”，必须“以新的真正民主的国家政权来代替”。国家机关必须由社会主人变为社会公仆，接受人民监督。我们要坚定不移走中国特色社会主义政治发展道路，在坚持党的领导、人民当家作主、依法治国有机统一中推进社会主义民主政治建设，不断加强人民当家作主的制度保障，加快推进国家治理体系和治理能力现代化，充分调动人民的积极性、主动性、创造性，更加切实、更有成效地实施人民民主。

——学习马克思，就要学习和实践马克思主义关于文化建设的思想。马克思认为，在不同的经济和社会环境中，人们生产不同的思想和文化，思想文化建设虽然决定于经济基础，但又对经济基础发生反作用。先进的思想文化一旦被群众掌握，就会转化为强大的物质力量；反之，落后的、错误的观念如果不破除，就会成为社会发展进步的桎梏。理论自觉、文化自信，是一个民族进步的力量；价值先进、思想解放，是一个社会活力的来源。国家之魂，文以化之，文以铸之。我们要立足中国，面向现代化、面向世界、面向未来，巩固马克思主义在意识形态领域的指导地位，发展社会主义先进文化，加强社会主义精神文明建设，把社会主义核心价值观融入社会发展各方面，推动中华优秀传统文化创造性转化、创新性发展，不断提高人民思想觉悟、道德水平、文明素养，不断铸就中华文化新辉煌。

——学习马克思，就要学习和实践马克思主义关于社会建设的思想。马克思、恩格斯设想，在未来社会中，“生产将以所有的人富裕为目的”，“所有人共同享受大家创造出来的福利”。恩格斯结合马克思在《共产党宣言》、《哥达纲领批判》、《资本论》等著作中提出的一系列主张，阐明在社会主义条件下，社会应该“给所有的人提供健康而有益的工作，给所有的人提供充裕的物质生活和闲暇时间，给所有的人提供真正的充分的自由”。人民对美好生活的向往就是我们的奋斗目标。我们要坚持以人民为中心的发展思想，抓住人民最关心最直接最现实的利益问题，不断保障和改善民生，促进社会公平正义，在更高水平上实现幼有所育、学有所教、劳有所得、病有所医、老有所养、住有所居、弱有所扶，让发展成果更多更公平惠及全体人民，不断促进人的全面发展，朝着实现全体人民共同富裕不断迈进。

——学习马克思，就要学习和实践马克思主义关于人与自然关系的思想。马克思认为，“人靠自然界生活”，自然不仅给人类提供了生活资料来源，如肥沃的土地、鱼产丰富的江河湖海等，而且给人类提供了生产资料来源。自然物构成人类生存的自然条件，人类在同自然的互动中生产、生活、发展，人类善待自然，自然也会馈赠人类，但“如果说人靠科学和创造性天才征服了自然力，那么自然力也对人进行报复”。自然是生命之母，人与自然是生命共同体，人类必须敬畏自然、尊重自然、顺应自然、保护自然。我们要坚持人与自然和谐共生，牢固树立和切实践行绿水青山就是金山银山的理念，动员全社会力量推进生态文明建设，共建美丽中国，让人民群众在绿水青山中共享自然之美、生命之美、生活之美，走出一条生产发展、生活富裕、生态良好的文明发展道路。

——学习马克思，就要学习和实践马克思主义关于世界历史的思想。马克思、恩格斯说：“各民族的原始封闭状态由于日益完善的生产方式、交往以及因交往而自然形成的不同民族之间的分工消灭得越是彻底，历史也就越是成为世界历史。”马克思、恩格斯当年的这个预言，现在已经成为现实，历史和现实日益证明这个预言的科学价值。今天，人类交往的世界性比过去任何时候都更深入、更广泛，各国相互联系和彼此依存比过去任何时候都更频繁、更紧密。一体化的世界就在那儿，谁拒绝这个世界，这个世界也会拒绝他。万物并育而不相害，道并行而不相悖。我们要站在世界历史的高度审视当今世界发展趋势和面临的重大问题，坚持和平发展道路，坚持独立自主的和平外交政策，坚持互利共赢的开放战略，不断拓展同世界各国的合作，积极参与全球治理，在更多领域、更高层面上实现合作共赢、共同发展，不依附别人、更不掠夺别人，同各国人民一道努力构建人类命运共同体，把世界建设得更加美好。

——学习马克思，就要学习和实践马克思主义关于马克思主义政党建设的思想。马克思认为，"在无产阶级和资产阶级的斗争所经历的各个发展阶段上，共产党人始终代表整个运动的利益"，"他们没有任何同整个无产阶级的利益不同的利益"，而是要"为绝大多数人谋利益"，为建设共产主义社会而奋斗。共产党要"在全世界面前树立起可供人们用来衡量党的运动水平的里程碑"。始终同人民在一起，为人民利益而奋斗，是马克思主义政党同其他政党的根本区别。我们要统揽伟大斗争、伟大工程、伟大事业、伟大梦想，增强政治意识、大局意识、核心意识、看齐意识，持之以恒推进全面从严治党，坚持把党的政治建设摆在首位，坚持和加强党的全面领导，坚决维护党中央权威和集中统一领导，做到坚持真理、修正错误，永远保持共产党人政治本色，把党建设成为始终走在时代前列、人民衷心拥护、勇于自我革命、经得起各种风浪考验、朝气蓬勃的马克思主义执政党！

……

当前，改革发展稳定任务之重、矛盾风险挑战之多、治国理政考验之大都是前所未有的。我们要赢得优势、赢得主动、赢得未来，必须不断提高运用马克思主义分析和解决实际问题的能力，不断提高运用科学理论指导我们应对重大挑战、抵御重大风险、克服重大阻力、化解重大矛盾、解决重大问题的能力，以更宽广的视野、更长远的眼光来思考把握未来发展面临的一系列重大问题，不断坚定马克思主义信仰和共产主义理想。

从《共产党宣言》发表到今天，170 年过去了，人类社会发生了翻天覆地的变化，但马克思主义所阐述的一般原理整个来说仍然是完全正确的。我们要坚持和运用辩证唯物主义和历史唯物主义的世界观和方法论，坚持和运用马克思主义立场、观点、方法，坚持和运用马克思主义关于世界的物质性及其发展规律，关于人类社会发展的自然性、历史性及其相关规律，关于人的解放和自由全面发展的规律，关于认识的本质及其发展规律等原理，坚持和运用马克思主义的实践观、群众观、阶级观、发展观、矛盾观，真正把马克思主义这个看家本领学精悟透用好。

全党同志特别是各级领导干部要更加自觉、更加刻苦地学习马克思列宁主义，学习毛泽东思想、邓小平理论、“三个代表”重要思想、科学发展观，学习新时代中国特色社会主义思想。要深入学、持久学、刻苦学，带着问题学、联系实际学，更好把科学思想理论转化为认识世界、改造世界的强大物质力量。共产党人要把读马克思主义经典、悟马克思主义原理当作一种生活习惯、当作一种精神追求，用经典涵养正气、淬炼思想、升华境界、指导实践。

对待科学的理论必须有科学的态度。恩格斯深刻指出：“马克思的整个世界观不是教义，而是方法。它提供的不是现成的教条，而是进一步研究的出发点和供这种研究使用的方法。”恩格斯还指出，我们的理论“是一种历史的产物，它在不同的时代具有完全不同的形式，同时具有完全不同的内容”。科学社会主义基本原则不能丢，丢了就不是社会主义。同时，科学社会主义也绝不是一成不变的教条。我说过，当代中国的伟大社会变革，不是简单延续我国历史文化的母版，不是简单套用马克思主义经典作家设想的模板，不是其他国家社会主义实践的再版，也不是国外现代化发展的翻版。社会主义并没有定于一尊、一成不变的套路，只有把科学社会主义基本原则同本国具体实际、历史文化传统、时代要求紧密结合起来，在实践中不断探索总结，才能把蓝图变为美好现实。

理论的生命力在于不断创新，推动马克思主义不断发展是中国共产党人的神圣职责。我们要坚持用马克思主义观察时代、解读时代、引领时代，用鲜活丰富的当代中国实践来推动马克思主义发展，用宽广视野吸收人类创造的一切优秀文明成果，坚持在改革中守正出新、不断超越自己，在开放中博采众长、不断完善自己，不断深化对共产党执政规律、社会主义建设规律、人类社会发展规律的认识，不断开辟当代中国马克思主义、21 世纪马克思主义新境界！①

【案例讨论】

（1）谈谈你对“一个民族要想站在科学的最高峰，就一刻也不能没有理论思维。”这句话的理解。

（2）谈谈你对“马克思的整个世界观不是教义，而是方法。它提供的不是

---

① 本案例摘选自：习近平：《在纪念马克思诞辰 200 周年大会上的讲话》，《光明日报》，2018 年 5 月 5 日第 2 版。

现成的教条，而是进一步研究的出发点和供这种研究使用的方法。”这句话的理解。

【案例分析】

正确的理论是对人类既往实践经验的科学总结，它揭示了自然界、人类社会和思维的本质和规律，是人们改造客观世界和主观世界的科学指南，马克思主义就是这样的正确理论。全面学习和深刻理解马克思主义所揭示的事物存在和发展变化的一般规律，才能成功地认识和改造客观世界和主观世界，才能在客观规律性与主观能动性相统一的基础上实现人的自由和全面发展。反之，如果没有正确的理论思维，就不能全面而深刻地揭示事物存在和发展的本质规律，也不能以正确的理论指导实践活动，结果误入歧途，危害个人、民族乃至人类发展。

作为一种理论学说，马克思主义为人们提供了认识世界和改造世界的一般方法，但它不是亘古不变的教条，而是时代的产物，并随着时代、实践和科学的发展而不断发展。马克思主义理论体系是开放的，它不断吸取人类最新的文明成果来充实和发展自己，使其更全面而深刻地反映客观存在的事物本质及其变化规律。马克思主义在指导人们认识世界和改造世界的过程中，在指导各国社会主义事业发展过程中，不断与时代特征和各国具体实际相结合，得到丰富和发展，并形成新的理论成果。马克思主义在指导中国革命、建设、改革的过程中，形成了一系列马克思主义中国化理论成果，鲜明地体现了马克思主义创新发展的品格。当今世界正处于百年未有之大变局，世界形势同过去相比发生了深刻变化，中国特色社会主义建设和发展也面临着许多新情况新问题新机遇，需要从理论和实践上作出科学回答并加以解决，为此必须守正创新，与时俱进，在坚持马克思主义的基本立场、观点和方法的基础上，不断丰富和发展马克思主义。但是，必须旗帜鲜明地坚决反对“马克思主义过时论”的思想，以及任何肆意篡改、歪曲和亵渎马克思主义基本立场、观点和方法的思想和做法，这会把人们的思想和中国特色社会主义建设引入歧途。苏联亡党亡国的历史教训殷鉴不远，我们必须时刻保持清醒头脑，不走改旗易帜的邪路。

第一章　世界的物质性及发展规律

案例1　哲学的智慧

【案例内容】

马克思主义理论家孙正聿教授

人们常说,人为万物之灵。这里所谓的“灵”就是人是有智慧的存在。正因为人类具有抽象概括、判断辨析、分析综合、直觉顿悟等智慧,才能创造出辉煌灿烂的人类文明。可见,哲学是智慧,但智慧并不就是哲学。哲学不仅仅是一种智慧,而是对待全部智慧的一种态度。这种态度就是对智慧本身的真挚、强烈、忘我之爱,即“爱智之忱”或者说“爱智”。

哲学既不是智慧的别名,也不是智慧的总汇,而是把智慧作为探究的对象。哲学不是回答和解决各种具体问题的“小智慧”,而是关于人类生存发展和安身立命的“大智慧”。这种“大智慧”,按照中国传统哲学的看法,就是“究天人之际,通古今之变”,“为天地立心,为生命立命”;按照西方传统哲学的看法,就是“寻求最高原因的基本原理”,“提供一切知识的基础”,“发现生命的意义”和“使人崇高起来”;按照马克思主义哲学的看法,最根本的就是解决“现实的人及其历史发展”的问题。所有这些问题,通常地说,就是哲学所研究的世界观、历史观、人生观和价值观等问题。借用哲学家冯友兰的话说,哲学这种大智慧“使人得以成为人，而不是为了成为某种特殊的人。”①

哲学的“大智慧”和“大聪明”，不是既定的知识，不是现成的结论，不是实例的解说，不是枯燥的条文，而是追究生活信念的前提，探寻经验常识的根据，反思历史进步的尺度，讯问评价真善美的标准。哲学智慧反对人们对流行的生活态度、思维方式、价值观念、审美情趣等采取现成接受的态度，反对人们躺在无人质疑、因循守旧的温床上睡大觉。马克思指出，辩证法在它的“合理形式”上，就是“在对现存事物的肯定的理解中同时包含对现存事物的否定的理解，即对现存事物的必然灭亡的理解；辩证法对每一种既成的形式都是从不断的运动中，因而也是从它的暂时性方面去理解；辩证法不崇拜任何东西，按其本质来说，它是批判的和革命的”②。

人们常用“抽象”“玄虚”“神秘”来形容哲学，这其实是一种误解。哲学所追求的智慧是每个健全的普通人都具有的能力，哲学所追问的问题是每个健全的普通人都经常面对的问题。哲学只不过是把人们习以为常、不予追究的问题作为“问题”去追究，把人们视为不言而喻、不证自明的问题作为“问题”进行反思。就此而言，“对自明性的分析”既是哲学研究的出发点，也是哲学智慧的座右铭。

对于“自明性”的分析，根源于“熟知非真知”，因而也就是从“熟知”中去寻求“真知”。比如，人们常说“狼是凶残的”，因为狼吃羊。然而，当我们“涮羊肉片”“剁羊肉馅”的时候，为何不说“人是凶残的”？我们是以什么标准来断言狼的凶残与人的合理？哲学的爱智就是追问和反思种种人们“熟知”的问题，并在这种追问和反思中去寻求“真知”。“熟知”是对世界的“名称”式的把握，“真知”则是对世界的“概念”式的把握。哲学对“自明性”的分析，最重要的就是对“熟知”的“概念”反思。例如，我们面前有一张桌子，任何正常人都会说“这是一张桌子”，而哲学却要从“思维和存在的关系”提出问题：究竟什么叫“桌子”？如果我没有“桌子”的概念，我怎么会把“这个东西”称作“桌子”？离开我对“这个东西”的“感知”，我能否知道“桌子”的存在？我怎样判断这个“桌子”的真与假、善与恶、美与丑？我为什么会爱护这张“桌子”而不是毁坏它？我为什么会把不是“这个东西”的“桌子”也称作“桌子”？我们为什么能够“创造”出比我们已有的“桌子”更高级的“桌子”？等等。

因而，从哲学层面提出和思考问题，首先需要的是“熟知非真知”的自觉。我

① 冯友兰：《中国哲学简史》，生活·读书·新知三联书店2009年版，第13页。

② 中共中央马克思恩格斯列宁斯大林著作编译局：《马克思恩格斯文集》第5卷，人民出版社2009年版，第22页。

国当代哲学家张岱年说:"哲学家因爱智,故决不以有知自炫,而常以无知自警。哲学家不必是世界上知识最丰富之人,而是深切地追求真知之人。哲学家常自疑其知,虚怀而不自满,总不以所得为必是。凡自命为智者,多为诡辩师。"①②

【案例讨论】

1. 谈谈你对"哲学不仅仅是一种智慧,而是对待全部智慧的一种态度。"这句话的理解。哲学作为"爱智之学"与其他智慧有何区别和联系?

2. 请以《马克思主义基本原理》这一教材作为对象,提出至少 10 个哲学问题。

3. 谈谈你对"哲学家因爱智,故决不以有知自炫,而常以无知自警。哲学家不必是世界上知识最丰富之人,而是深切地追求真知之人。哲学家常自疑其知,虚怀而不自满,总不以所得为必是。凡自命为智者,多为诡辩师。"这句话的理解?

【案例分析】

我们在教学中得到不少同学反馈说,马克思主义哲学学不进去,似乎听懂了、看懂了,但是一做题或者实际应用就不知所措,糊里糊涂。造成这种情况的一个重要原因是没有学会哲学地思考。所以,教材在第一章第一节就写到:"哲学是系统化、理论化的世界观,是对自然知识、社会知识和思维知识的概括和总结,是关于宇宙和人生的总体性认识,为人类安身立命提供不可或缺的思想基础。"③只有学会哲学思考,才能真正进入马克思主义哲学的问题语境,理解哲学问题的提出方式、应答方式,才能真正理解哲学概念之间的相互关联和哲学思想演进的内在逻辑。学会哲学思考,首先要知道哲学思考的特点,其次是掌握哲学思考的方法。哲学的智慧不是小智慧而是"大智慧"和"大聪明",不是既定的知识、现成的结论、枯燥的条文,而是要追究生活信念的"前提",探寻经验常识的"根据",反思历史进步的"尺度",询问评价真善美的"标准",需要有"熟知非真知"的自觉,突破对世界的"名称"式的把握达到对世界的"概念"式的把握,"对自明性的分析"是哲学研究的出发点,"前提批判"是哲学思考的基本方式,"思维与存在的关系"是哲学的基本问题。

① 张岱年:《求真集》,湖南人民出版社 1983 年版,第 102 页。

② 本案例摘选自:孙正聿:《哲学通论》(修订版),复旦大学出版社 2005 年版,第 1—10 页。

③ 本书编写组:《马克思主义基本原理》,高等教育出版社 2023 年版,第 26 页。

案例 2　本原的追问

【案例内容】

“本原”或“始基”(αρχη)，在希腊语中表示“开端”或者“最初的东西”，泰勒斯(Thales)的学生阿那克西曼德(Anaximander)第一次使用“本原”概念。

当我们面对着一个复杂的大千世界的时候，作为人，我们总是喜欢追问这个世界的根据或者原因，而所谓“本原”就是世界的最根本的原因。当人们没有哲学知识和科学知识的情况下，人们在追问世界的根本原因的时候，有两种不同的路径：第一种路径是自然哲学的路径，第二种路径是形而上学的路径。

古希腊哲学家德谟克利特

自然哲学的路径又可以分为两种追问方式：一是追问世界到底是从什么东西里发生出来的？二是追问它是由什么东西构成的？这两种追问方式虽然在表面上不同，但是基本上属于同一个路径，即追问世界的质料意义上的开端。第一种追问方式是追问一个事物是从什么东西里生长出来的，这是一种时间上的回溯；第二种追问方式是追问一个事物是由什么东西构成的，这是一种空间上的分割；两者都是在追问世界的质料根源。比如，从时间关系上来看，我们要追问人的本原是什么，就可以从人追溯到猴子，再从猴子追溯到无生命物质甚至无机物，人就是这样进化而来的。从空间关系上看，我们要追问人的本原是什么，就可以把人还原为一大堆细胞、碳水化合物、脱氧核糖核酸等，人就是由这样一些基本物质构成的。由此可见这两种追问方式，一种从时间上来寻找开端，寻找 beginning；另一种从空间上来寻找基本要素，寻找 element。这两种对本原的追问，说到底都是一种还原论，不是时间上的还原，就是空间上的还原。这种还原论的路径，基本上是一种科学主义的路径，它与自然科学的方法接近，所以我们把它称为自然哲学。在古希腊的自然哲学中，有一个从时间上的追溯向空间上的追溯的转化过程，最终的一批自然哲学家如泰勒斯等都是从时间上来追问万物的本原，而稍晚的自然哲学家则开始从空间上来追溯万物的本原，即把关注的焦点从万物的原始开端转向了万物的构成要素，从生成论转向了构造论。在古希腊自然哲学中，这种构造论的最高水平就是德谟克利特(Demokritos，约前 460—前 370)的原子论。因为还原的过程不可能是无限的，否则还原就是没有意义的，万物必须还原到一个最后的单元或最小的微粒，被称为“原子”(atom)，即最后的、“不可分”的单元。

人们在追问世界的本原时，除了自然哲学的还原论路径之外，还有另外一条路径，就是形而上学的路径。形而上学的追问方式不是通过对世界进行时间或者空间上的质料还原，而是采取一种抽象的路径来直接追问事物的本质。形而上学的追问方式表现出与自然哲学完全不同的思辩和超越色彩，它既不是从时间上进行回溯，也不是从空间上进行分割，而是一上来就追问，事物背后的根据是什么？它不是追问事物的开端或元素，而是追问事物的本质或形式；不是追问事物的 beginning 或 element，而是追问事物的 principle 或 form(在古希腊，“形式”指构成事物的本质)，即追问一个事物之所以成为该事物的根据。对于形而上学来说，事物的本原就是它的形式规定性，就是它的本质。比如，追问人的本原，形而上学追问既不把人还原为猴子或三叶虫，也不把人还原为一堆细胞或者蛋白质，而是追问人之所以为人的本质规定性。由于事物的本质是无法直观的，只能通过抽象的思维才能把握，所以形而上学就采用了一种完全不同于还原论的抽象路径。通过抽象的路径，形而上学得出了关于人的本原的另一个答案，即关于人的本质的定义。例如人是具有一定社会关系，可以使用工具进行劳动的理性动物。这样，形而上学的追问方式就深入到现象背后的那个本质了。①

【案例讨论】

1. 请查阅相关资料，搜集至少三种古今中外关于世界本原的学说，阐述其主要内容，并分析它们属于哪种追问路径和追问方式。

2. 马克思主义认为，“世界的本原是物质”，请结合“物质”和“意识”、“存在”和“思维”概念，分析马克思主义是从何种路径追问世界本原的。

3. 你认为追问世界本原的“还原”路径与“抽象”路径有何异同？

① 本案例摘选自：赵林：《西方哲学史讲演录》，高等教育出版社 2009 年版，第 35—38 页。

【案例分析】

人不仅与动物一样，都关注现象，人还与动物不同，人除了关注现象之外，还喜欢追问现象背后的本质，甚至相对于现象而言，人更加注重本质。例如猫在面对老鼠的时候，从来不会思考“老鼠的本质是什么”这样的问题，但是人在面对事物的时候，总要探求事物背后所隐藏着的本质性的东西或内在规律，所以对于“本质”的追问是人类理性的重要特征，这种对于事物本质不断追问的结果必然要引出“世界的本原或始基是什么”这个终极性的问题。对于这个问题古今中外很多学者给出了不同回答。例如泰勒斯认为世界的本原是“水”，阿那克西曼德认为世界的本原是“无定形者”，阿那克西尼米（Anaximenes，前 586—前 526）认为“气”是世界的本原，毕达哥拉斯（Pythagoras，约前 580—前 500）认为“数”是世界的本原。赫拉克利特（Heraclitus，前 544—前 480）认为“火”是世界的本原，同时又在生灭变化的万物本原“火”的背后，找到了一个不变不动、不生不灭的定形的精神范畴——逻各斯（logos）。逻各斯不仅是火与万物相互转化所要遵循的客观规律，而且也是思维应该遵循的主观法则。恩培多克勒把探究世界本原归结为水、土、火、气“四根”以及“爱”和“恨”，后两者是使“四根”（质料）彼此结合或分离的力量（动力）。恩培多克勒（Empedocles，约前 495—前 435）的“四根说”标志着古希腊学者对于世界本原的思索从时间维度转向空间维度，从生成论转向了构造论。这种转变对于自然哲学和自然科学的发展都具有重要意义。以牛顿力学为代表的近代自然科学基本不关心世界的时间开端（这个开端被归结于上帝创造），而是致力于探究世界的空间结构，直到康德和拉普拉斯的星云假说后，宇宙起源问题才受到科学家关注。

马克思主义认为，世界的统一性在于它的物质性，世界统一于物质。[①] 马克思主义的“物质”范畴是从“客观存在着的物质世界中抽象出了万事无物的共同特性——客观实在性”，是“标志客观实在的哲学范畴”，“物质”的基本内涵是“不依赖于人类的意识而存在，并能为人类的意识所反映的客观存在”[②]。所以，马克思主义主要是从“抽象”路径来追问世界本原的，正确理解这一点，才能厘清马克思主义哲学中所说的“物质”与自然科学中所说的“物质”之间的区别和联系。前者所谓的“物质”是从物质的“共同特性”或

---

① 本书编写组：《马克思主义基本原理》，高等教育出版社 2023 年版，第 38—39 页。

② 本书编写组：《马克思主义基本原理》，高等教育出版社 2023 年版，第 28 页。

共性上来界定的，是从后者抽象出来的一般属性，正如恩格斯指出的"物、物质无非是各种物的总和，而这个概念就是从这一总和中抽象出来的"[①]；而后者所言说的"物质"则是从物质的个别属性或特性上来界定的，是前者的特殊形态。

① 中共中央马克思恩格斯列宁斯大林著作编译局：《马克思恩格斯文集》第 9 卷，人民出版社 2009 年版，第 500 页。

案例3　唯心主义

【案例内容】

一、

基督教早期神学家奥古斯丁(Saint Augustine,354—430)在《教义手册》中提出"一切存在物都是上帝创造的"。他说:"如果我们在宗教上所信仰的是什么,那么,我们不必如希腊人所说的物理学家那样考问事物的本性;我们也无需唯恐基督徒不知道自然界各种原素的力量和数目——诸天体的进行,秩序及其亏蚀;天空的形状;动、植、山、川、泉、石的种类与本性;时间及空间的意义;风暴来临的预兆;以及哲学家所发现或以为发现了的其他千万事物。……我们基督徒,不必追求别的,只要无论是天上的或地上的、能见的或不能见的一切物体,都是因造物主(他是唯一的神)的仁慈而受造,那就够了。宇宙间除了上帝以外,没有任何存在者不是由上帝那里得到存在;上帝是三位一体的——即'父',由父而生的'子',和从父出来的'圣灵',这圣灵就是父与子之灵。"①

神学家奥古斯丁

经验主义哲学家贝克莱

二、

近代经验主义的重要代表贝克莱(George Berkeley,1685—1753)在《人类知识原理》中写

① 本案例摘选自:北京大学哲学系外国哲学史教研室:《西方哲学原著选读》(上),商务印书馆第1982版(2023重印),第238—239页。

到："人类知识的对象是各种观念。""在任何一个观察过人类知识对象的人看来，显然这些对象或者是实实在在由感官印入的观念，或者是由于注意人心的各种情感和作用而感知的观念，最后，或者是借助于记忆和想象——即混合、分解或简单地表象那些由上述方法而认识的原始观念——而形成的观念。""由于这些观念中有一些是一同出现的，我们就用一个名称来标记它们，并且因而就把它们认为是一个东西。""一个观念的存在，就在于被感知。""我的思想、情感和由想象力构成的观念，都不能离开心灵而存在。""我说我写字用的桌子存在，这就是说我看见它、摸到它。假若我走出书房以后还说它存在，这个意思就是说，假若我在书房中，我就可以感知它，或者是说，有某个别的精神实际上在感知它。有气味，就是说我嗅到过它；有声音，就是说我听到过它；有颜色或形相，就是说我用视觉或触觉感知过它。这就是我用这一类说法所能够了解到的一切。因为所谓不思想的事物完全与它的被感知无关而绝对的存在，那在我是完全不能了解的。"①

三、

德国古典哲学家黑格尔(Friedrich Hegel，1770—1831)在《哲学全书》中写到："自然是理念的外在化"。"自然是作为他在形式中的理念产生出来的。既然理念现在是作为它自身的否定东西而存在的，或者说，它对自身是外在的，那么自然就并非仅仅相对于这种理念(和这种理念的主观存在，即精神)才是外在的，相反的，外在性就构成自然的规定，在这种规定中自然才作为自然而存在。""作为自然的理念，第一是存在于彼此外在状态的规定之内，存在于无限个别化的规定之内，形式所具有的统一性，是在这种个别化之外，因此是作为一种观念的、仅仅自在存在着的统一性，也只是被寻求的统一性这就是物质及其观念的体系——力学；第二是存在于特殊性的规定之内，这样实在性便是通过内在的形式规定性和其中存在的差别设定起来的，这是一种反映关系，这种关系的已内

德国哲学家黑格尔

① 本案例摘选自：北京大学哲学系外国哲学史教研室：《西方哲学原著选读》(下)，商务印书馆1982年版(2023重印)，第562—564页。

存在是自然的个体性——物理学；第三是存在于主观性的规定之内，在主观性里形式所具有的实在区别同样也归于观念的统一性，这种统一性已找到自身，并且是自为的——有机学。”①

【案例讨论】

1. 比较分析奥古斯丁、贝克莱和黑格尔的观点有何异同。

2. 贝克莱说：“所谓不思想的事物完全与它的被感知无关而绝对的存在，那在我是完全不能了解的”，你是否认同这句话？说出你的理由。

【案例分析】

存在和思维究竟谁是世界的本原，即物质和精神何者是第一性、何者是第二性的问题。对这一问题的不同回答，构成了划分唯物主义和唯心主义的标准。唯心主义主张思维和精神是世界的本原、是第一性的，而唯物主义主张存在和物质是世界的本原、是第一性的。根据思维和精神是否受人的主观意志而变化，唯心主义又可分为客观唯心主义和主观唯心主义。客观唯心主义把某种先验的精神实体（上帝、绝对精神、权力意志、生命意志、理）等作为世界的本原，物质世界（包括人）是这种精神实体的产物并受其控制；主观唯心主义则把个人的经验或主观感觉作为世界的本原，人们对事物存在性的判定及世界图景建构皆以此为限，否认任何超验的存在或本质。贝克莱提出的“所谓不思想的事物完全与它的被感知无关而绝对的存在，那在我是完全不能了解的”片面强调了认识的经验性基础，颠倒了思维与存在、精神与物质的关系，割裂了现象与本质、思维与存在、感性认识与理性认识的内在联系。

① 本案例摘选自：北京大学哲学系外国哲学史教研室：《西方哲学原著选读》（下），商务印书馆1982年版（2023重印），第490—493页。

案例 4　唯物主义

【案例内容】

一、

古希腊哲学家德谟克利特(Democritus,约前 460—前 370)主张:一切事物的本原是原子和虚空,别的说法都只是意见。世界有无数个,它们是有生有灭的。没有一样东西是从无中来的,也没有一样东西在毁灭之后归于无。原子在大小和数量上都是无限的,它们在宇宙中处于涡旋运动之中,因此形成各种复合物:火、水、气、土。这些东西其实是某些原子集合而成的;原子由于坚固,是既不能毁坏也不能改变的。太阳和月亮同样是由光滑的圆形原子构成的,灵魂也由这种原子构成;灵魂就是心。我们能够看见东西,是由于影像投进了眼睛的缘故。一切都遵照必然性而产生;涡旋运动既然是一切事物形成的原因,也就是他说的必然性。人生的目的在于灵魂的愉快,这与快乐完全不同,人们由于误解把二者混同了。在这种愉快中,灵魂平静地、安泰地生活着,不为任何恐惧、迷信或其他情感所苦恼。[①] 他把这种愉快称为幸福。

二、

近代法国哲学家拉美特里(Julien Offray de La Mettrie,1709—1751)在《人是机器》一书中写到:人脑这个器官的构造产生了思想的功能。“正像提琴的一根弦或钢琴的一个键受到振动而发出一个声响一样,声浪所打击的脑弦也被激动起来,发出或重新发出那些感动它们的话语。但是,正如脑子这个器官的构造是这样的,只要视

拉美特里的《人是机器》

① 北京大学哲学系外国哲学史教研室:《西方哲学原著选读》(上),商务印书馆 1982 年版(2023 重印),第 41—42 页。

觉结构健全的眼睛一接受到事物的形色，脑子就不能不呈现出事物的影像和相互间的区别，同样情形，只要脑子里一刻画出这些区别的符号，心灵也就必然检别出这些区别之间的种种关系了；如果没有符号的发现或语言的发明，心灵是不可能作出这种检别的。”动物和人一样是“十全十美的机器”，“是造出来为了思维和感知自然的”，“人并不是用什么更贵重的料子捏出来的；自然只用了一种同样的面粉团子，它只是以不同的方式变化了这面粉团子的酵料而已”。①

三、

恩格斯指出：“确信在物质之外并不单独地存在着一个精神世界，这是对现实世界，包括对人脑的产物和活动方式，进行长期而又艰苦的研究的结果。”②“一切观念都来自经验，都是现实的反映——正确的或歪曲的反映。”③“当我们通过思维来考察自然界或人类历史或我们自己的精神活动的时候，首先呈现在我们眼前的，是一幅由种种联系和相互作用无穷无尽地交织起来的画面，其中没有任何东西是不动的和不变的，而是一切都在运动、变化、生成和消失。”④

【案例讨论】

1. 比较分析三种唯物主义有何异同。

2. 与辩证唯物主义相比，机械唯物主义有哪些缺陷？

【案例分析】

唯物主义主张存在或物质是世界的本原，是第一性的。从古至今，唯物主义经历了朴素唯物主义、机械唯物主义和辩证唯物主义三个阶段。朴素唯物主义建立在实践与认识都比较落后的古代社会，突出特点是思辨性，即主要依靠天才的想象来断定构成世界的物质本原（水、气、四元素、原子等）及物质运动规律。机械唯物主义建立在近现代自然科学尤其是牛顿力学基础上，因此

① 北京大学哲学系外国哲学史教研室：《西方哲学原著选读》（下），商务印书馆 1982 年版（2023 重印），第 127—132 页。

② 中共中央马克思恩格斯列宁斯大林著作编译局：《马克思恩格斯文集》第 9 卷，人民出版社 2009 年版，第 347 页。

③ 同上，第 344 页。

④ 同上，第 23 页。

带有明显的机械性。机械唯物主义的第一个局限性是“仅仅运用力学的尺度来衡量化学性质的和有机性质的过程(在这些过程中,力学定律虽然也起作用,但是被其他较高的定律排挤到次要地位)”;第二个局限性在于“它不能把世界理解为一种过程,理解为一种处在不断的历史发展中的物质”,“这种非历史观点也表现在历史领域中”[①]。机械唯物主义源自一种“被培根和洛克从自然科学中移植到哲学中”的形而上学的思维方式。“他们在绝对不相容的对立中思维”,“在他们看来,一个事物要么存在,要么就不存在;同样,一个事物不能同时是自身又是别的东西。”“形而上学的考察方式,虽然在相当广泛的、各依对象性质而大小不同的领域中是合理的,甚至必要的,可是它每一次迟早要达到一个界限,一超过这个界限,它就会变成片面的、狭隘的、抽象的,并且陷入无法解决的矛盾,因为它看到一个一个的事物,忘记它们相互间的联系;看到它们的存在,忘记它们的生成和消逝;看到它们的静止,忘记它们的运动;因为它只见树木,不见森林。”[②]辩证唯物主义正是在扬弃旧唯物主义和唯心主义世界观的基础上,以最新科学为依据提出的正确世界观,它正确揭示了世界的物质统一性及其辩证运动规律,是新的科学的世界观。

① 中共中央马克思恩格斯列宁斯大林著作编译局:《马克思恩格斯文集》第 4 卷,人民出版社 2009 年版,第 282—283 页。

② 中共中央马克思恩格斯列宁斯大林著作编译局:《马克思恩格斯文集》第 9 卷,人民出版社 2009 年版,第 24 页。

案例 5　运动与静止

【案例内容】

一、

我国西南边陲的喜马拉雅山巍然屹立，看似亘古如此，永恒不变，然而事实上，它是从“喜马拉雅海”变来的。在西藏聂拉奉县海拔 4 800 米的地方，人们发现了海生的爬行动物化石喜马拉雅鱼龙。它生活在距今 1.8 亿年前。喜马拉雅鱼龙的发现证明那里曾是一望无际的海洋。后来，印度洋板块挤压亚欧板块，地壳隆起，海水逐渐退去，形成了陆地。直到距今约二千万年前，喜马拉雅山才横空出世，形成山峰，并一直在上升。近 50 万年内，它的主峰珠穆朗玛峰上升了约 1 600 米。据卫星测量，喜马拉雅山不但仍在不断长高，而且在不断移动，每年大约向北移动 6 厘米。

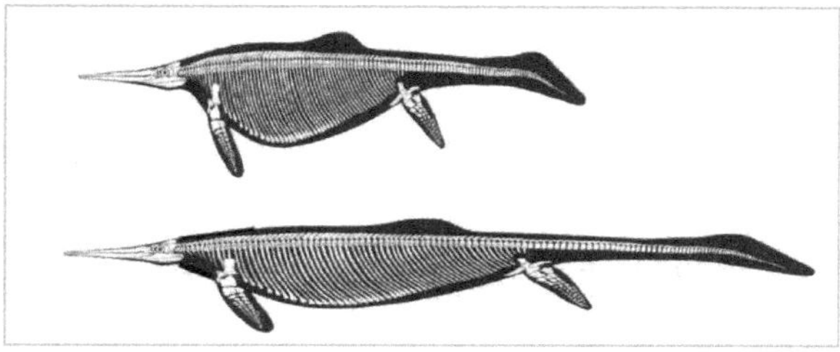

喜马拉雅鱼龙化石

二、

《吕氏春秋·察今》：楚人有涉江者，其剑自舟中坠于水，遽契其舟曰：“是吾剑之所从坠。”舟止，从其所契者入水求之。舟已行矣，而剑不行，求剑若此，不亦惑乎？[①]

① 高诱注，毕沅校，徐小蛮标点：《吕氏春秋》，上海古籍出版社 2014 年版，第 342 页。

三、

古希腊哲学家芝诺(Zeno,前490—前425)提出“飞矢不动”的论证:“如果每件东西在占据一个与它本身相等的空间是静止的,而移动位置的东西在任何一个霎间总是占据着这样的一个空间,那么飞着的箭就是不动的了。”①

四、

古希腊哲学家赫拉克利特说:“我们不能两次踏进同一条河,(照赫拉克利特说,也不能两次摸到同一个一模一样的变迁实体,由于变化剧烈、迅速,)它散又聚,合而又分。”“踏进同一条河的人,不断遇到新的水流。灵魂也是从湿气里蒸发出来的。”“我们踏进又踏不进同一条河,我们存在又不存在。”“太阳每天都是新的,永远不断地更新”。②

五、

《庄子·天下篇》:惠施多方,其书五车,其道舛驳,其言也不中。历物之意,曰:“至大无外,谓之大一;至小无内,谓之小一。无厚,不可积也,其大千里。天与地卑,山与泽平。日方中方睨,物方生方死。”③

【案例讨论】

1. 请结合以上五个案例,谈谈你对运动的绝对性与静止的相对性的认识。

2. 你认为惠施说的“日方中方睨,物方生方死”有无道理?理由何在?

【案例分析】

运动是物质存在的根本属性,凡运动必是物质运动,凡物质必在运动;运动是绝对的,静止是相对的,运动和静止是对立统一的。否认物体是运动的载体,则会导致唯心主义,否认运动与静止的对立统一性则会走向相对主义。“刻舟求剑”和“飞矢不动”实质上是否认运动的绝对性,割裂了运动与静止的

---

① 北京大学哲学系外国哲学史教研室:《西方哲学原著选读》(上),商务印书馆1982年版(2023重印),第25页。

② 同上,第12—13页。

③ 陈鼓应注译:《庄子今注今译》(修订本),商务印书馆2007年版,第1019页。

对立统一关系。芝诺实际上是主观地把时间和空间分成无数不可再分的小点，并将其作为推理前提。赫拉克利特说“我们不能两次踏进同一条河”，表明了运动的绝对性，他的弟子克拉底鲁(Kratylos)把这个观点推向极端，从而得出“人一次也不能踏进同一条河流”。克拉底鲁诡辩说，当你走进这条河流的那一瞬间，河水本身也在流动，因此它已不是同一河流了，所以，人一次也不能踏进同一条河流。这种诡辩论的要害在于，它把运动推向极端，只强调运动的绝对性，而否认了静止的相对性。惠施说：“日方中方睨，物方生方死。”意思是说，太阳一升到空中，就是偏西下落了；事物刚产生出来也就是死亡。惠施看到了运动的绝对性，但他否认了事物发展过程中质的相对稳定性，所以导致了相对主义。生与死虽有同一性，人出生以后，的确每天都在走向死亡，但生死有别，生不等于死，死也不等于生。如果不顾这种区别，把它们混为一谈，就走向相对主义。庄子与惠施许多观点相异，但是在否认事物的相对静止、片面强调事物的绝对运动上却很一致。庄子说：“方生方死，方死方生，方可方不可，方不可方可。”他把生与死、可与不可之间的过渡和转化绝对化，抹杀了事物的相对稳定性和质的区别，得出了“万物齐一”的结论。

案例6　心物二元论

【案例内容】

法国哲学家笛卡尔

法国思想家笛卡尔(Rene Descartes,1596—1650)从实体概念出发,提出了“心物二元论”。他把“实体”定义为“一个不依赖其他任何东西而自身存在的东西”。按照这个定义,严格地说,只有上帝是不依赖于任何东西的存在,是唯一的实体。但是,他又认为“实体”是多义词,可以在相近的意义上运用于不同的对象,因此,心灵和物质也是实体,因为除了上帝之外,它们不需要依赖其他任何东西而存在。但是,按照笛卡尔的认识论原则:我们只能通过属性认识实体,“思想”和“广延”是无所不在的属性。因此,从认识论上说,只有心灵和物质才是实体,上帝作为实体只是为心灵和物质作担保的存在论设定。

根据实体定义,心灵与物质不依靠对方而存在,心灵能思想而无广延,物质有广延而无思想,心灵和物质是独立存在的两个实体,它们之间没有相互作用。“心物二元论”把“心灵”“灵魂”“上帝意志”等前科学的假设从自然物中驱除出去,有利于自然科学的发展。但是,这个理论难以解释人的行为。人不仅有形体,还有意识和自我意识。人是“身”和“心”两个实体的组合:身体是物质,自我意识是心灵,这就是“身心二元论”。按照这个原则,身体和心灵不能相互作用,这与人的心理与生理活动相协调的事实明显不符。

为了解释人的身体的有意识活动,笛卡尔假设,身体和心灵有一个位于脑部的交接点:松果腺。松果腺汇集了身体的精气,在大脑产生心灵活动;心灵活动通过松果腺,牵动精气活动,使身体随着心灵活动而活动。但是,“松果腺”的概念给予心灵以位置，违反了心灵没有广延的二元论原则。[1]

【案例讨论】

1. 笛卡尔把“身”和“心”作为两个相互独立实体的依据是什么？你认为这个依据成立吗？

2. 为什么说笛卡尔的“心物二元论”本质上是唯心主义二元论？

3. 你还知道哪些二元论思想？尝试从哲学基本问题角度对这些思想进行批判分析。

【案例分析】

在世界的本原问题上，本体论的二元论（Dualism）主张，世界的本原是两个独立而不可相互还原的实体（Substance），或者说，宇宙的本原是二而非一。最具代表性的是笛卡儿的“心物二元论”，认为世界有二种本原：一为思想性的（Thinking）实体——精神，一为具有广延性的（Extended）实体——物质，二者相互独立且不可相互还原。康德也是二元论者，他的二元论是认识论意义上的，他认为人们所能认识的只是经验性的现象，而事物本身或“物自体”是不可知的。但是，无论是本体论上的二元论抑或认识论上的二元论都面临解释困境。笛卡尔为了说明物质实体和精神实体的来源，不得不承认上帝是“绝对的实体”，无论物质实体，还是精神实体，都得依赖于“上帝”。这样，他的二元论最后还是倒向了客观唯心主义的一元论。康德则由于二元论而陷入了不可知论，同时面临“物质体不可知”本身也是某种意义上的“可知”的诘难。

① 本案例摘选自：赵敦华：《西方哲学简史》（修订版），北京大学出版社2017年版，第219—220页。

案例 7　手机进化史

【案例内容】

在 1902 年，距今 117 年前，一个不爱种瓜只爱搞发明、名叫内森·斯塔布菲尔德（Nathan Stubblefield）的美国瓜农，在自己乡下的家里建起了人类第一个“无线电话”，并成功在果园里完成了“人类首次电话交流”。虽说是电话，但它的天线竟然高达 37 米。这位天才瓜农把他发明的通话专利称为“无线电话”，被后人公认为“电话之父”。但他的发明没有带给他万贯家财，他把所有积蓄都投入研究当中，最终妻子离他而去，孩子不知去向，他也在饥寒交迫、穷困潦倒中逝去。

早期“无线电话”与“移动电话”

1938 年，美国与苏军冷战时期，出于军备竞赛，美国贝尔实验室为美国军方制成了世界上第一部“移动电话”。因为当时各种条件不成熟，这电话中看不中用，战场上根本没法用。到了第二次世界大战时期，美国为军方研发的无线电话正式问世，终于可以拿到战场上使用了。然而有个令人尴尬的缺点：需要找个人背着几十斤重的电台收发信号，打电话时从后方拿起话筒。

而真正的民用“无线电话”，现在叫“手机”，直到 1973 年才正式诞生，由摩托罗拉公司的技术员马丁·库帕（Martin Cooper）发明。当手机基站建好后，库帕第一个电话就打给他多年的竞争对手“贝尔实验室”，进行了一段愉快的交流（嘲讽），库帕被称为“现代手机之父”。

自摩托罗拉发明手机后，用了整整十年才成功推到市场上销售。这台世界第一个卖给普通人的手机，名为“Dyna TAC 8000”。后来从美国传入香港

“手机之父”马丁·库帕

地区，在香港地区被称作“大哥大”。事实上确实很“大”，体长 0.5 米，重达 1 公斤，充电 10 小时，通话 30 分钟，价格 29 990 元人民币。

Dyna TAC 8000 手机

诺基亚 1011 手机

摩托罗拉 8900 手机

1992 年 11 月 9 日，诺基亚推出世界上第一款商用便携式手机“诺基亚 1011”。相比于大哥大的巨型体积和重量，诺基亚 1011 仅有 475 克，相对于“大哥大”来说，“小巧轻薄”，同时它也是第一台能收发短信的手机。摩托罗拉公司也于 1995 年推出手机中的“贵族”——翻盖手机 8900。外形优美、体型小巧，一出现便受到女性白领的热捧，价格炒到 4 万元人民币。

1997 年，世界第一台内置天线的手机“汉诺佳 CH9771”问世。在汉诺佳出现之前，所有手机都带着一根长长的天线，当需要打电话时便拉出天线，麻烦不说还容易损坏。这款手机当时在中国没啥人买，超级冷门，但内置天线的设计却被诺基亚拿去发扬光大，赚得盆满砵满。

1998 年诺基亚推出了“5110”手机，一款可以换壳子的手机，五颜六色随意切换，也是现在各种玩颜色换壳手机的鼻祖。手机是美国人发明的，所以在手机刚进入中国的时候，操作系统全是英文，直到摩托罗拉 CD928 的出现，有了“中文手机”，让不懂英语的普通人也能流畅使用。2000 年国内可上网手机诺基亚 7110 诞生，终结了手机只能打电话发短信却不能上网的状况，开启了手机上网新纪元。2001 年，世界第一款“彩屏”手机爱立信 T68 诞生。

汉诺佳 CH9771 手机

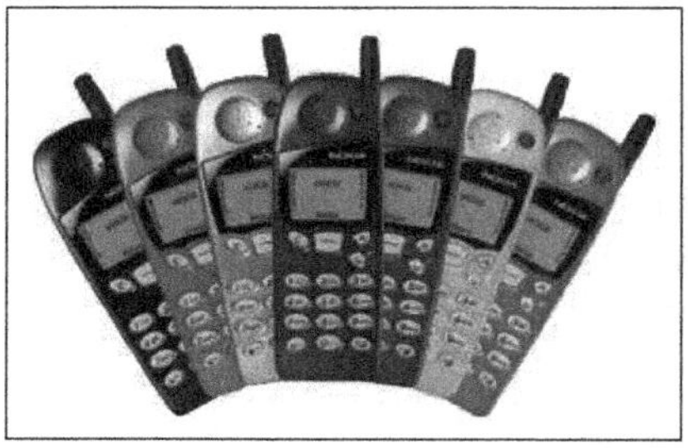

诺基亚 5110 手机

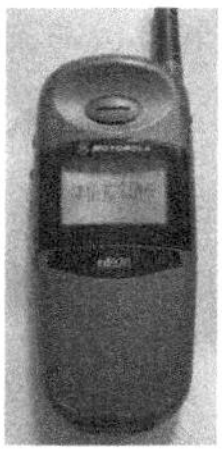

摩托罗拉 CD928 手机

诺基亚 7110 手机

爱立信 T68 手机

2007 年 1 月 10 日，苹果正式发布采用全“触屏控制”的 iPhone，开创了一个全新的手机互动模式，但当时大部分手机公司都在嘲笑苹果，没有键盘的手机能有啥用。

2010 年，iPhone 4 再一次改变世界，随着 iPhone 4 横空出世，再次重新定义手机。当年 iPhone 4 的功能与设计理念堪称领先业界 3 年：视频通话功能、采用玻璃机身、500 万像素摄像头、视网膜级别显示屏、主动降噪麦克风，将手机天线和边框整合在一起。虽然乔布斯曾说过：大屏手机都是异类。但是，接替乔布斯担任苹果公司 CEO 的库克在 2014 年推出拥有 5.5 英寸屏幕

iPhone 4 手机

的“iPhone 6 Plus”。随后其他手机厂家纷纷跟进，自此开启大屏幕手机时代。

大屏幕手机刚流行一年不到，曲面屏和 ID 无边框手机诞生。随后，2016 年到 2019 年全面屏手机时代来临，接着，2019 年折叠屏手机诞生。①

iPhone 6 Plus 手机

折叠屏手机

【案例讨论】

1. 请结合手机演进史，具体说明何谓“新事物”？何谓“旧事物”？何谓“发展”？

2. 结合手机演进的历史，你认为“新事物”代替“旧事物”的原因是什么？

3. 结合手机演进的历史，具体说明辩证否定的实质是“扬弃”。

① 本案例摘选自：《手机一百年进化史》，凤凰网 2019 年 6 月 20 日。https://tech.ifeng.com/c/7nfNv7RJuQn.

【案例分析】

从马克思主义观点看，发展是前进的、上升的运动，发展的实质是新事物的产生和旧事物的灭亡。新事物是合乎历史前进方向、具有远大前途的东西；而旧事物是丧失历史必然性、日趋灭亡的东西。新事物之所以能够和必然代替旧事物，根本原因是新事物合乎历史发展的必然性，新事物是对旧事物的“扬弃”，即新事物对旧事物既批判又继承、既克服其消极因素又保留其积极因素。就手机进化的历史而言，我们可以很明显地看到这一点。比如“无线电话”的出现是对“有线电话”的扬弃，前者保留了后者的积极因素（远程通话功能），又克服了后者的消极因素（必须得要电话线），因此前者具有比后者更为广阔的发展前景，尽管由于当时技术条件和市场所限，其优势尚未获得充分展现。同样地，便携式手机诺基亚 1011 和摩托罗拉翻盖手机 8900（新事物）的出现同样是对“大哥大”（旧事物）的扬弃。需要特别注意的是，判定新事物还是旧事物的根本标准是看是否符合历史前进方向而不是当时规模和势力的大小。当一个事物失去其存在的历史必然性时，即使当时规模和势力很大，但也必然会日趋灭亡。

案例8 现象与本质

【案例内容】

一、

如果说广义的哲学即一般意义上的知识探索是世界各个古老文化都共同具有的话，那么狭义的哲学即对于自然万物的最普遍的原理和原因的探索，却是希腊民族所首创的一门独立学术。这种试图超越经验性和实用性的现象世界去寻找万物的统一性根据或本原的哲学冲动，根植于城邦时代的希腊人对法律、正义、命运、必然性等一系列普遍性范畴的尊崇之中。这种对普遍性范畴的尊崇使希腊人习惯于认为，纷纭复杂的宇宙万象是受某种统一的根据所制约，具有一种本质的规定性，正如自由散漫的城邦生活是受某种法律体系所制约，普遍的立法原则构成了城邦这个公民集团的本质规定性一样。[①]

二、

芝诺(Zenon)提出了多个否定“多”的论证，其中有一个叫“谷粒的论证”：一斗谷子洒落在地会发出响声，而一粒谷子掉在地上却悄无声息。一斗谷子是由一粒粒的谷子集合而成，如果每一粒谷子都落地无声，那么一斗谷子何以会发出声响呢？由此可见，事物是由多组成的乃是一种假象。除此之外，芝诺还提出了“二分法”“飞矢不动”“阿喀琉斯追不上乌龟”等论证，这些论证表面上看似乎荒诞不经，但其实质在于，用逻辑推理来否定经验观察，用理性证明来否定感官知觉，并且在此基础上确立起一个基本信念，即“眼见为虚，思想为实”，从而奠定了西方哲学把思想的对象看得比感觉的对象更加真实可靠的传统。[②]

---

① 邓晓芒，赵林：《西方哲学史》(修订本)，高等教育出版社2014年版，第11页。

② 邓晓芒，赵林：《西方哲学史》(修订本)，高等教育出版社2014年版，第27页。

三、事物的原因是理念

苏格拉底向克贝说："我要把我的意思给你说得更清楚点，因为我觉得你现在还不懂"。"我要告诉你，我一向研究的那个'原因'到底是什么东西。我要回到我们常谈的那些话题上，从那里说起。假定有那样一些东西，象美本身、善本身、大本身之类。要是你承认这一点，同意有这些东西存在，我相信我就能给你说明'原因'是什么，就能向你证明灵魂是不死的。""这一点我是同意的，"贝克说，"你往下说吧。""你再考虑一下我的进一步推论，"苏格拉底说，"看看你是不是同意。我想，如果在美本身以外还有其他美的东西，这东西之所以美，就只能是因为它分有了美本身。其他的东西也是一样。你同意我这种对于原因的看法吗？""我不知道，也看不出还有什么别的巧妙原因。如果有人向我说，一件东西之所以美，是因为它有美丽的颜色、形状之类，我是根本不听的，因为这一切把我闹糊涂了。我只是简单、干脆、甚至愚蠢地认定一点：一件东西之所以美，是由于美本身出现在它上面，或者为它所分有，不管是怎样出现、怎样分有的。我对出现或分有的方式不作肯定，只是坚持一点：美的东西是美使它美的。"①

四、

力学和流体静力学的起源应该到实用技术中去寻找，而不应该到早期希腊哲学家的著作中去寻找，但是当观察同在几何学中学到的演绎方法结合起来的时候，这两门科学就有了坚实的基础。把这两门科学放在坚实基础上的第一人是叙拉古的阿基米德（Archimedes of Syracuse，前 287—前 212 年）。他的工作比任何别的希腊人的工作都更具有把数学和实验研究结合起来的真正现代精神。在结合的时候，只解决一定的有限的问题，提出假说只是为了求得它们的逻辑推论，这种推论最初是用演绎方法求得的，然后又用观察或实验方法加以检验。亚里士多德还没有物体的相对密度的观念。首先明确地阐明这个观念的是阿基米德。此外，他还发现了所谓阿基米德原理：一个物体浮于液体中的时候，其重量等于所排开的液体的重量；一物沉于液体中时，其所失的重量也与所排开的液体重量相等。据说，希罗王（King Hiero）把黄金交给工匠制造王冠。王冠制成后，希罗王疑心王冠里掺了白银，就叫阿基米德加以

① 北京大学哲学系外国哲学史教研室：《西方哲学原著选读》（上），商务印书馆 1982 年版（2023 重印），第 72—74 页。

检验。在思考这个问题的期间，阿基米德在沐浴的时候注意到，他所排出的水在容积上和他的身体相等，因而马上明白，合金比较轻，纯金比较重，同重的合金会比同重的黄金排开较多的水。这样，阿基米德就靠了一时的灵感，得出了阿基米德原理，后来他又运用数学方法，从他对于液体的基本观念中，把这个原理推演出来。这个基本观念就是，液体是一种在任何剪力——哪怕是最小的剪力——面前都要退让的物质，所谓剪力就是使物质的一层与另一层错落滑动的力量。①

“尤里卡”的故事

【案例讨论】

1. 比较分析上述四个案例，简述古希腊时期关于本质与现象关系的基本理念？你赞成还是反对这种观点，说出你的理由。

2 请结合具体案例，谈谈你对现象与本质之间关系的理解。

【案例解析】

现象与本质的关系是一对古老而重要的哲学范畴。试图超越经验性和实用性的现象世界去寻找万物的统一性根据或本原的哲学冲动，根植于城邦时代的希腊人对法律、正义、命运、必然性等一系列普遍性范畴的尊崇之中，并逐渐形成了“眼见为虚，思想为实”的基本信念，但古希腊哲学家在探索万事万物的本原时，还不完全是把本原当作本质。当柏拉图提出理念世界，并认为现象世界是理念世界的影子时，就明显地涉及了现象和本质的范畴，虽然他割裂并

---

① 〔美〕W. C. 丹皮尔：《科学史》，中国人民大学出版社 2010 年版，第 58—59 页。

颠倒了现象与本质的关系。亚里士多德把本质理解为使一事物成为该事物的规定性，认为定义所表达的就是本质。因此，他进一步认为事物的本质不同于事物，事物是本质和各种偶性的统一体，从而辩证地处理了本质和现象的关系。当近代欧洲哲学把研究的重点转向认识论时，哲学家们便把认识过程和认识能力的研究同现象与本质联系起来，即把感性、理性与现象、本质对应起来，提出了各种观点。康德的认识论体系就是围绕着对现象和本质的认识展开的，但是由于受经验唯心主义的束缚，康德否认现象的客观性，认为现象只是对人显现出来的东西，而不是客观事物的本质的显现。他虽然承认人们对现象的内部联系和规律性的认识，却否认它们就是事物的本质，因而导致不可知论，认为现象的本质（自在之物）是不可认识的，支配现象的规律只是人所创造的。黑格尔在客观唯心主义基础上批判了康德的不可知论和割裂现象与本质的辩证关系的观点，坚持现象与本质的客观性和辩证统一，并以现象与本质的对立统一作为他的《逻辑学》的总框架。中国传统哲学中的道与器、理与气，在一定程度上具有本质与现象的含义。“形而上者谓之道，形而下者谓之器”（《周易·系辞上》），“形而下者”指有形体的具体的东西，即现象；“形而上者”指包含于“器”中的无形的东西，即抽象的共性，其中就包括本质。比较明确地把道与器理解为本质与现象的是朱熹。他认为：“天地之间，有理有气。理也者，形而上之道也，生物之本也；气也者，形而下之器也，生物之具也。”（《答黄道夫》）这里所谓的理不是任何共性，而是某物之所以为某物的共性，即本质。这里所说的气不是质料，而是具体事物，即现象。

马克思主义认为，任何事物都有现象与本质两个方面。本质是事物的根本性质。本质是类的本质，即一类事物之所以区别于他类事物的最根本的东西，因此它是普遍性、共性，但并非共性都是本质。例如，黄种人的黄皮肤是黄种人的共性，但并不是黄种人的本质。由于事物的种类是分层次的，本质也是分层次的，根据深浅层次的不同而分为多级本质。例如，张三这个人可以有作为人的本质、作为公民的本质、作为国家干部的本质以及作为动物或自然物的本质等。现象是本质的具体表现，即该事物的各种个性、特殊性、具体性的总和。人的感觉器官所直接接触到的都是现象，而不是本质，但人可以通过现象来认识本质。

现象和本质之间具有对立统一关系。现象和本质有明显的差别。现象是事物的外在方面，是表面的、多变的、丰富多彩的；本质是事物的内在方面，是深藏的、相对稳定的、比较深刻的、单纯的。因而现象是可以直接认识的，本质则只能间接地被认识。昏天黑地，电闪雷鸣，狂风大作，暴雨如注，令人惊心动魄，其本质不过是空气、水汽的运动变化和相互作用。两军对阵，攻城略地，尸横遍野，其本质不过是相互对立的阶级或社会集团之间的斗争。本质与现象也是相互依存的。现象是本质的现象，本质是现象的本质。本质只能通过现象表现出来，现象只能是本质的显现，它们之间是表现和被表现的关系。本质与现象也是相互包含的。本质寓于现象之中，现象是整体，本质是现象的根本性的部分。本质包含现象，现象由本质决定并潜在地包含于本质之中。例如阶级斗争表现为各种不同形式，但都是由阶级斗争这一本质决定的，都潜在地包含于阶级利益的根本对立这一本质中。现象与本质也是可以相互转化的。然而，本质变现象不能理解成看不见摸不着的本质变成了看得见摸得着的现象，本质是现象的内部联系和规律性，任何仪器都看不见。康德曾经说过，只有上帝的眼睛才能看见本质。本质变现象只能理解为本质表现为现象。例如，生产者通过头脑中的蓝图和实践把自己的本性赋予具体产品，就是本质变现象。现象变本质也应理解为现象表现本质，现象越丰富，表明事物的本质也越深刻。现象与本质的相互转化，是感性认识与理性认识相互转化的客观基础。现象与本质的关系是复杂的。同一现象可以表现为不同的本质，同一本质在不同的条件下也可以表现为不同的现象。本质和本质之间、现象和现象之间也有它们在程度上的差别。因此，在研究事物的现象和本质的关系时，不仅要把现象和本质区别开来，而且要把真象和假象以及假象和错觉等区别开。真象是从正面表现本质的现象。假象则是一种虚假的现象，它也是本质的一种表现，是本质在特定条件下的一种反面表现。而错觉是由于人的感觉上的错误造成的，属于主观的范畴，而假象则是由于客观存在的条件造成的，是现象的一种，属于客观的范畴。①

① 肖前，黄楠森 等：《马克思主义哲学原理》（上），中国人民大学出版社 2016 年版，第 208—210 页。

第二章 实践与认识及其发展规律

案例1 实践的本质

【案例内容】

一、

《尚书·说命中》:"非知之艰,行之惟艰"。[①]

二、

《荀子·儒效》:"不闻不若闻之,闻之不若见之,见之不若知之,知之不若行之。学至于行之而止矣。"[②]

三、

《中庸》:"博学之,审问之,慎思之,明辨之,笃行之。有弗学,学之弗能,弗措也;有弗问,问之弗知,弗措也;有弗思,思之弗得,弗措也;有弗辨,辨之弗明,弗措也;有弗行,行之弗笃,弗措也。人一能之己百之,人十能之己千之。果能此道也,虽愚必明,虽柔必强。"[③]"故君子尊德性而道问学。致广大而尽精微。极高明而道中庸。温故而知新,敦厚以崇礼。"[④]

---

① 钱宗武译注:《尚书译注》,中华书局2022年版,第230页。

② 杨倞注,耿芸标校:《荀子》,上海古籍出版社2014年版,第82页。

③④ 朱熹:《四书章句集注》第2版,中华书局2012年版,第32、36页。

四、

“知是心之本体，心自然会知。见父自然知孝，见兄自然知弟，见孺子入井自然知恻隐，此便是良知，不假外求。若良知之发，更无私意障碍，即所谓‘充其恻隐之心，而仁不可胜用矣’。”①“先儒解格物为格天下之物，天下之物如何格得？且谓一草一木亦皆有理，今如何去格？纵格得草木来，如何反来诚得自家意？”②“众人只说格物要依晦翁，何曾把他的说去用？我着实曾用来。……及在夷中三年，颇见得此意思，乃知天下之物本无可格者。其格物之功，只在身心上做，决然以圣人为人人可到，便自有担当了。”③

五、

康德在《实践理性批判》第七节“纯粹实践理性基本法则”中写道：“这样行动：你意志的准则始终能够同时用作普遍立法的原则。”他注释说：“纯粹几何学有其作为实践命题的公设，但是这些公设所包含的无非是如下设定：人们能够做某事，如果某事已经被要求，人们应当做此事；这些就是仅有的关涉一个此在的命题。因此，它们也是在意志的或然条件下的实践规则。但是在这里这条规则说：人们应当绝对地以某种方式行事。因此这条实践规则是无条件的，从而是作为实践的定言命题被先天地表象出来的，借此意志绝对地和直接地（通过在这里也是法则的实践规则自身）、并且客观地被决定。因为纯粹而自在地实践的理性在这里是直接地立法的。意志是被思想为独立于经验条件，从而作为纯粹意志，由单纯的法则形式决定的，这个决定根据也被看作是一切准则的最高条件。”④

六、

黑格尔把实践理解为人的有目的的活动，把实践看作是达到真理的整个认识过程的一个环节。他说：“在认识过程的单一活动里，主观性的片面性与客观性的片面性之间的对立，自在地都被扬弃了。但是这种对立最初只是自在的被扬弃了。因此，认识过程的本身便直接染有这个范围的有限性，而分裂成理性冲力的两重运动，被设定为两个不同的运动。认识的过程一方面由于接受了存在着的世界，使进入自身内，进入主观的表象和思想内，从而扬弃了

①②③　王守仁撰，王晓昕译注：《传习录》，中华书局 2018 年版，第 31、494、498 页。

④　〔德〕康德：《实践理性批判》，韩水法译，商务印书馆 2009 年版，第 31—32 页。

理念的片面的主观性，并把这种真实有效的客观性当做它的内容，借以充实它自身的抽象确定性。另一方面，认识过程扬弃了客观世界的片面性，反过来，他又将客观世界仅当做一假象，仅当(作)一堆偶然的事实、虚幻的形态的聚集。它并且凭借主观的内在本性，(这本性现在被当做真实存在者的客观性)以规定并改造这聚集体。前者就是认知真理的冲力，亦即认识活动本身——理念的理论活动。后者就是实现善的冲力，亦即意志或理念的实践活动。"①

七、

列宁在《唯物主义与经验批判主义》中指出："费尔巴哈把人类实践的总和当作认识论的基础。他说：当然唯心主义者在实践中也承认我们的自我和他人的你的现实性。不过在唯心主义者看来，这是一种只适合于生活而不适合于思辩的观点。但是，这种和生活矛盾的思辩，把死的观点脱离了肉体的灵魂的观点当做真理的观点的思辩，是僵死的、虚伪的思辩。我们要感觉，首先就得呼吸；没有空气，食物和饮料，我们就不能生存。"②"生活、实践的观点，应该是认识论的首先的和基本的观点。这种观点必然会导致唯物主义，而把教授的经验哲学的无数臆说一脚踢开。"③

八、

马克思在《关于费尔巴哈的提纲》中提出："从前的一切唯物主义(包括费尔巴哈的唯物主义)的主要缺点是：对对象、现实、感性，只是从客体的或者直观的形式去理解，而不是把它们当作感性的人的活动，当作实践去理解，不是从主体方面去理解。因此，和唯物主义相反，唯心主义却把能动的方面抽象地发展了，当然，唯心主义是不知道现实的、感性的活动本身的。费尔巴哈想要研究跟思想客体确实不同的感性客体，但是他没有把人的活动本身理解为对象性的活动。因此，他在《基督教的本质》中仅仅把理论的活动看作是真正人的活动，而对于实践则只是从它的卑污的犹太人的表现形式去理解和确定。因此，他不了解'革命的'、'实践批判的'活动的意义。"④

---

① 〔德〕黑格尔：《小逻辑》，贺麟译，商务书馆 2017 年版，第 412—413 页。

②③ 中共中央马克思恩格斯列宁斯大林著作编译局：《列宁专题文集：论辩证唯物主义和历史唯物主义》，人民出版社 2009 年版，第 49 页。

④ 中共中央马克思恩格斯列宁斯大林著作编译局：《马克思恩格斯选集》第 1 卷，人民出版社 2012 年版，第 133 页。

九、

毛泽东在《实践论》中指出："马克思主义者认为人类的生产活动是最基本的实践活动，是决定其他一切活动的东西。人的认识，主要地依赖于物质的生产活动，逐渐地了解自然的现象、自然的性质、自然的规律性、人和自然的关系；而且经过生产活动，也在各种不同程度上逐渐地认识了人和人的一定的相互关系。一切这些知识，离开生产活动是不能得到的。在没有阶级的社会中，每个人以社会一员的资格，同其他社会成员协力，结成一定的生产关系，从事生产活动，以解决人类物质生活问题。在各种阶级的社会中，各阶级的社会成员，则又以各种不同的方式，结成一定的生产关系，从事生产活动，以解决人类物质生活问题。这是人的认识发展的基本来源。""人的社会实践，不限于生产活动一种形式，还有多种其他的形式，阶级斗争，政治生活，科学和艺术的活动，总之社会实际生活的一切领域都是社会的人所参加的。"①

【案例讨论】

1. 上述材料中，对"实践"的认识是否一致？
2. 马克思主义的实践观有什么特点？

【案例解析】

在西方哲学史中，亚里士多德第一个明确地从实践出发、着眼于实践来研究人的行为，他的实践哲学把实践规定为趋向目的的过程和本身就是目的的"行"。这种实践是有关人生意义和价值的、以自身为目的的活动，它主要表现为与生产、工艺相区别的人的伦理道德行为和政治行为，而理论在最终意义上自身便是目的，因此它是最高级的实践。近代以来，人们逐渐形成了这样的观点：理论只是方法，而实践只是方法的应用。在康德哲学中，亚里士多德所谓的"技艺"和"生产知识"被称为"技术实践"，它指理论命题的应用，只构成其理论哲学的"实践"部分；而亚里士多德所谓的实践则被称为"道德实践"，它是任何理论知识无法达到的东西，是实践哲学的基础，而"道德实践"的基础并非社会的道德政治生活，而是自由的理念。黑格尔对近代哲学特别是康德等人的实践观作了批判继承，提出了客观唯心主义的实践观，其基本特点在于：它以客观唯心主义为基本前提和框架，以自由为实践的目的，把实践与逻辑联系起

① 《毛泽东选集》第1卷，人民出版社1991年版，第282—283页。

来，运用辩证法考察实践，强调实践是以自由为目的的有意识的中介活动，强调实践包含理论并高于理论，强调实践是一个对象化与异化相统一的辩证发展过程。黑格尔实践观批判继承了西方近代实践观的积极成果，是马克思实践观的最重要、最直接的理论来源。

马克思主义正确地揭示了实践的本质，提出实践是人类能动地改造世界的社会性的物质活动。实践具有直接现实性，实践是以感性事物为对象的现实的物质活动，而非纯粹精神活动，构成实践活动的诸要素（实践的主体、客体和手段）都是可感知的客观实在，实践的水平、广度、深度和发展过程都受着客观条件的制约和客观规律的支配，实践能够引起客观世界的某种变化，把人脑中观念的存在变为现实的存在，产生现实的成果。物质生产实践、社会政治实践和科学文化实践是实践的三种基本类型，其中物质生产实践是人类最基本的实践活动，科学文化实践能否被称为实践活动，关键是看它是否超出了纯粹的意识活动，是否改变了除实践主体的意识状态之外的其他存在物的状态，按照这个标准，有些古人所谓的“道德实践”属于实践范畴，有些则不属于。这样就科学阐释了实践的本质与特征，为人们正确理解实践概念和指导实践活动提供了基本理论遵循。

案例2　认识即回忆

【案例内容】

古希腊哲学家柏拉图(Plato,前427年—前347年)发展了苏格拉底的“认识你自己”的原则。他把从毕达哥拉斯和奥尔弗斯教那里吸收来的灵魂转世说引入了认识论,认为灵魂在进入肉体之前曾经居住在“理念世界”里,因而早就具有了关于各种理念的知识。当灵魂进入肉体后,由于受肉体的遮蔽而暂时忘记关于理念的知识,所以需要经过一段时间的“学习”才能重新获得知识。而所谓“学习”,在柏拉图看来无非就是“回忆”,“因为一切研究,一切学习都只不过是回忆罢了”。在柏拉图看来,如果我们在进行感觉之前没有关于相等本身、美本身、善本身、公正本身之类的知识,我们何以能够比较事物的彼此相等,何以能够判断什么东西是美的、善的或公正的呢?因此,我们在生下来之前就已经有了关于事物“本身”或“绝对本质”之类的知识,出身后却因为受到肉体的遮蔽而暂时遗忘了,而由于感觉经验的刺激又更新回忆起来。这个回忆的过程既是知识的重现,也是灵魂不断摆脱肉体束缚而得以净化和升华的过程。这里有三点需要指明:第一,柏拉图虽然否认感觉经验(“意见”)是知识的来源,但是却承认感觉经验是刺激人回忆起知识的媒介或机缘,正如看到一位故友常用的七弦琴会使我们回忆起他的模样一样,一些相等的东西、一个美的事物可以使我们回忆起相等本身和美本身。第二,通过感觉的媒介而进行的回忆不是对某个具体事物的回忆,而是对事物“本身”即理念的回忆,“用视觉、听觉或者其他官能感觉到一件东西的时候,可以由这个感觉在心中唤起另一个已经忘记了的、与这件东西有联系的东西”。第三,所以回忆是一个不断上升的过程,需要调动灵魂的主体能动性,而所谓灵魂(努斯)就是“推动自己运动的东西”,“灵魂的本质是自动”。这就以先验论的方式表达了认识主体的能动性原则。“回忆说”是西方哲学史上第一个系统阐发的唯心主义先验论的认识论思想。

柏拉图在《国家篇》里根据以上思想讲述了一个著名的“洞喻”:假定有一些从小就被捆绑着不能转身的囚犯面朝洞壁坐在一个山洞里,洞口外面有一堆火在洞壁上照出一些来往木偶的影子,这些囚徒一直以为这些影子就是现实的事物;直到有一天一个囚徒解除束缚,转身看到火光下的木偶,才知道以前看到的只是一些影子；等他走出洞口，看到阳光照耀下的万物，才知道那些木偶也不是真正的事物本身，不过是人与自然物的摹本。但他这时还不能直接看太阳，只能看太阳在水中的倒影，等到他逐渐适应了，他才能看见太阳，并终于明白了这一切事物都是借着阳光而被看见的，太阳才是最真实的东西。柏拉图这个“洞喻”的意图不仅要说明洞外事物之于洞里阴影正如理念之于可感事物，太阳之于世间万物正如“善”的理念之于理念世界一样，而且也试图表明人的灵魂是通过“转向”来认识事物的本质的，即从洞壁转向洞口，从洞口的火光转向外面的事物，从水中的倒影转向天上的太阳。转向就是反思和再反思，虽然是不断地转回头，但总的来说使知识呈现为一个线性的上升过程。[①]

【案例讨论】

1. 比较分析柏拉图的“回忆论”与唯物主义反映论两者有何差异？
2. 你认为柏拉图的“回忆论”有何可取之处并说明理由？

【案例分析】

在认识的本质问题上，存在着两条根本对立的认识路线：一条是坚持从物到感觉和思想的唯物主义认识路线，另一条是坚持从思想和感觉到物的唯心主义认识路线。唯物主义认识路线坚持反映论的立场，认为认识本质上是主体对客体的反映，人的一切知识都是后天学习积累而成的，是“求之而后得”，而“非天性也”。唯心主义认识路线否认认识是人脑对客观世界的反映，认为认识先于物质，先于人的实践经验。主观唯心主义认为，人的认识是主观自生、生而知之。客观唯心主义认为，人的认识是上帝的启示（奥古斯丁）或某种客观精神的产物（柏拉图），其中柏拉图的“认识即回忆”最具代表性意义。他先假设存在一个独立于现实世界之外的“理念世界”，现实世界是对“理念世界”的分有，而人的知识来源于对“理念”的认识和回忆，感觉经验只是刺激人回忆起知识的媒介或机缘，而非认识的来源或人脑对客观世界的反映。

从人类对认识本质的总体认识过程看，柏拉图的“回忆论”是一个具有深远影响的历史成果，虽然“回忆论”颠倒意识与客观事物之间反映与被反映的关系，本质上是唯心主义的，但它也包含了一些有启发意义的观点。比如，柏拉图认为，回忆是一个不断上升的过程，需要调动灵魂的主体能动性，这就以先验论的方式表达了认识主体的能动性原则。

① 邓晓芒，赵林：《西方哲学史》，高等教育出版社 2014 年版，第 50—51 页。

案例3　实践出真知

【案例内容】

一、

伽利略真可算是第一位近代人物；我们读他的著作，本能地感觉畅快；我们知道他已经找到了至今还在应用的物理科学方法。过去，人们总是先采纳一个完备的和自圆其说的知识体系，中世纪新柏拉图主义和经验哲学都是这样的特色，现在，伽利略放弃了这种方法。事实不再是从权威的和理性的综合中推演出来的，也不必再符合于这种权威的和理性的综合了，像在经验哲学中的那样；事实甚至不再是靠这种综合来取得意义了，像在开普勒的头脑中那样。由观察或实验得来的每个事实及其直接的和不可避免的推论都按照本来面目被人接受，不管人们怎样想把自然界收服在理性的管辖之下。许多孤立的事实的协和是慢慢显露出来的，围绕着每个事实的狭窄的知识范围零星地发生接触，也许就融合成一个较大的范围。可是，要把所有的科学的和哲学的知识融合成一个更高的、统摄一切的统一体，即使还不是绝不可能的，也须推迟到遥远的将来。中世纪经验哲学是理性的；现代科学在本质上是经验的。前者崇拜人的理性，在权威规定的界限内活动；后者接受无情的事实，不管它是否合于理性。①

二、

进入19世纪，好几项重要的新鲜事物的出现，才使从希腊时代沿袭下来的科学和技术分离的那种亘古就有的传统终于被打破。理论科学和工业开始紧密联系起来了……在工业化的背景下，19世纪出现的那些应用科学的新苗头却代表了历史的方向，其影响巨大，因而到20世纪便在全球得到了发扬光大。

19世纪才出现的关于电流的新科学立即就产生出若干应用科学的新工

① 本案例摘选自：〔美〕W. C. 丹皮尔：《科学史》，中国人民大学出版社2010年版，第143页。

业，其中，电报就是最能说明问题的一个例子。在法拉第于 1831 年发现电磁感应现象以后才不过几年，科学家惠斯通和他的一名合作者就在 1837 年研制出第一台电报机。其后，惠斯通同欧洲及美国的其他科学家和发明家一起努力，致力于创建电报工业，其推动力部分就来自铁路的发展所产生的对电报的需求。在莫尔斯的电码编制方案取得专利以后，他们的工作突飞猛进，很快就获得成功。……

虽然电报技术用到了大量先前已有的科学知识，但是，这种新技术的不断发展肯定要面临许多需要解决的难题，其中有技术上的，有商业上的，也有一些社会问题。……

把科学和新的科学理论应用于技术和工业的另一个早期的例子是无线电通信，那种应用是在理论创新之后紧跟着就出现的。为了证实麦克斯韦的电磁理论，赫兹在 1887 年用实验演示了电磁波的真实存在。赫兹的工作完全遵循的是 19 世纪理论和实验物理学的抽象传统，但是，一位意大利的年轻人马可尼在 1894 年刚一获悉赫兹证实电磁波的消息，就立即着手研究把电磁波用于无线电报传输，并在翌年研制出一种技术装置，可以把电报传送 1 英里的距离。……

19 世纪应用科学的兴起不只局限于物理学或者仅与物理科学有关的那些工业。例如，新提出的细菌学说和在 19 世纪 50 年代产生的关于微生物的观念就启发了伟大的法国科学家巴斯德认真地研究发酵过程。他在此基础上提出的巴斯德灭菌法，在许多工业生产中得到了实际应用，并产生出巨大的经济价值……而巴斯德后来进行的医学实验又导致了接种免疫法的诞生，从此，炭疽病、狂犬病等多种疾病都可以预防，这也宣告了真正科学的医学的来临。①

【案例讨论】

1. 为什么丹皮尔说“伽利略真可算是第一位近代人物”？与以往学者相比，伽利略的认识方法有何特点？这些特点对于近现代科学发展有何影响？

2. 结合上述资料，谈谈你对“社会上一旦有技术上的需要，这种需要就会比十所大学更能把科学推向前进”这句话的理解。

---

① 本案例摘选自：〔美〕J. E. 麦克莱伦第三：《世界科学技术通史》，上海世纪出版集团 2007 年版，第 424—427 页。

【案例解析】

“人的正确思想是从哪里来的？是从天上掉下来的吗？不是。是自己头脑里固有的吗？不是。人的正确思想，只能从社会实践中来，只能从社会的生产斗争、阶级斗争和科学实验这三项实践中来。”①与古代科学家相比，伽利略更注重科学实验这种实践形式，通过精心设计的科学实验帮助伽利略获得对事物更精确的认识，这与先前偶然的试错相比大幅提高了认知效率。同时，伽利略在研究方法上具有自觉的“实践出真知”的科学精神，不是从某种先验的观念出发而是从实验事实出发来建构知识。实践是认识的来源和发展的动力。近现代科学之所以产生于西方，之所以获得比古代更快的发展速度，一个重要原因是科技与工业的结合。随着资本主义生产方式的逐步确立，资本家为了获得更多剩余价值（利润），开始不断发起把新科技引入工业生产的创新活动，同时，随着工业化生产开始在更大规模和更深程度上涉及人与自然、人与人及人本身的关系，因而不断涌现出与此相关的更多矛盾和问题，从而为科学研究提出了新的研究课题、研究动力和研究手段，工业与科技的紧密结合和相互促进使得近现代以来科学技术在西方快速发展。正如恩格斯指出的：“社会上一旦有技术上的需要，这种需要就会比十所大学更能把科学推向前进。”②

① 《毛泽东文集》第八卷，人民出版社 1999 年版，第 320—321 页。

② 中共中央马克思恩格斯列宁斯大林著作编译局：《马克思恩格斯文集》第 10 卷，人民出版社 2009 年版，第 668 页。

案例4　行星运行律

【案例内容】

天文学家第谷·布拉埃

天文学家约翰·开普勒

哥白尼的学说在天文学上引起了一场革命，事实上在一般科学思想上，也引起了一场革命。不过哥白尼主要是数学家，对于自然知识没有增加太多新的事实。把行星运动的详细情况更精确地记录下来的第一位天文学家，要算是哥本哈根的第谷·布拉埃（Tycho Brahe，1546—1601）。他并没有采取哥白尼的全部体系，而是认为太阳围绕地球运行，而行星则围绕太阳运行。他经过几次迁徙，终于定居在布拉格，并得到约翰·开普勒(John Kepler，1571—1630)辅助他的工作，后来就把他极其珍贵的资料留给开普勒。人们常认为开普勒的成绩在于归纳出和证明了行星运动的三个命题或"定律"，这三个定律后来成了牛顿天文学的基础。如果我们只研究纳入牛顿科学中的成果，一方面就给开普勒的形象涂上了太现代的色彩，另一方面也忽视了他的心理态度的历史渊源。在哥白尼之后，我们可以看见毕达哥拉斯和柏拉图的影响；在开普勒的著作中，它们显然表现在数学方法上。

开普勒的正式工作主要是编辑当时流行的占星历书。虽然他以讽刺的口吻提到过这个利润丰厚的职业对于天文学家的价值，但是他却是一个占星术的信徒。同时他也是一位杰出的、热心的数学家，他之所以相信哥白尼体系正是由于哥白尼体系具有更大的数学的简单性与和谐的缘故。他说："我从灵魂的最深处证明它是真实的，我以难以相信的欢乐心情去欣赏它的美。”哥白尼对太阳赞美不已，开普勒更是变本加厉，他把太阳看作是圣父，把恒星的天球看作是圣子，把居于其间的以太——他认为太阳的能力是通过以太推动行星在其轨道上运行的——看作是圣灵。

开普勒深信上帝是以依照完美的数的原则创造世界的，所以根本性的数学和谐，即所谓天体的音乐，乃是行星运动的真实的可以发现的原因。这是鼓舞开普勒辛勤工作的真正动力。他并不像一般人所想象的，在乏味地追求牛顿后来加以合理解释的经验规则。他所追求的是最后因。——造物主心中的数学的和谐。[①]

【案例讨论】

1. 第谷·布拉埃对天文学的贡献是不可磨灭的，他所做的观测精度之高，是他同时代的人望尘莫及的，但是他没有提出正确的行星运动定律，其中的原因是什么？

2. 第谷·布拉埃的大量极为精确的天文观测资料，为开普勒的工作创造了条件，但开普勒提出行星运动三定律的“心理态度”却是毕达哥拉斯和柏拉图主义的“数学谐和”，而非来自对天文观测资料的归纳和证明，你如何看待这种认识论现象？

【案例分析】

人的认识可分为感性认识与理性认识两种形式和阶段。感性认识是人们在实践基础上，由感觉器官直接感受到的关于事物的现象、事物的外部联系、事物的各个方面的认识。理性认识是指人们借助抽象思维，在概括整理大量感性材料的基础上，达到关于事物的本质、全体、内部联系和事物自身规律性的认识。感性认识和理性认识的性质虽然不同，但二者却是相互渗透、相互包含、辩证统一的。

麦克莱伦第三在《世界科学技术通史》中写到：第谷是一位老练的天文学家，他制造了许多刻度精细的供肉眼观测用的大型仪器，利用这些仪器取得了从未有过的最精确的肉眼观测结果，精确度在某些情形甚至达到了 5～15 弧秒，常常能达到 1～2 弧分，而所有的观测都能达到 4 弧分。这样小的误差，表明其精度已经比古代天文观测的精度高出一倍，即使与后一个世纪有了望远镜以后的观测相比也毫不逊色。而且，第谷的观测数据让人称道之处不仅在

---

① 本案例摘选自：〔美〕W. C. 丹皮尔：《科学史》，中国人民大学出版社 2010 年版，第 140—141 页。

于其精确性，还在于观测的系统性。第谷和他的助手们进行的是系统化的观测，一夜又一夜地坚持许多年连续不漏地积累起大量的观测资料。然而，他却根据他坚实的经验论据坚决反对哥白尼和日心说。他的经验论据最主要有两条：一条是没有观测到恒星视差；另一条是根据他的计算结果，如果日心体系是正确的，那么，不动的恒星就应该位于离中心遥远到不可思议的距离。日心体系中地球的周日运动在第谷看来也十分荒谬。他为此提出的反对地球自转说的新论据显然受到了军事革命的启发，他论证道：倘若地球在自转，那么，大炮向西开炮就应该比向东开炮发射得更远，而这完全不符合事实。就这样，第谷反对日心体系。“针对托勒玫和哥白尼天文学都遇到的那些重大困难，第谷于1588年提出了自己的体系。在第谷提出的地心体系中，地球仍然静止位于宇宙的中心，各个行星都环绕太阳运行，而太阳则环绕地球运行。”[①]由此可见，第谷不是不知道日新体系，而是根据他获得的经验论据认为日心体系“不可信”，而开普勒提出行星运行三定律也并非仅仅源于对天文观测数据的归纳和证明，其中还包含着他对宇宙数学谐和的信念。这说明，感性认识与理性认识是密不可分的，二者没有绝对分明的界限，感性中包含有理性，人的感觉是渗透着理性的感觉；同时，理性中有感性，理性以感性材料和形式为基础和表达手段，两者相互交融，所谓“我们的实践证明：感觉到了的东西，我们不能立刻理解它，只有理解了的东西才更深刻地感觉它”[②]。

① 〔美〕J. E. 麦克莱伦第三：《世界科学技术通史》，上海世纪出版集团2007年版，第293—296页。

② 《毛泽东选集》第1卷，人民出版社1991年版，第286页。

案例5 真理的标准

【案例内容】

一、

斯宾诺莎认为，既然正确的知识都只能来自于直观和理性，而对外在事物的感觉经验则是虚妄和错误的根据，因此真理不可能通过外在事物来验证，而必须由自身来衡量。他由此彻底贯彻了笛卡尔的理性主义真理标准，即观念自身的“清楚、明白和恰当”，认为只要是清楚明晰的观念，就绝不会是错误的，通过理性的直观而呈现的真观念就是自身的标准了。斯宾诺莎说：“除了真观念外，还有什么更明白更确定的东西足以作为真理的标准呢？正如光明之显示其自身并显示黑暗，所以真理即是真理自身的标准，又是错误的标准。”

荷兰哲学家斯宾诺莎

但是另一方面，斯宾诺莎又提出了一种“符合论”的真理观，他认为“清楚、明白和恰当”是真理的内在标志，而真理的外在标志则是与事物本身的符合。他把“真观念必定符合它的对象”当作一条公理。但这种符合并没有诉之于经验的意思。斯宾诺莎的“符合论”并非从经验论，而是从身心平行论中引出来的，“真观念必定符合它的对象”这一认识论观点是建立在“观念的次序和联系与事物的次序和联系是相同的”这一本体论观点的基础之上的。所以，真观念之所以符合它的对象，根本说来还是由于真观念符合自身；只要它符合自身，就必然符合于它的对象，因为观念的系列与事物的系列之间永远有一种平行关系。事物和关于事物的观念是神或自然的两种样式，二者之间并不发生关联，它们的平行是由于来自于同一个神。观念反映的不是事物，而是神或自然，而事物本身也是神或自然的表现形式。斯宾诺莎表示：“真思想的形式必定在思想自身内而不依赖别的东西；并且它不承认所知的对象为原因，而必须依靠知性自身的力量和性质。""我们所形成的明晰清楚的观念，好像只是从我们本性的必然性里推出来似的，所以这些观念，似乎只是绝对依靠我们自己的力量。而混淆的观念，则恰好与此相反。"所谓"混淆的观念"不是从心灵的必然性中推出的，而是从对事物的感觉经验中产生的。只要我们严格按照真观念来推理，它就必然永远"符合它的对象"。斯宾诺莎的这种观点突出表达了唯理论哲学的"独断论"特色。他认为他作为出发点的"神"(自然、实体)是一个不容讨论的前提，连这个前提都不承认的人，他根本不屑于与他们谈论哲学。①

二、

哲学家车尔尼雪夫斯基

俄罗斯唯物主义哲学家车尔尼雪夫斯基(1828—1889)提出，"实践"是一切理论的无可争论的试金石。他说："实践，是个伟大的揭发者，它暴露一切欺人和自欺，不但在实践的事情上，甚至在感情和思想的事情上也是如此。因此，今天在科学上，实践是判断一切争端的主要标准。'凡在理论上必须争论的一切，那就干脆用现实生活的实践来解决'。然而，如果我们不在这里讲一讲'现实'和'实践'这两个词在现代科学上具有什么意义，这个概念对于许多人恐怕还是不够明确的。现实——不但包括静寂的自然界，而且包括人的生活，不但包括现在，而且包括事态所表现的过去和现在所准备的将来。彼得大帝的事业是属于现实的；罗蒙索夫的颂歌，正如他镶嵌细工画一样，也是属于现实的。只有人们的无聊话题才不是属于现实的——他们嘴里说：'我想做个画家呵'，可就是不去研究绘画，或者说：'我想做个诗人'，却不去研究人和自然。与现实对立的并不是思想，因为思想是由现实产生而且力求实现的，因此思想构成了现实的不可分离的一部分——与现实对立的倒是无聊的梦想，梦想是在百无聊赖中产生的，只不过是爱叉着手眯着眼闲坐的人们的玩艺罢了。同样，'实践生活'也不但包括物质方面，而且包括人的理智活动和精神活动。"②

① 邓晓芒，赵林：《西方哲学史》(修订本)，高等教育出版社2014年版，第157页。

② 北京大学哲学系外国哲学史教研室：《西方哲学原著选读》(下)，商务印书馆1982年版(2023重印)，第613页。

三、

詹姆士著作《实用主义》

美国实用主义哲学家詹姆士（William James，1842—1910）提出了“假定一个观念或信念是真的，那么这在一个人的实际生活上会造成什么样的具体差别？真理怎样才能实现呢？假如这个信念是假的，那么会有什么经验与所产生的经验不同呢？总之，真理在经验上的兑现价值是什么呢？实用主义在提出这个问题的时候，就知道了答案：真观念就是我们能够吸收、能够生效、能够确认、能够证实的那些观念。假观念就是不能这样做的那些观念。这就是由于我们拥有真观念而产生的实际差别；因而，这就是真理的意义所在，因为我们所知道的真理无非就是如此。这就是我必须维护的论点。一个观念的真理性并不是这个观念固有的静止的属性。真理性是一个观念所碰到的。观念变成了真的，是事件使它为真的。它的真实性实际上是一个事件，一个过程：也就是它证实自身的过程，它的证实活动。它的有效性就是使之生效的活动过程。”①

四、

马克思在《关于费尔巴哈的提纲》中提出：“人的思维是否具有客观的真理性，这不是一个理论的问题，而是一个实践的问题。人应该在实践中证明自己思维的真理性，即自己的思维的现实性和力量，自己思维的此岸性。关于思维——离开实践的思维——的现实性或非现实性的争论，是一个纯粹经院哲学的问题。”②

五、

恩格斯在《路德维希·费尔巴哈与德国古典哲学的终结》中，对认为思维

① 〔美〕威廉·詹姆士：《实用主义》，李步楼 译，商务印书馆 2012 年版，第 112 页。

② 中共中央马克思恩格斯列宁斯大林著作编译局：《马克思恩格斯选集》第 1 卷，人民出版社 2012 年版，第 134 页。

与存在不具有同一性的不可知论(特别是休谟和康德的不可知论)进行批判时指出:"对这些以及其他一些哲学上的怪论的最令人信服的驳斥是实践,即实验和工业。既然我们自己能够制造出某一自然过程,按照它的条件把它生产出来,并使它为我们的目的服务,从而证明我们对这一过程的理解是正确的,那么康德的不可捉摸的'自在之物'就完结了。"①

六、

毛泽东在《实践论》中指出:"马克思主义者认为,只有人们的社会实践,才是人们对于外界认识的真理性的标准。实际的情形是这样的,只有在社会实践过程中(物质生产过程中,阶级斗争过程中,科学实验过程中),人们达到了思想中所预想的结果时,人们的认识才被证实了。人们要想得到工作的胜利即得到预想的结果,一定要使自己的思想合于客观外界的规律性,如果不合,就会在实践中失败。人们经过失败之后,也就从失败取得教训,改正自己的思想使之适合于外界的规律性,人们就能变失败为胜利,所谓'失败者成功之母','吃一堑长一智',就是这个道理。辩证唯物论的认识论把实践提到第一的地位,认为人的认识一点也不能离开实践,排斥一切否认实践重要性、使认识离开实践的错误理论。列宁这样说过:'实践高于(理论的)认识,因为它不但有普遍性的品格,而且还有直接现实性的品格。'……判定认识或理论之是否真理,不是依主观上觉得如何而定,而是依客观上社会实践的结果如何而定。真理的标准只能是社会的实践。实践的观点是辩证唯物论的认识论之第一的和基本的观点。"②

【案例讨论】

1. 你是否认同笛卡尔、斯宾诺莎等把观念自身是否"清楚、明白和恰当"作为判别真理标准的观点?他们提出或支持这种观点的理论根据是什么?

2. 比较分析把观念自身清楚恰当作为判别真理标准的观点与把实践作为检验真理标准这两种观点,你认为哪种标准更科学,请说明理由。

3. 你认同詹姆士提出的判别真理的观点吗?这种观点有何片面性?

---

① 中共中央马克思恩格斯列宁斯大林著作编译局:《马克思恩格斯选集》第 4 卷,人民出版社 2012 年版,第 232 页。

② 《毛泽东选集》第 1 卷,人民出版社 1991 年版,第 284 页。

【案例分析】

对于真理判断标准的回答与对真理是什么的回答内在相关。笛卡尔和斯宾诺莎的真理标准是建立在其唯理论基础之上的，唯理论主张人类知识是以某些天赋观念(例如几何公理、逻辑规律等)作为基础构建而成的，这些天赋也因此成为检验知识真理性的基本根据。他们认为，真理观或真理是从心灵的必然性中推出的，因此对于心灵而言必然是清楚明白的，它们只绝对依靠人类自身的力量。而那些混淆的观念与此相反，它们不是从心灵的必然性中推出的，而是从对事物的感觉经验中产生的，因而没有本体论意义上的清澈明晰性。而辩证唯物主义的真理观认为，真理是标志主观与客观相符合的哲学范畴，是对客观事物及其规律的正确反映。所谓正确反映，是指真理是在实践基础上主体认识对客体本质和规律的符合、一致和接近。需要注意的是，马克思主义真理观与旧唯物主义真理观的“符合论”不同，前者认为真理与客观事物之间的符合关系是建立在人类能动地改造客观世界的实践基础上的，是通过人的能动的反映活动而实现的，并且必然随着人类实践的发展而拓展和深化；而后者则把认识看作是一次性完成的直观反映，其真理性在于是否符合直观经验。因此，旧唯物主义对于真理判断标准的认识是片面的和错误的。“有用”或者说会对人的实践或认识活动产生积极的指导意义是真理的价值属性，即人们在正确认识客观规律的基础上，自觉利用客观规律为人类服务。但是，真理之为真理的根本依据不在于其有用性，而在于其正确反映了事物的本质规律，有用性是派生的属性。因此，不是因为有用就是真理，而是因为是真理所以才会有用，才会产生积极的价值。

案例6　判决性实验

【案例内容】

在科学研究过程中，时常会出现两种竞争性理论难辨优劣和一种科学假说难辨真伪的情况，当面对这种情况时，往往需要设计一个判决性实验以辨优劣真伪。在科学史上著名的判别性实验有迈克尔逊-莫利实验、弱相互作用下宇称不守恒实验等。

一、

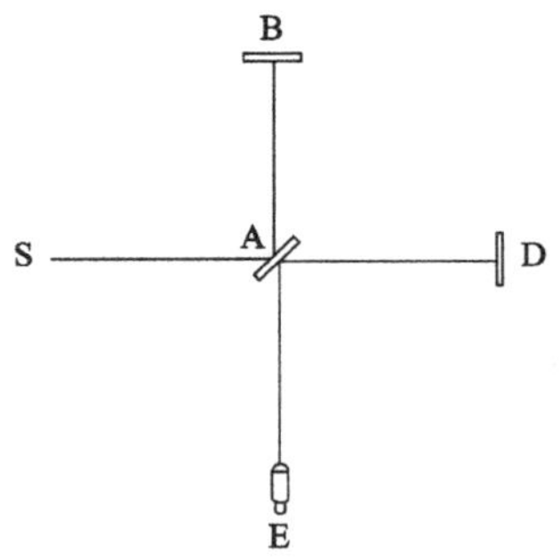

迈克尔逊-莫利实验

"以太"(ether)一词源于古希腊，原意是高空。笛卡尔首次把它引入近代物理学，把以太当作传播光和星球之间相互作用的媒质。自此，以太问题成为一个困扰物理学界几百年的难题，为了寻找以太存在的证据，耗费了无数物理学家的心力。

如果的确有光以太那样性质的东西，那么由于它对于通过它的光要产生影响，显然应该可以测定其运动。如果地球在以太中运动，而不扰动它，则地球与以太之间必有相对运动。那么光随以太顺行时，其速度必较其反以太逆行时为大；而总计起来，它往返横过以太流时，也当较其一次顺流、一次逆流时为大。好像游泳一样，往返对岸一次，必较顺流、逆流同游相等距离的情形为速。

这就是迈克尔逊和莫利在1887年所作的有名实验的要点。他们将一块石头浮于水银之内，然后将仪器装置在石头上面，以防振动。光束SA行至玻璃片A时，一部分为其所反射，一部分透射过去。这两部分光在B和D处又为B与D两镜所反射。如果AB=AD，则两道光的行程也相等，而在E处的望远镜内必可察见有干涉效应。今若设想地球朝SAD方向运动，而不拖拽以太同行，那么以太将流过实验室，也如风之流过树林，于是将使光经过ABA与ADA两行程的时间发生差异，而所得的干涉条纹，将和以太相对静止时不在同一位置。今若将这仪器转过一个直角，则 AB 成为运动的方向，而 AD 和它垂直，这时，干涉条纹应向相反方向移动。移动的总量为以上所说的两倍。

但是，迈克尔逊和莫利没有观察到干涉条纹有可以度量的移动，于是断定地球与以太之间并无可以觉察的相对运动。重复做这个实验的结果表明，在他们的假设下，这种相对运动必然小于地球在其轨道上速度的十分之一。地球好像拖曳着以太同行。可是在以光行差计算光速时，我们假设以太不被地球在以太中的运动所扰动。[①] 假设与实验结果的矛盾最终导致了对以太理论的否证和对光速不变的证实。

二、

宇称的概念最早是由美国物理学家维格纳(E. P. Wigner，1902—1995)提出来的。1924 年，莱波特发现了原子具有两种不同的能级，并建立了这两类能级之间的跃迁选择定则，但却解释不了为什么存在这样的规律。1927 年，25 岁的维格纳成功地指出这两类能级来自于描述原子的波函数在空间反射之下具有不变性造成的。维格纳指出的这种对称性具有很强的说服力，它在分析原子光谱中很快地就变得非常有用。这个概念后来又进一步被用于原子核物理、介子物理和奇异粒子物理的现象中，因为其一次又一次的成功，很快被信奉为普遍成立的规律——宇称守恒定律。1954 年至 1956 年间，在对最轻的奇异粒子(即 K 介子)衰变过程的研究中，人们发现，有一种粒子衰变成两个 π 介子，称为 θ 介子；另一种粒子衰变成三个 π 介子，称为 τ 介子。精确的测量非常明显地表明 θ 与 τ 具有相同的质量，其他方面的性质例如寿命、电荷等也都相同。但是对实验结果的分析表明，当 τ 介子衰变为三个 π 介子时，这三个 π 介子的总角动量为零，宇称为负，而当 θ 介子衰变为两个 π 介子时，如果两个 π 介子的总角动量为零，则宇称为正值。如此，从质量、寿命和电荷来看，θ 与 τ 似应是同一种粒子，从衰变行为和宇称守恒的原理来看，则 θ 与 τ 不可能是同一种粒子。一时间，这一疑难困扰着物理学界，成为热门的“θ-τ 之谜”。

1956 年夏天，李政道和杨振宁一起，考查了当时已有的关于宇称守恒这个概念的实验基础以后发现，在强相互作用和电磁相互作用过程中，宇称守恒定律是经过检验的，而在弱相互作用的过程中，宇称守恒定律却从来没有得到

① 〔美〕W. C. 丹皮尔：《科学史》，中国人民大学出版社 2010 年版，1979 年，第 401—402 页。

过实验的检验，只不过是人们没有注意到这一点。他们指出，在弱相互作用中宇称守恒还是不守恒并没有实验的支持，还不能作结论。他们建议用β衰变、π-μ、μ-e及奇异粒子衰变等实验来检查宇称在这些弱相互作用中是不是守恒。所有这些实验的基本原理全都一样：安排两套实验装置，它们互为镜像且包含弱相互作用，然后检查这两套装置中粒子衰变的宇称结果是否总是相同。如果不同，就毫不含糊地证明在这样的弱相互作用中，宇称守恒不成立。

李政道和杨振宁

吴健雄等做的就是李、杨建议的第一项试验，β衰变实验。他们的实验利用钴60为β源。钴60原子核有自旋，好像一个小磁针，在低温下（约0.01K）几百高斯的外磁场里，它们便整齐地排列起来，自旋基本上都朝着外磁场方向，形成“极化”现象。这些“极化核”所放出的电子就不再各向同性了。实验的目的要判明，电子是顺着外磁场方向发射的数目多还是反着的方向多？还是两者一样多？如果是第三种情况，上、下对称，就意味着这一β衰变过程中宇称守恒，否则就不守恒。实验结果发现，在弱作用中，宇称是不守恒的，而且效应非常明显，毫不含糊。①

【案例讨论】

1. 除了上述实验外，你还知道哪些判决性实验？这些判决性实验有什么共同特征？它们在科学发展中发挥了什么作用？

2. 为什么科学研究成果只有经过科学实验证实才能被科学共同体接受成为科学理论？凡是被科学实验证实的科研成果都是正确的吗？

---

① 本案例摘选自：肖太陶：《吴健雄与物理学史上的三个判决性实验》，《自然辩证法研究》，2006年第5期，第20页。

【案例解析】

科学实验是基本的实践类型，它在科学发展过程中扮演重要角色，它既是科学认识的重要来源和发展动力，也是检验科学假说的最重要的标准，因而被一些科学家称为“科学的最高法庭”。判决性实验一般指能决定性地判决相互对立的两个假说或理论中的一个为“真”而另一个为“假”的实验。但是，科学实验对科学假说的检验既是确定的又是不确定的。因为，实验结果总是在一定程度上对假说提供某些肯定或否定的证据，在这种意义上，实验对于两个直接对立的假说有可能起一定的判决作用。但是，从逻辑和历史两个方面来看，实验检验还有其不确定的一面。当由一组前提推出的结论被检验表明为假时，从逻辑上并不能断定究竟哪一个前提是假的，因而不能作出确定的判决。同时，科学实验本身也是历史的、不断发展的。实验仪器在不断更新，实验数据处理和计算方法在不断改进，实验结果的准确度也在不断提高，实验所涉及的各种知识也在不断发展，因此，人们对实验结果的认识也会随着时间的推移而发生变化。因而，任何一个科学实验都有其局限性，它对科学假说的检验不可能是最终的判决。正确认识实践标准的确定性与不确定性，对于科学研究具有重要意义。正如列宁深刻指出的：“在这里不要忘记：实践标准实质上决不能完全地证实或驳倒人类的任何表象。这个标准也是这样的‘不确定’，以便不让人的知识变成‘绝对’，同时它又是这样的确定，以便同唯心主义和不可知论的一切变种进行无情的斗争。”①

① 中共中央马克思恩格斯列宁斯大林著作编译局：《列宁专题文集 论辩证唯物主义和历史唯物主义》，人民出版社 2009 年版，第 49 页。

案例7　毒药变良药

【案例内容】

三氧化二砷俗称“砒霜”，自古被认为是“毒药之王”。在近日召开的2016年中国药学大会暨第十六届中国药师周上，中国工程院院士桑国卫和中国科学院院士陈凯先在谈到中医药学的创新成果及为应对健康挑战作出的重要贡献时，都提到了一个典型代表药物，即“三氧化二砷”。该药已成为我国肿瘤学界在世界治疗急性早幼粒细胞性白血病（APL）最有代表性的典范。“砒霜”为什么能治疗白血病？有哪些不良反应？临床应用前景如何？为此，记者采访了哈尔滨血液病肿瘤研究所所长马军教授。

三氧化二砷（砒霜）

三氧化二砷是如何发现对白血病有治疗作用的？马军教授说：三氧化二砷是我国自主发明的、世界首创的治疗APL的特效药物。早在李时珍的《本草纲目》中，就提到了三氧化二砷的应用。《本草纲目》里砒石的主要成分就是砷剂，当时主要治疗各种化脓性疾病和结核性疾病。三氧化二砷的临床应用已有近45年的历史。1971年，哈尔滨医科大学附属第一医院的韩太云药师首先发现，林甸农村的一位赤脚医生用砒石的提取物在民间治疗各种肿瘤，当时是作为外用药物来使用。1971年3月，韩太云进行了有效成分的提取，主要成分就是三氧化二砷，并把它命名为“713”。“713”注射液除了含三氧化二砷，还含有汞和其他元素，当时也称“癌灵1号”。后来，哈尔滨医科大学第一医院中西结合科的张亭栋教授、金镇敬教授、徐敬肃教授和孙鸿德教授等老一辈的中西医结合学者，开始将三氧化二砷注射液用于白血病主要是APL的治疗，有效率非常高，有近78%的患者可得到完全缓解，且可以长期生存。我本人1973年开始在临床应用三氧化二砷，当年治疗的第一位患者到现在43年了，依然存活。哈尔滨小组发明这个方法后，上海瑞金医院和哈尔滨血液病肿瘤研究所又把全反式维甲酸和三氧化二砷联合在一起使用，即"双诱导"方案。现在，我国很多医院都采用双诱导治疗，包括美国、欧洲也都已认定这一方案是金标准方案。

三氧化二砷为什么能够治疗白血病？马军教授说：三氧化二砷治疗APL是一项真正结合临床医学与基础生物学的研究，是东方传统医学和西方医学结合的典范。三氧化二砷之所以能够治愈APL，是因为它对APL的致病基因PML具有针对作用。在PML基因上有一个特殊的基础蛋白Marker，它是APL的致病蛋白，三氧化二砷正好作用于该蛋白，其活性被下调，当下调到0的时候，疾病就很难复发，用三氧化二砷治疗的患者复发率只有15%左右。目前，三氧化二砷是靶向治疗中最成功的药物之一，治疗APL有明确的靶点，而且对复发疾病和初治疾病一样，仍可获得90%以上的完全缓解，治愈率也可达到85%。

三氧化二砷是如何走向世界的？马军教授回答说：三氧化二砷走向国外是在20个世纪90年代初，几个中国教授将其赠送给美国医院。美国的医生就用它治疗了12例复发难治的APL，结果12例全部获得缓解。上个世纪90年代初，《新英格兰医学杂志》登出《神奇的三氧化二砷》这篇文章。后来，三氧化二砷的研究结果在《自然》《血液学》《新英格兰医学杂志》等权威期刊发表，轰动了世界。2000年三氧化二砷获得美国食品药品管理局(FDA)批准上市，英国2002年批准其上市。在全球，我们将三氧化二砷送给巴西、委内瑞拉、非洲等国，用来治疗APL患者。三氧化二砷对世界的贡献是巨大的，是中国走向世界的治愈恶性肿瘤药物的典范。

老百姓一提到砒霜就想到是毒药，三氧化二砷的不良反应严重吗？马军教授回答说：三氧化二砷的不良反应可控不可怕。三氧化二砷的确有不良反应，与患者个体对砷化物的解毒和排泄功能以及对砷的敏感性有关。出现的不良反应有白细胞过多综合征、体液潴留、消化系统、泌尿系统、神经系统和心血管系统的反应等。该药静脉注射对肝脏和肾脏有一定的损伤，尤其肝功能损伤应该引起重视，老年人肾功能改变时应用也需要注意。此外，还会导致皮肤干燥、红斑和色素沉着等。出现不良反应应及时做针对性的治疗，必要时需停药观察。但是，三氧化二砷长期应用没有致癌作用，我们统计了 8 000 例使用三氧化二砷治疗的 APL 患者，未发现其发生二次癌症的几率高于其他群组的人。

三氧化二砷未来的应用前景如何？马军教授回答说：目前，三氧化二砷在我国获批的适应证有两个：一个是 APL，另一个是肝癌。尽管治疗肝癌的新药越来越多，包括靶向治疗、单克隆抗体及 PD-1、PD-L1 抑制剂等，但是三氧化二砷在肝癌患者的治疗中，尤其是在局部介入化疗栓塞（TACE）联合全身使用中疗效明确，可明显提高患者的生存率，对肝癌的胸腹水及肝癌的症状有所改善。三氧化二砷大剂量应用，可以使多发性骨髓瘤晚期患者获得部分缓解或症状的改善；老年骨髓增生异常综合征（MDS）使用也有很好的疗效，可达到 30%～40%的完全缓解；对非霍奇金淋巴瘤及一些罕见的血液疾病也起到一定的治疗作用。三氧化二砷是一个从临床到基础，再从基础反到临床最好的临床转化研究的典范。它的生命力仍然还很强，希望我国能在治疗 APL 的基础上，继续开展三氧化二砷针对其他肿瘤的治疗研究，作出更多的成绩，获得更多的成功。①

【案例讨论】

1. 结合上述材料，谈谈你对“价值的主体性”的认识。

2. 有人认为，主客体之间的价值关系是一种自然的现成关系，其形成无需主体的努力和创造，你同意这种观点吗？请结合上述案例谈谈你的看法。

【案例分析】

“价值的主体性是指价值直接同主体相联系，始终以主体为中心”。它包括两方面的含义：其一，价值关系的形成依赖于主体的存在。没有主体，就不存在价值关系；同一客体可能对不同主体具有不同的价值。三氧化二砷的价值是治疗急性早幼粒细胞性白血病（APL）和肝癌等疾病，它对患有这些疾病的病人有价值，但对于健康人或其他疾病患者则没有价值。因此，价值是随主体、客体以及主客体关系的变化而变化的。其二，价值关系的形成依赖于主体的创造，使客体潜在的价值转化为现实的存在。没有进入人们视野的客观事物不会与人构成价值关系，对人也不具有现实的价值。在本例中，虽然三氧化

① 本案例摘选自：白毅：《毒药变良药：“砒霜”治疗“血癌”大有可为》，人民网・科普中国，2016 年 12 月 28 日。http://health.people.com.cn/n1/2016/1228/c404177-28983367.html.

二砷早已存在，但它能够治疗某些疾病的价值是一个不断发现的过程，从李时珍在《本草纲目》中提到用三氧化二砷治疗各种化脓性疾病和结核性疾病，到林甸农村的一位赤脚医生用砒石的提取物在民间治疗各种肿瘤，再到韩太云药师提取制备“癌灵 1 号”，再到哈尔滨医科大学第一医院中西结合科的张亭栋教授、金镇敬教授、徐敬肃教授和孙鸿德教授等老一辈的中西医结合学者开始将三氧化二砷注射液用于白血病主要是 APL 的治疗，再到上海瑞金医院和哈尔滨血液病肿瘤研究所提出“双诱导”方案。随着实践和认识的发展，人们掌握了三氧化二砷的更多属性，从而在临床医学和基础研究中不断把它的潜在价值转化为现实的价值。因此，“主客体之间的价值关系不是一种自然的现成关系，而是主体在实践基础上确立的同客体之间的一种创造性关系”。

案例8 青蒿素的发明

【案例内容】

疟疾，中国民间俗称“打摆子”，是由疟原虫侵入人体后引发的一种恶性疾病，已经在全球肆虐了几千年，患者得病后高烧不退，浑身发抖，重者几天内就会死亡。19世纪，法国化学家从金鸡纳树皮中分离出有效的抗疟成分奎宁；二战期间，科学家又发明了奎宁衍生物——氯喹，并成为治疗疟疾的特效药。但到20世纪60年代，疟原虫对氯喹产生了耐药性，疟疾再次在东南亚爆发。在越南战争中，疟疾成为比子弹、炸弹更可怕的敌人，严重影响了美越双方的部队战斗力。美国为此专门成立了疟疾委员会，投入大量人力物力研究新型的抗疟药物。到1972年，美国筛选了21.4万种化合物，但都无果而终。应越南的请求，在毛泽东、周恩来的指示下，中国军方从1964年起开始抗疟药研究。1967年5月23日，国家科委和解放军总后勤部在北京召开“抗疟防治药物研究工作协作会议”，代号为“523”项目的大规模药物筛选、研究在全国7省市展开。截至1968年，参研机构筛选了万余种化合物和中草药，均未取得理想结果。在这种情况下，1969年1月21日，中医研究院受命加入“523”项目。

药学家屠呦呦

当时正值“文革”，年老的专家“靠边站”，大学时学生药学、毕业后又脱产学习过两年中医、科研功力扎实的屠呦呦，遂被委以重任。中医科学院中药所原所长姜廷良说，重任委以屠呦呦，在于她扎实的中西医知识和被同事公认的科研能力。“能够参与这样重要的项目非常不容易。她怀有一种强烈的责任感。”与屠呦呦共事几十年的同事、中药研究所研究员廖福龙说。人们常讲，好奇心是科学家研究的第一驱动力。但在当时的历史背景下，支撑屠呦呦坚持下来的，是“责任”和“担当”。屠呦呦那时常提的，就是国家培养了她，她也得为国家做些事情。“国家交给你任务，就努力工作，把任务完成。只要有任务，孩子一扔，就走了。”

接手任务后，屠呦呦翻阅古籍，寻找方药，拜访老中医，对能获得的中药信息，逐字逐句地抄录。在汇集了包括植物、动物、矿物等 2 000 余内服、外用方药的基础上，课题组编写了以 640 种中药为主的《疟疾单验方集》。正是这些信息的收集和解析铸就了青蒿素发现的基础。到 1971 年 9 月初，课题组筛选了 100 余种中药的水提物和醇提物样品 200 余个，但结果令人失望。屡屡受挫，课题组面临困境。“我也怀疑自己的路子是不是走对了，但我不想放弃。”屠呦呦回忆道。重新埋下头去，看医书！从《神农本草经》到《圣济总录》再到《温病条辨》……终于，葛洪的《肘后备急方》中关于青蒿抗疟的记载跳了出来，给黑暗中摸索的课题组一抹亮光——“青蒿一握，以水二升渍，绞取汁，尽服之。”为什么古人用“绞汁”？是不是加热破坏了青蒿里的有效成分？屠呦呦决定用沸点只有 34.6 ℃的乙醚来提取青蒿。“那时药厂都停工，只能用土办法。我们把青蒿买来先泡，然后把叶子包起来用乙醚泡，直到第 191 次实验，我们才真正发现了有效成分。”屠呦呦说。实验过程繁复而冗长。1971 年 10 月 4 日，在 190 次失败后，191 号青蒿乙醚中性提取物样品抗疟实验的最后结果出炉——对疟原虫的抑制率达到了 100%。

1972 年 3 月 8 日，屠呦呦作为中医研究院疟疾防治小组的代表，在全国“523”办公室主持的南京中医中药专业组会议上做了报告。她报告了青蒿乙醚中性粗提物的鼠疟、猴疟抑制率达 100%的结果。汇报了以后，“523”办公室便要求，“今年必须到海南临床看一看到底效果如何”。那时，药厂停了，课题组只能土法上马，制备大量青蒿乙醚提取物。他们用 7 个大水缸取代实验室常规提取容器。当时设备简陋，没有通风系统，也没有实验防护。屠呦呦整天泡在实验室，回家后满身都是酒精味，也得上了中毒性肝炎。但困难依然有。在个别动物的病理切片中，研究人员发现了药物的疑似毒副作用。药理人员坚持，药物的毒理、毒性情况还未完全明确，上临床还不够条件。“我当时心里很着急。”疟疾这种传染病有季节性，一旦错过当年的临床观察季节，就要再等 1 年。于是，屠呦呦干脆向领导提交了志愿试药报告。“我是组长，我有责任第一个试药!”1972 年 7 月,屠呦呦等 3 名科研人员住进了北京东直门医院,当起了人体试毒的首批“小白鼠”。之后,科研团队又在中药所内补充 5 例增大剂量的人体试服,受试者情况良好,未出现明显毒副作用。紧接着,屠呦呦等人携药去往海南昌江地区进行临床验证。结果显示,该药品对当地、低疟区、外来人口的间日疟和恶性疟均有一定的效果,尤其是对 11 例间日疟患者,有效率达 100%。之后,屠呦呦课题组的组员钟裕蓉,在同事倪慕云工作的基础上,分离出了有抗疟作用的有效单体。课题组再接再厉,在 1972 年 11 月获得有效的青蒿素晶体,1973 年上半年完成了系列安全性试验,当年秋天用青蒿素胶囊在海南进行了首次临床试用;与中科院生物物理所、上海有机所等单位合作,在 1975 年底测定了青蒿素的化学结构。结果表明,青蒿素是一种不含氮的结构完全不同于氯喹的全新药物。1977 年,经卫生部同意,研究论文以“青蒿素结构研究协作组”的名义,在《科学通报》上发表,首次向全球报告了青蒿素这一重大原创成果。1986 年 10 月,青蒿素获得卫生部颁发的《新药证书》。不仅于此。1973 年 9 月,屠呦呦课题组还首次发现了疗效更好的青蒿素衍生物——双氢青蒿素。1992 年,她历时多年主持研发的青蒿素类新药——双氢青蒿素片获得《新药证书》,并转让投产,该研发项目当年被评为全国十大科技成就,是屠呦呦对中国乃至世界作出的又一重要贡献。[①]

【案例讨论】

1. 结合上述材料,谈谈你对“责任感”在科学研究中的作用的认识。
2. 当真理尺度与价值尺度相互冲突时,应该怎么办?

【案例分析】

人们的实践活动总是受着真理尺度和价值尺度的制约。实践的真理尺度是指在实践中人们必须遵循正确反映客观事物本质和规律的真理。只有按照真理办事,才能在实践中取得成功。实践的价值尺度是指在实践中人们都是按照自己的尺度和需要去认识世界和改造世界。这一尺度体现了人的活动的目的性。任何实践活动都是在这两种尺度共同制约下进行的,任何成功的实践都是真理尺度和价值尺度的统一,是合规律性和合目的性的统一。我国科学家屠呦呦的“抗疟神药”青蒿素获得诺贝尔生理学或医学奖,她采用科学的

① 本案例摘选自:赵永新:《屠呦呦:一生倾情青蒿素》,人民网,2017 年 1 月 9 日。http://scitech.people.com.cn/n1/2017/0109/c1007-29008491.html.

实验方法探寻疟疾的新疗法，符合真理尺度；其目的是为了拯救成千上万疟疾患者的生命，符合价值尺度。

真理与价值或真理尺度与价值尺度是紧密联系、不可分割的辩证统一关系。一方面，价值尺度必须以真理为前提。要想达到实践的目的以满足人类自身的需要，就必须“认识真理，掌握真理，信仰真理，捍卫真理”。脱离了真理尺度，价值尺度就偏离了合理的、正确的轨道。另一方面，人类自身需要的内在尺度，推动着人们不断发现新的真理。科学发明、技术创新、经典思想理论的形成，都是人类为了实现更美好的生活而进行的社会实践。脱离了价值尺度，真理就缺失了主体意义。①

① 本书编写组：《马克思主义基本原理》，高等教育出版社 2023 年版，第 108—109 页。

第三章 人类社会及其发展规律

案例1 环境决定论

【案例内容】

孟德斯鸠(Baron de Montesquieu,1689—1755)是法国著名思想家、西方启蒙运动时期的代表人物,近代资产阶级国家学说以及法学理论的奠基人,他在《法的精神》一书中宣扬地理环境决定论,认为“地理条件规定着民性和制度”,其主要观点摘录如下:

(1) 我们已经说过,酷暑令人形神皆惫,失去勇气,以及在寒冷的地方有一种身体和精神上的力量使人能够作种种耐久、辛劳、巨大、勇毅的活动。这一点不仅见于不同的国家,而且也见于同一国家的不同部分。中国北方的人民比南方的人民勇敢;朝鲜南方的人民也不如北方的人民勇敢。

因此热带民族的怠惰几乎总是使他们成为奴隶,寒带民族的勇敢则使他们保持自由,这应当说毫不足怪。这是一个出于自然原因的结果。这一点在美洲也是如此:墨西哥和秘鲁的那些专制帝国是接近赤道的,而几乎一切自由的小民族都靠近两级。

(2) 一个国度土地肥沃,就很自然地养成一种依赖性。构成人民主要部分的乡下人,是不那么渴望自由的;他们太专注于个人的私事,私事也太多了。一个殷实的乡村害怕抢劫,也害怕军队。西塞罗向阿提柯说:“什么是良民呢?岂不是那些商人和农民吗?我们可不要以为他们反对君主制;对于他们来说,什么统治都是一样,只要能保平安就行。”

因此,单独一人的统治最常见于土地肥沃的国度,而若干人的统治则见于不肥沃的国度:这有时是一种补救办法。

阿提卡(希腊首都雅典所在的大区,引者注)由于土地贫瘠,因而建立了人民的统治;拉栖代孟(古希腊一个城邦名称,引者注)由于土地肥沃,就建立了贵族的统治。因为在那时候,人们在希腊是不愿建立单独一人的统治的;然而,贵族的统治与单独一人的统治有更多的关联。

普鲁泰克告诉我们:"屈隆暴动在雅典平息以后,这个城邦又重新陷于旧日的内讧,阿提卡地方有多少种不同种类的土地,它就分成多少部分。山区的人竭力要求人民的统治;平原的人要求豪门的统治;近海的人则拥护两者混合的统治。"

(3) 这些肥沃的国度处在平原,平原上的人不能与强者争,因而向强者屈服;一旦屈服,就不能恢复自由的精神了;土地的财产,乃是忠诚的抵押品。但是山区则不然,人们是能够保持其所有物的,他们也没有多少可保持的东西。自由,也就是人们所享有的统治,乃是人们唯一值得保卫的财产。因此艰苦的山区享有的自由,胜于得天独厚的地区。

山民保持着一种比较始适中的统治,因为他们并不是那么容易受征服的。他们很容易自卫,很难受攻击;要侵犯他们,必须花很多的费用去聚集和转运器械粮秣,在这种地方是得不到的。因此对他们作战是比较困难的,侵犯他们是比较危险的;为人民的安全而制定的一切法律,在这种地方是不占重要地位的。

(4) 一个地方的垦殖,原因并不在于肥沃,而在于自由。如果根据臆想来划分土地,那就会觉得很奇怪,居然荒芜的土地常常都在最膏腴的区域,而看起来贫瘠不毛的地带反倒人民繁庶。

一个民族的自然倾向是放弃坏地方去找更好的地,而不是放弃好地方去找更坏的地。因此外族入侵大多发生在得天独厚的地方;既然破坏性最大的无过于外族入侵,因此良田沃野每每人烟稀少,而北方的瘠土由于几乎无法居住,却始终仍然有人居住。

我们根据历史家们关于斯堪的纳维亚诸族略地多瑙河滨的报道,可以指导这并不是一种征服,而只不过是移民迁入荒芜地带而已。

这些膏腴的地带一定是由于过去数度人民流徙,所以才索无人居,只是我们无从考见那些曾经发生过的悲剧罢了。

亚里士多德说:"根据若干遗物看来,撒丁岛是一个希腊殖民地。这个岛从前是很富的;以酷好耕作著称的阿里斯泰曾经为它立法。但是此地早已衰败;因为迦太基人曾经加以占领,毁坏了一切资生之具,严禁耕种土地,违者处死。"撒丁岛在亚里士多德的时代尚未复元,在今天仍然未能恢复元气。

(5) 土地硗薄能使人勤勉持重，坚忍耐劳，勇敢善战；土地不肯给予他们的东西，他们必须自己取得。土地膏腴则安乐而使人怠惰，而贪生畏死。

我们曾经注意到，在日耳曼军队中，征自农民富裕之乡和撒克森等地的队伍，是不如其他的队伍的。只有绳之以军法，加以严格训练，才能祛除这种弊病。

(6) 海岛民族比大陆民族更重视自由。海岛通常幅员甚狭；很难雇佣一部分居民去压迫另一部分居民；大海把他们与一些大帝国隔开，暴政不能染指；征服者受阻于海；岛民无征服之忧，所以比较容易保持其法律。[①]

【案例讨论】

1. 你是否认同或不认同孟德斯鸠的地理环境决定论？理由是什么？
2. 在地理环境与社会发展关系上，孟德斯鸠的观点与马克思主义有何不同？造成两者差异的主要原因何在？
3. 马克思主义地理环境作用原理对正确对待环境资源保护、加强生态建设有何启示？

【案例解析】

地理环境决定论是主张地理环境决定人类社会发展的一种学说或理论观点。地理环境是指人类生存和发展所处的自然条件的总和，包括气候、土壤、地形地貌、矿藏、动植物分布等。孟德斯鸠认为气候、土壤分别作为一种地理要素对人的生理、心理及生活方式产生一定影响，进而气候、土壤地理要素对法律、政体产生决定作用，孟德斯鸠得出地理环境对人类社会发展起决定作用的观点。孟德斯鸠把社会性质面貌归因于地理环境气候、土壤客观要素，具有批判神学的进步意义。但是孟德斯鸠的地理环境决定论将同一时期不同民族地区的社会性质、面貌归因于地理环境，将社会性质面貌看成是静止不动，否定社会性质、面貌的变化。他不能科学解释相同地理环境不同历史时期为何展现出不同的社会性质、文化面貌。孟德斯鸠在由气候、土壤决定人们的生理、心理、性格，进而决定社会状况的这一推理中，他常常又把人们的性格特征、心理需要、精神倾向作为社会性质面貌的根本原因，是错误的唯心主义社会历史观。

---

① 本案例摘选自：北京大学哲学系外国哲学史教研室编译：《西方哲学原著选读》(下)，商务印书馆 1982 年版(2023 重印)，第 52—55 页。

马克思主义历史唯物主义认为社会存在是人们社会物质生活的重要条件，是社会生活的物质方面。主要是指物质生活资料的生产及生产方式，也包括地理环境和人口因素。地理环境是社会存在的重要方面。地理环境是人类社会生存和发展的永恒的、必要的条件，而且它作为劳动对象也不断进入人们的物质生产领域。地理环境在社会发展中的作用受社会因素、主要受生产力和生产关系的制约。地理环境不能脱离社会生产而发生作用，不能决定社会的性质和社会形态的更替。地理环境作为重要的社会物质生活条件，只有通过生产的影响，加速或者延缓社会的发展，对社会发展起着制约和影响的作用。

马克思主义历史唯物主义关于地理环境制约和影响社会的原理要求我们善待地理环境，正确处理好人与自然的关系。人与自然是生命共同体，人类必须尊重自然、顺应自然、保护自然。人类只有遵循自然规律才能有效防止在开发利用自然上走弯路，人类对大自然的伤害最终会伤及人类自身，这是无法抗拒的规律。我们要建设的现代化是人与自然和谐共生的现代化，既要创造更多物质财富和精神财富以满足人民日益增长的美好生活需要，也要提供更多优质生态产品以满足人民日益增长的优美生态环境需要。必须坚持节约优先、保护优先、自然恢复为主的方针，形成节约资源和保护环境的空间格局、产业结构、生产方式、生活方式，还自然以宁静、和谐、美丽。

案例2　人口决定论

【案例内容】

英国经济学家马尔萨斯

马尔萨斯(Thomas Robert Malthus,1766—1834)在《人口原理》一书中提出了人口理论。其基本观点是:生活资料按算术级数增加,而人口是按几何级数增长的,因此生活资料的增加赶不上人口的增长是自然的、永恒的规律,只有通过饥饿、繁重的劳动、限制结婚以及战争等手段来消灭社会"下层",才能削弱这个规律的作用。马尔萨斯的主要观点概括如下:

(1) 两个公理:马尔萨斯从人的生物学、自然属性提出两个公理。他说:"我认为我可适当地定下两个公理:第一,食物为人类生存所必需;第二,两性间的情欲是必然的,且几乎会保持现状。"而且这两个法则自古至今都是如此。

(2) 两个级数:马尔萨斯从两个公理出发,提出两个级数理论。他说:"人在无妨碍时,以几何级数增加。每二十五年增加一倍。生活资料只以算术级数增加。随便假定世界有多少人口,比方说十亿吧,人类将以1、2、4、8、16、32、64、128、256、512……那样的增加率增加。生活资料却将以1、2、3、4、5、6、7、8、9、10……那样的算术级数增加,250年内,人口对生活资料即将成为512对10之比例,300年内将成为4 096对13之比,2000年内,生产物虽有极大量的增加,差额亦会弄到几乎不可计算。"

(3) 两个抑制:正因为马尔萨斯断定人口有无限增长的趋势,因此提出两个抑制。所谓两个抑制,就是妨碍人口增长的手段或力量,包括积极抑制(或现实抑制)和道德抑制。积极抑制,即用提高人口死亡率的办法来使人口与生活资料之间保持平衡。他说:"包括产生于罪恶和苦难的各色各样的原因,例如连串整套的普通疾病和传染病、战争、瘟疫和饥饿等。"所谓道德抑制(或预防的抑制)即让人们通过各种主观努力在道德上限制生殖的本能,即预见到未来家庭的困难，而自觉地少生孩子，降低出生率。因此，他提出让人们禁欲、不婚、不育。这两种抑制的重点是道德抑制。

（3）一条规律：即土地肥力递减规律。就是在一定范围的土地上，由于土地生产潜力的影响，递加投资不能相应增加农产品的产量，而是到一定限度后收益递减。这条规律是马尔萨斯人口论的理论基础。

（4）一个适度：人口的增长必须要有一个适当的限度。

（5）三个命题：第一，人口必然为生活资料所限制。第二，只要生活资料增长，人口一定会坚定不移的增长，除非受到某种非常有力而又显著的阻止。第三，占优势的人口繁殖力，为贫困和罪恶所抑制，因而使现实的人口和资料保持一致。

（6）四点结论：第一，认为工人贫困、失业并非资本主义制度所造成，而是人口法则作用的结果。第二，建立在财产公有制基础上的平等社会制度，不过是幻想，相反，财产私有制的社会制度却是不可避免的，因为它是出自人口的自然法则产生的。第三，在资本主义社会，工人的工资同样受人口法则的支配，工资的水平是受人口的增减而变动的。第四，反对救济穷人，救济穷人即帮助穷人制造穷人。①

【案例讨论】

1. 你是否认同马尔萨斯的人口理论？理由是什么？

2. 在人口与社会发展关系上，马尔萨斯的观点与马克思主义有何不同？造成两者差异的主要原因何在？

【案例解析】

1788 年马尔萨斯匿名发表了《人口论》，发表后引起广泛轰动，赞赏和批评纷至沓来。当时很有名望的学者葛德文批评说：马尔萨斯的见解使人类除了靠"道德上的约束"这根弱不经风的小草之外，没有什么东西可以进行挽救，但要靠道德上的约束来对抗男女之间的大欲，怎么靠得住呢？诗人雪莱批评马尔萨斯把"分解和繁殖"的自然规律运用于人类社会，这是为资本主义弊病辩护的遁词。雪莱说，这实际上是"告诉我们，不要让人幸福，否则世界上的人会多得住不下了"。法国经济学家西斯蒙蒂在其名著《政治经济学新原理或论财富和人口的关系》中指出："不管这种学说如何完备，在我看来却不是正确

① 本案例摘选自：〔美〕马尔萨斯：《人口论》，郭大力 译，北京大学出版社 2008 年版，第 5—6 页。

的。马尔萨斯先生特别强调了一种他认为十分明显、十分普遍的主张；他毫不加以考虑地以此做了他的理论基础，正因为如此，他才陷入严重的错误，我们认为这些错误相当危险，虽然我们尊敬马尔萨斯先生，但是仍然认为对他的理论必须加以驳斥。”

马克思和恩格斯对马尔萨斯进行了批判分析和探索。他们认为，只要进行社会制度的根本变革，发展科学，人类的前途就必将是无限美好的。马克思认为，马尔萨斯谈论的抽象的人口规律只存在于历史上还没有受过人干涉的动植物世界，现实社会根本不存在这种抽象的规律，而只有工人人口在生产出资本积累的同时以日益扩大的规律生产出使他们自身成为相对过剩人口的手段，这就是资本主义特有的人口规律。恩格斯认为，马尔萨斯人口论是过去一切学说中最粗暴、最野蛮的一种学说，一种绝望的学说，是“资产阶级对无产阶级的最公开地宣战”。在马克思看来，马尔萨斯写作《人口论》的实际目的，是为了英国政府和土地贵族的利益，是为了“从经济上”证明法国革命及其英国支持者追求改革的意图是空想。它维护现有制度，反对历史的发展，而且还为反对革命的战争辩护。[①]

① 〔美〕马尔萨斯：《人口论》，郭大力 译，北京大学出版社 2008 年版，第 7—8 页。

案例3　国体与政体

【案例内容】

政治法律思想是最直接、最集中地反映经济基础的意识形态，在意识形态中居于核心地位，起主导作用。宪法是国家的根本法，它规定了国家的根本制度和根本任务，具有最高的法律效力，集中规定和反映了各国的经济基础，并且以最高法律效力形式要求公民自觉维护特定经济基础。我们以《中华人民共和国宪法(2018年修正)》为例予以说明。

《中华人民共和国宪法(2018年修正)》"第一章 总纲"的部分条款摘录如下：

第一章　总纲

第一条　中华人民共和国是工人阶级领导的、以工农联盟为基础的人民民主专政的社会主义国家。

社会主义制度是中华人民共和国的根本制度。中国共产党领导是中国特色社会主义最本质的特征。禁止任何组织或者个人破坏社会主义制度。

第二条　中华人民共和国的一切权力属于人民。

人民行使国家权力的机关是全国人民代表大会和地方各级人民代表大会。

人民依照法律规定，通过各种途径和形式，管理国家事务，管理经济和文化事业，管理社会事务。

第三条　中华人民共和国的国家机构实行民主集中制的原则。

全国人民代表大会和地方各级人民代表大会都由民主选举产生，对人民负责，受人民监督。

国家行政机关、监察机关、审判机关、检察机关都由人民代表大会产生，对它负责，受它监督。

中央和地方的国家机构职权的划分，遵循在中央的统一领导下，充分发挥地方的主动性、积极性的原则。

第四条　中华人民共和国各民族一律平等。国家保障各少数民族的合法的权利和利益，维护和发展各民族的平等团结互助和谐关系。禁止对任何民族的歧视和压迫，禁止破坏民族团结和制造民族分裂的行为。

国家根据各少数民族的特点和需要，帮助各少数民族地区加速经济和文化的发展。

各少数民族聚居的地方实行区域自治，设立自治机关，行使自治权。各民族自治地方都是中华人民共和国不可分离的部分。

各民族都有使用和发展自己的语言文字的自由，都有保持或者改革自己的风俗习惯的自由。

第五条　中华人民共和国实行依法治国，建设社会主义法治国家。

国家维护社会主义法制的统一和尊严。

一切法律、行政法规和地方性法规都不得同宪法相抵触。

一切国家机关和武装力量、各政党和各社会团体、各企业事业组织都必须遵守宪法和法律。一切违反宪法和法律的行为，必须予以追究。

任何组织或者个人都不得有超越宪法和法律的特权。

第六条　中华人民共和国的社会主义经济制度的基础是生产资料的社会主义公有制，即全民所有制和劳动群众集体所有制。社会主义公有制消灭人剥削人的制度，实行各尽所能、按劳分配的原则。

国家在社会主义初级阶段，坚持公有制为主体、多种所有制经济共同发展的基本经济制度，坚持按劳分配为主体、多种分配方式并存的分配制度。

第七条　国有经济，即社会主义全民所有制经济，是国民经济中的主导力量。国家保障国有经济的巩固和发展。

第八条　农村集体经济组织实行家庭承包经营为基础、统分结合的双层经营体制。农村中的生产、供销、信用、消费等各种形式的合作经济，是社会主义劳动群众集体所有制经济。参加农村集体经济组织的劳动者，有权在法律规定的范围内经营自留地、自留山、家庭副业和饲养自留畜。

城镇中的手工业、工业、建筑业、运输业、商业、服务业等行业的各种形式的合作经济，都是社会主义劳动群众集体所有制经济。

国家保护城乡集体经济组织的合法的权利和利益，鼓励、指导和帮助集体经济的发展。

第九条　矿藏、水流、森林、山岭、草原、荒地、滩涂等自然资源，都属于国家所有，即全民所有；由法律规定属于集体所有的森林和山岭、草原、荒地、滩涂除外。

国家保障自然资源的合理利用，保护珍贵的动物和植物。禁止任何组织或者个人用任何手段侵占或者破坏自然资源。

第十条　城市的土地属于国家所有。

农村和城市郊区的土地，除由法律规定属于国家所有的以外，属于集体所有；宅基地和自留地、自留山，也属于集体所有。

国家为了公共利益的需要，可以依照法律规定对土地实行征收或者征用并给予补偿。

任何组织或者个人不得侵占、买卖或者以其他形式非法转让土地。土地的使用权可以依照法律的规定转让。

一切使用土地的组织和个人必须合理地利用土地。

第十一条　在法律规定范围内的个体经济、私营经济等非公有制经济，是社会主义市场经济的重要组成部分。

国家保护个体经济、私营经济等非公有制经济的合法的权利和利益。国家鼓励、支持和引导非公有制经济的发展，并对非公有制经济依法实行监督和管理。

第十二条　社会主义的公共财产神圣不可侵犯。

国家保护社会主义的公共财产。禁止任何组织或者个人用任何手段侵占或者破坏国家的和集体的财产。

第十三条　公民的合法的私有财产不受侵犯。

国家依照法律规定保护公民的私有财产权和继承权。

国家为了公共利益的需要，可以依照法律规定对公民的私有财产实行征收或者征用并给予补偿。

【案例讨论】

1. 根据《中华人民共和国宪法(2018 年修正)》，我国的经济基础是什么？
2. 根据《中华人民共和国宪法(2018 年修正)》，我国的国体和政体是什么？

【案例解析】

政治法律思想包括政治思想和法律思想。政治思想是人们关于政治的关系、制度和设施的观点、理论的总和；法律思想是人们关于法的关系、制度和设施的观点、理论的总和。政治法律思想是最直接、最集中地反映经济基础的意识形态，在意识形态中居于核心地位，起主导作用。在法律思想中，《宪法》具有特殊重要的地位。我国《宪法》在序言中写道：“本宪法以法律的形式确认了中国各族人民奋斗的成果，规定了国家的根本制度和根本任务，是国家的根本法，具有最高的法律效力。全国各族人民、一切国家机关和武装力量、各政党和各社会团体、各企业事业组织，都必须以宪法为根本的活动准则，并且负有维护宪法尊严、保证宪法实施的职责。”我国《宪法》明确规定“国家在社会主义初级阶段，坚持公有制为主体、多种所有制经济共同发展的基本经济制度，坚持按劳分配为主体、多种分配方式并存的分配制度。”这是现阶段我国的经济基础；而“工人阶级领导的、以工农联盟为基础的人民民主专政的社会主义国家”是我国的国体，“人民代表大会制度”是我国的政体。

案例 4　宗教的目的

【案例内容】

一、

霍尔巴赫著作《健全的思想》

霍尔巴赫在《健全的思想》中指出“宗教的唯一目的就是使暴政永存”。他说:“基督教发明了一种使暴君权力合法化的办法,同时建立了一种主张人民应当放弃自卫的教理。因此信仰基督教的各民族的基本自然权利就失去了保障,因为自然权利叫人反抗恶和解除一切威胁人的生命的人的武装!如果教会人士也经常让人民武装起来保卫神的事业,则他们无论如何不允许发生暴动反对实在的恶和明显的暴力行为。看来,虚构出宗教的唯一目的只是在于奴役人民和使人民处于专制政权的统治下。只要民众感到自己在地上的生活太不幸了,人们就会用神灵的愤怒相威胁,强迫他们沉默;人们就会叫他们向上天祷告,其目的在于使他们不注意自己痛苦的真实原因,更不要让他们想起用大自然赋予民众的那些手段同这些原因进行斗争。”霍尔巴赫接着说:“人们不断地告诉民众说:地球不是他们真正的祖国;地上生活只是一个到彼岸生活的过渡阶段;人不是创造出来在这个世界上享受幸福的;君主们是在登基时受过神涂圣油的人,对于所有滥用权力的行为他们只应向上帝报告,因为这权力是上帝给予他们的;反抗君主是上帝所不容许的,——于是僧侣就使暴政和压迫各国人民的现象永恒化了;人民的幸福被当作其统治者利益的牺牲品给出卖了。我们对各种宗教教条和宗教原则研究得越多,我们就越相信它们的唯一目的就在于保卫暴君和僧侣的利益,而损害社会的利益。”霍尔巴赫深刻指出宗教的作用,他说:“自古以来宗教的唯一作用就在于:它束缚了人的理性,使它无法认识人的一切正确的社会关系、真正的义务和实在的利益。只有驱散宗教的烟雾和怪影，我们才会发现真理、理性和道德的泉源和应当促使我们为善的实际动机。无论在我们受苦的原因上，或在我们遭到灾难时能够给予我们帮助的那些有效办法上，宗教都欺骗我们；宗教不仅不能治好我们的病，反而只会使病情恶化，病症增多。我们要继我们一位著名的当代人士（即波陵勃罗克勋爵）之后重复说：'神学是一口潘多拉的箱子；如果不能把它锁起来，也必须要发出警告，这口不祥的箱子打开了。'"①

二、

费尔巴哈在《基督教的本质》中深刻揭示了宗教的本质，提出"只要把宗教的关系颠倒过来，就得到了真理"。他批判说："什么地方把道德建立在神学上，把法律建立在天命上，什么地方也就可以为最不道德、最不可法、最卑鄙龌龊的事情进行辩护，说出道理。只有我自己已经用道德来规定神圣实体的时候，我才能够用神学来为道德说出理由。否则我就没有检验道德行为与不道德的行为的标准，却有一个不道德的、任意的基础，可以从其中推出一切可能的结论。所以，如果我想用上帝来给道德说出理由，我就应该先把道德放在上帝身上，也就是说，对于道德、法律，总之对于一切具有本质性的关系，我只能用它们自身来给它们说出理由，也只有当我用它们本身来给它们说出理由的时候，我才是真正地，像实际上那样给它们说出理由。在上帝身上设定某种东西，或者从上帝身上引出某种东西，无非就是使某种东西离开考察它的理性，宣布它是不可怀疑的、不可侵犯的、神圣的，而说不出其所以如此的道理。因此，如果不是怀着恶劣的、卑鄙的意图，欺蒙自己就是一切用神学给道德、法律说出的理由的根据。只要以严肃的态度来对待法律，我们就用不着任何来自天上的鼓舞和支持。我们不需要任何基督教的国法；我们只需要一种合理的、一种公正的、一种人性的国法。无论在什么地方，公正的、真实的、善

费尔巴哈著作《基督教的本质》

① 本案例摘选自：北京大学哲学系外国哲学史教研室：《西方哲学原著选读》（下），商务印书馆 1982 年版，第 227—228 页。

良的东西之所以被看成神圣的，原因都在它自身之内，都在它自己的性质里面。什么地方以严肃的态度来对待道德，什么地方道德就正是因为它自身而被看成一种神圣的力量。如果道德的根据不在它自身之内，道德也就没有任何内在的必然性；于是它就听任宗教为所欲为地摆布了。"①

【案例讨论】

1. 你是否认同霍尔巴赫认为"宗教的唯一目的就是使暴政永存"的观点？理由是什么？

2. 谈谈你对"什么地方把道德建立在神学上，把法律建立在天命上，什么地方也就可以为最不道德、最不可法、最卑鄙龌龊的事情进行辩护，说出道理"这句话的认识和理解？

【案例解析】

宗教是一种重要的意识形态，对人类历史发展产生了重要影响，至今有些国家仍然是政教合一的政治体制，或者把宗教的某些信条作为国家政治的基本信条。马克思深刻揭示了宗教的本质，他在《〈黑格尔法哲学批判〉导言》中指出："人创造了宗教，而不是宗教创造了人。就是说，宗教是还没有获得自身或已经再度丧失自身的人的自我意识和自我感觉。但是，人不是抽象的蛰居于世界之外的存在物。人就是人的世界，就是国家、社会。这个国家、这个社会产生了宗教，一种颠倒的世界意识，因为它们就是颠倒的世界。宗教是这个世界的总理论，是它的包罗万象的纲要，它的通俗形式的逻辑，它的唯灵论的荣誉问题，它的狂热，它的道德约束，它的庄严补充，它借以求得慰藉和辩护的总根据。宗教是人的本质在幻想中的实现，因为人的本质不具有真正的现实性。因此，反宗教的斗争间接地就是反对以宗教为精神抚慰的那个世界的斗争。""宗教里的苦难是现实的苦难的表现，又是对这种现实的苦难的抗议。宗教是被压迫生灵的叹息、是无情世界的情感，正像它是无精神活力的制度的精神一样。宗教是人民的鸦片。""废除作为人民的虚幻幸福的宗教，就是要求人民的现实幸福。要求抛弃关于人民处境的幻觉，就是要求抛弃那需要幻觉的处境。因此，对宗教的批判就是对苦难尘世——宗教是它的神圣光环——的

① 本案例摘选自：北京大学哲学系外国哲学史教研室：《西方哲学原著选读》（下），商务印书馆1982年版，第549—550页。

批判的萌芽。”[①]宗教实质是采用了虚幻形式的道德，它不是直接提出某种道德规范，而是通过设想一个与充满罪恶的尘世不同的天国，用关于来世的幸福来引导人们在现世忍受灾难，遵循有助于维护现世秩序的道德规范。从其产生的根源来看，宗教是自然压迫和社会压迫的产物，是“无情世界的有情，绝境中的希望”，是“人民的鸦片”。

① 中共中央马克思恩格斯列宁斯大林著作编译局：《马克思恩格斯文集》第1卷，人民出版社2009年版，第3—4页。

案例5　社会契约论

【案例内容】

社会契约理论是17世纪和18世纪重要的政治哲学理论，其主要代表人物有霍布斯、洛克、孟德斯鸠、卢梭等。社会契约理论第一次用人的自然属性和自然理性说明国家的起源和本质，它取代了中世纪流行的“君权神授”的信仰，其代表人物的主要观点摘录如下：

一、

霍布斯(Thomas Hobbes，1588—1679)是17世纪英国资产阶级革命时期代表大资产阶级和上层新贵族利益的政治哲学家。霍布斯对资产阶级革命采取中庸态度，既不满国王的某些政策，又反对资产阶级和新贵族的过激言行，更害怕人民群众加入革命行列。这使他在寻求政治依靠时，把希望寄托于王权与君主。

霍布斯的出发点是“自然人”的观念。自然人是一种自然物体，他完全服从自然法。自然法原是中世纪的概念，指神圣的道德律。随着自然科学的兴起，自然界失去了宗教的和伦理的属性，自然法也由道德律变为关于趋利避害的人的自然本能的规律。霍布斯认为，人类在进入社会之前，生活在自然状态下，完全按照自然法行事。他总结出两条自然法：一是利用一切手段保存自己，二是为了最大限度地维护自己的利益，在必要时放弃别人也同意放弃的权利。

人的最大利益是自我保存。根据第一条规律，人们为了维护各自的生命权，一开始处于“人对人是狼”的战争状态。但是，战争状态威胁到人的生命，违反了最大的利益，因此人们必然要求和平。根据第二条规律，和平协议是这样一个契约：每个人都同意放弃和别人一样多的权利，并因此而享受到和别人一样多的利益。这就要求每个人都把自己的权利转让给一个人或一群人，由他或他们代理行使权利，以保全契约者的生命。“保全生命”的意义不是苟且偷生，而是在对生命不厌倦的条件下生活。国家是这一契约的产物，同意转让权利的契约者是被统治者，接受契约的代理权利者是统治者。

霍布斯提出社会契约论的初衷是为王权辩护。被统治者除了自己的生命权之外，转让其他一切权利。为了保障他们的安全，统治者要强大到足以产生巨大的威慑作用的地步。《新约·启示录》中有一个可畏的巨大海兽“利维坦”，霍布斯说，国家就是伟大的“利维坦”，是“可朽的上帝”，具有绝对的权力和至高无上的权威。国家元首的权力是不可分割、不可剥夺的。因为他不是契约的一方，不受契约人的制约，推翻他是毁约的不合法行为，是违反自然理性的叛乱。但是，霍布斯也承认，在国家元首不能保护契约人生命的情况下，可以替换他。他已经看到资本主义兴起的必然性，如果说主权者是国家的化身，那么臣民就是资本主义公民的雏形。霍布斯认为，臣民的自由发生在法律沉默的地方，“臣民的自由只有在王权者未对其行为加以规定的事物中才存在，如买卖或其他契约行为的自由，选择自己的住所、饮食、生业，以及按自己认为适宜的方式教育子女的自由，等等”。[①]

二、

洛克(John Locke，1632—1704)是西方自由主义和民主政治理论的创始人。他是辉格党的主要理论家，新兴的统治阶级的代表。洛克的社会契约论思想奠定了民主政治的理论基础。

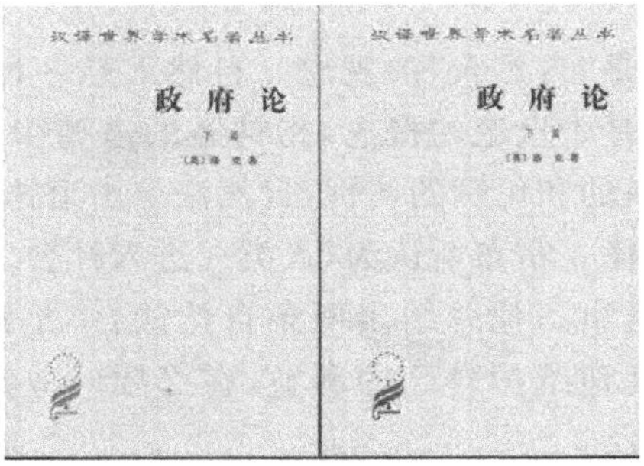

洛克著作《政府论》

洛克修改了霍布斯关于自然状态的看法。自然状态不再是战争状态，而是和平的、自由的状态，人们在自然状态中平等地享有自然权利。自然权利指生命、自由、追求幸福、拥有财产等“天赋人权”。国家是为了解决人们的财产纷争而建立的。

① 本案例摘选自：赵敦华：《西方哲学简史》，北京大学出版社2017年版，第209—210页。

洛克认为，在人们享有的各项自然权利中，财产权最为重要。财产权起源于劳动，是物化劳动铭刻在自然物的标志，谁改动了自然事物，就拥有了占有它的权利。自然状态里的人的自由没有限制，两个人如果对同一事物采取行动，他们都会声称对这一事物拥有财产权，因而产生财产权的冲突。当冲突发生时，每一个人都同时是原告和法官，又是自我判决的执行人，这种状况会导致混乱和争夺，人们的财产权得不到保障，甚至生命权也会受到威胁。按照洛克对自然状态的解释，人类的自然本性不是自私和自保，而是和平与合作；冲突起源于人们享有自由和平等的自然权利，但却没有公共权力对财产权的判决。引起人们之间冲突的原因是轻微的、偶然的，但造成的后果却是严重的。订立社会契约是他们为避免这一严重后果的手段。

为此目的而订立的社会契约要求人们放弃对财产权的判决和执行的权利，大家都把这一权利转让给代理人。这个公共代理人的主要任务是保护委托人的财产权，不让他们因财产权要求而引起混乱和不安。洛克说："人们联合成为国家和置身于政府之下的重大的、主要的目的，是保护他们的财产。"洛克不同意霍布斯所说的社会契约要求人们转让除了生命权之外的一切权力，他认为，除了对财产权的判决和执行权之外的一切权利，包括生命权、财产权和自由权都是不可转让、不可剥削的自然权利。洛克与霍布斯的另一分歧点在于，他把统治者作为订立契约的一方，是从订约人中间推选出来的。统治者受契约的限制，如果他不履行契约，人民有权反抗、推翻他的统治。在此基础上，洛克提出了"三权分立""宗教宽容"的思想，目的是为了防止专制，保障人民的自由权。美国独立战争中发表的独立宣言和法国大革命中发表的人权宣言都受到洛克思想的深刻影响。[①]

【案例讨论】

霍布斯与洛克的社会契约理论有何异同？其背后的社会根源是什么？

【案例解析】

霍布斯和洛克都提出了社会契约理论，都试图把权力的来源从"君权神授"转移到"社会契约"上来，但霍布斯的社会契约理论带有王权的烙印，洛克则除去这些烙印，把它改造成适应民主政治的理论。洛克批判霍布斯说，如果社会契约产生的国家是一个使社会成员畏惧的"利维坦"，"那不啻说，人们愚

① 本案例摘选自：赵敦华：《西方哲学简史》，北京大学出版社 2017 年版，第 251—252 页。

蠢到如此地步：他们为了避免野猫或狐狸可能给他们带来的困扰，而甘愿被狮子吞噬，甚至还把这看做安全”。洛克指出，霍布斯的理论是不合逻辑的，因为自然状态对人的伤害是偶然的，但如果社会契约所建立的政府是专制的，那么对人的伤害则大得多；人的理性何至于愚蠢到舍小害而取大害、趋重利而趋轻利的地步呢！人的理性选择只能是得到更大的利益，而不是为了失去自由权；如果人的自然本性是互相不信任，那么他们更不会相信一个独裁的统治者会保护他们的利益。洛克不同意霍布斯所说的社会契约要求人们转让除了生命权以外的一切权利，他认为，除了对财产权的判决和执行权之外的一切权利，包括生命权、财产权和自由权都是不可转让、不可剥夺的自然权利。同时，洛克把统治者作为订立契约的一方，是从订约人中间推选出来的。统治者受契约的限制，如果他不履行契约，人民有权反抗、推翻他的统治。

霍布斯与洛克社会契约理论的差异一方面是理论本身的辩证演进逻辑，另一方面是它们代表了不同阶级和集团的利益。霍布斯的观点代表了 17 世纪英国资产阶级革命时期大资产阶级和上层新贵族的利益诉求，而洛克的观点则代表了新兴的自由派资产阶级的利益诉求。马克思、恩格斯说，法国大革命的“自由思想正是从美国输入法国的。洛克是这种自由思想的始祖”。①

① 中共中央马克思恩格斯列宁斯大林著作编译局：《马克思恩格斯全集》第 7 卷，人民出版社 1959 年版，第 249 页。

案例6　第一生产力

【案例内容】

在生产力的构成要素中，既有实体性要素，又有非实体性要素（包括渗透性要素、组织性要素等），科学技术是渗透性要素，科学技术的进步对于劳动者、劳动资料、劳动材料都会产生深刻影响。马克思主义经典作家高度重视科学技术对于社会生产生活的推动作用。

马克思指出，"资本是以生产力的一定的现有的历史发展为前提的——在这些生产力中也包括科学"[①]。"在固定资本中，劳动的社会生产力表现为资本固有的属性；它既包括科学的力量，又包括生产过程中社会力量的结合，最后还包括从直接劳动转移到机器的死的生产力上的技巧。"[②]他又说，科学"是人的生产力的发展即财富的发展所表现的一个方面，一种形式"[③]。"劳动资料取得机器这种物质存在方式，要求以自然力来代替人力，以自觉应用自然科学来代替从经验中得出的成规"[④]。他还曾断言，"劳动生产力是随着科学和技术的不断进步而不断发展的"[⑤]。"生产力的这种发展，最终总是归结为发挥作用的劳动的社会性质，归结为社会内部的分工，归结为脑力劳动特别是自然科学的发展"[⑥]。

马克思认为，当机器大工业生产方式建立后，第一次使自然科学为直接的生产过程服务，第一次产生了只有科学才能解决的实际问题，第一次达到使科学成为必要的那样一种规模，第一次把物质生产变成在生产中的应用。马克思的"科学是生产力"思想意义重大。它打破了"科学与经济、生产无关"的传

① 中共中央马克思恩格斯列宁斯大林著作编译局：《马克思恩格斯文集》第8卷，人民出版社2009年版，第188页。

② 同上，第206页。

③ 同上，第170页。

④ 中共中央马克思恩格斯列宁斯大林著作编译局：《马克思恩格斯文集》第5卷，人民出版社2009年版，第443页。

⑤ 同上，第698页。

⑥ 中共中央马克思恩格斯列宁斯大林著作编译局：《马克思恩格斯文集》第7卷，人民出版社2009年版，第96页。

统观念，揭示了科学与经济、生产的紧密关联，为人们更好地发挥科学的生产力功能提供了思想基础。[①]

毛泽东、邓小平、江泽民、胡锦涛、习近平等在坚持马克思主义科学技术论的基础上，对当代科学技术及其发展规律进行概括和总结，形成了中国马克思主义科学技术观。

毛泽东系统总结了世界各国科学技术经济发展的经验，指出："资本主义各国，苏联，都是靠采用先进的技术，来赶上最先进的国家，我国也要这样。"[②]在毛泽东要求加快发展科学技术思想的指导下，我国开始制定《1963—1972年科学技术发展规划》。此时毛泽东明确指出："科学技术这一仗，一定要打，而且必须打好。过去我们打的是上层建筑的仗，是建立人民政权、人民军队。建立这些上层建筑干什么呢？就是要搞生产。搞上层建筑、搞生产关系的目的就是解放生产力。现在生产关系是改变了，就要提高生产力。不搞科学技术，生产力无法提高。"[③]毛泽东认为，科学技术对于中国的民族独立和解放，对于中国由农业国到工业国的转变，都具有重要的作用。

邓小平根据世界科学技术经济发展的新趋势，概括了人类实践所提供的新经验和新成果，第一次明确提出了"科学技术是第一生产力"[④]的重大理论命题。邓小平指出："科学技术是生产力，这是马克思主义历来的观点。"[⑤]"现代科学技术的发展，使科学与生产的关系越来越密切了。科学技术作为生产力，越来越显示出巨大的作用"。[⑥]"同样数量的劳动力，在同样的劳动时间里，可以生产出比过去多几十倍几百倍的产品。社会生产力有这样巨大的发展，劳动生产率有这样大幅度的提高，靠的是什么？最主要的是靠科学的力量、技术的力量"。[⑦]在此基础上，邓小平进一步提出："马克思讲过科学技术是生产力，这是非常正确的，现在看来这样说可能不够，恐怕是第一生产力"。[⑧]"第一"概括出科学技术同现实生产之间形成的新的必然联系，以及科学技术在经济增长中的主导地位和决定作用。

---

① 郭贵春:《自然辩证法概论》，高等教育出版社2013年版，第187页。
② 《毛泽东文集》第8卷，人民出版社1999年版，第126页。
③ 《毛泽东文集》第8卷，人民出版社1999年版，第351页。
④ 《邓小平文选》第3卷，人民出版社1993年版，第274页。
⑤ 《邓小平文选》第2卷，人民出版社1994年版，第87页。
⑥ 《邓小平文选》第2卷，人民出版社1994年版，第87页。
⑦ 同上，第87页。
⑧ 《邓小平文选》第3卷，人民出版社1993年版，第275页。

江泽民在建党80周年的“七一”讲话中进一步指出：“科学技术是第一生产力，而且是先进生产力的集中体现和主要标志。”[①]这一论断表明，科学技术是先进生产力发展的源泉和主要动力，是发展先进生产力的关键所在，在促进先进生产力发展的过程中起着决定作用，为我国科学技术事业的发展奠定了坚实的理论基础。[②] 江泽民指出：“科技创新越来越成为当今社会生产力解放和发展的重要基础和标志，越来越决定一个国家、一个民族的发展进程。如果不能创新，一个民族就难以兴盛，难以屹立于世界民族之林。”[③]

胡锦涛在庆祝我国首次月球探测工程圆满成功大会上的讲话中指出：“提高自主创新能力，是国家发展战略的核心，是提高综合国力的关键。在关系国民经济命脉和国家安全的关键领域，真正的核心技术和关键技术，必须依靠自主创新。”[④]“我们只有把发展的基点放在自主创新上，才能真正掌握核心技术、抢占科技制高点、在世界高技术领域占有一席之地，才能牢牢把握发展的战略主动权、切实增强国家核心竞争力。”[⑤]

习近平指出：“创新是引领发展的第一动力。抓创新就是抓发展，谋创新就是谋未来。适应和引领我国经济发展新常态，关键是要依靠科技创新转换发展动力。”[⑥]“中国是世界上最大的发展中国家，发展是解决中国所有问题的关键。要发展就必须充分发挥科学技术第一生产力的作用。我们把创新驱动发展战略作为国家重大战略，着力推动工程科技创新，实现从以要素驱动、投资规模驱动发展为主转向以创新驱动发展为主。”[⑦]2013年7月17日，习近平在中国科学院考察工作时指出：“党的十八大提出实施创新驱动发展战略，强调科技创新是提高社会生产力和综合国力的战略支撑，必须摆在国家发展全局的核心位置。我们要实现全面建成小康社会奋斗目标，实现中华民族伟大复兴，必须集中力量推进科技创新，真正把创新驱动发展战略落到实处。”[⑧]

【案例讨论】

1. 科学技术如何在生产力中发挥“第一”作用？

---

① 《江泽民文选》第3卷，人民出版社2006年版，第275页。
② 殷杰，郭春贵：《自然辩证法》(修订本)，高等教育出版社2020年版，第287页。
③ 《江泽民文选》第2卷，人民出版社2006年版，第392页。
④ 《十七大以来重要文献选编》(上卷)，中央文献出版社2009年版，第84页。
⑤ 同上，第84页。
⑥ 中共中央文献研究室：《习近平关于科技创新论述摘编》，中共文献出版社2016年版，第7页。
⑦ 中共中央文献研究室：《习近平关于科技创新论述摘编》，中央文献出版社2016年版，第15页。
⑧ 同上，第23页。

2."科学技术是第一生产力"与"创新是引领发展的第一动力"的内涵有何联系与区别?

【案例解析】

马克思主义高度重视科学技术在生产力发展中的重要作用。"科学技术是第一生产力"思想充分肯定了科学技术的重要地位,实现了马克思主义科学技术观的创新和飞跃。邓小平指出,科学技术在生产力中"第一"作用主要体现在以下几个方面:"生产力的基本因素是生产资料和劳动力。科学技术同生产资料和劳动力是什么关系呢?历史上的生产资料,都是同一定的科学技术相结合的;同样,历史上的劳动力,也都是掌握了一定的科学技术知识的劳动力。我们常说,人是生产力中最活跃的因素。这里讲的人,是指有一定的科学知识、生产经验和劳动技能来使用生产工具、实现物质资料生产的人。石器时代,青铜器时代,铁器时代,十七世纪,十八世纪,十九世纪,人们使用的生产工具,掌握的科学知识、生产经验和劳动技能,都大不相同。今天,由于现代科学技术的日新月异,生产设备的更新,生产工艺的变革,都非常迅速。许多产品,往往不要几年的时间就有新一代的产品来代替。劳动者只有具备较高的科学文化水平,丰富的生产经验,先进的劳动技能,才能在现代化的生产中发挥更大的作用。在我们的社会里,广大劳动者有高度的政治觉悟,他们自觉刻苦钻研,提高科学文化水平,从而必将在生产中创造出比资本主义更高的劳动生产率。"①

"科学技术是第一生产力"与"创新是引领发展的第一动力"是在不同历史背景下针对中国科技经济发展的重大问题而提出的命题,两者的内涵既有联系,又有区别。前者更强调发展科学技术的重要性,在当时的背景下更侧重于积极从国外引进先进的科学技术和生产设备,以尽快提高我国科技与产业水平,跟上世界科技与产业发展潮流;后者则在强调科技创新的同时,强调以科技创新为核心的全面创新,包括理论创新、市场创新、商业模式创新、组织创新等,是更为全面的创新,体现了新时代科技创新的系统性和全面性,同时在创新方式上、在积极引进和吸收国外先进科技的同时,更强调自主创新,突破和掌握关键核心技术,获得具有自主知识产权的科技成果和产品,建立自主可控的产业链和供应链。

---

① 《邓小平文选》第 2 卷,人民出版社 1994 年版,第 88 页。

案例7　社会演进律

【案例内容】

社会形态衔接顺序的多样性表现在更替路径的复杂性、纵向的跨越发展、横向的不平衡性以及同一种社会形态具有不同类型等方面。

一、社会形态更替路径的复杂性

不同的民族和社会从最初的原始社会发展到现在所处的社会形态经历了不同的更替路径。作为奴隶社会形成重要标志的国家的兴起就有不同的途径，恩格斯把它概括为三种主要形式：没有受到任何外来的或内部的暴力干涉的雅典形式，平民的胜利炸毁了旧的血族制度的罗马形式，直接从对广大外国领土的征服中产生的德意志形式。此外，东方和西方也有不同，它们最初是在执行不同的公共职能[比如东方主要在组织灌溉和宗教职能等，西方(希腊罗马)主要在抵御外敌、争夺劳动力而进行战争等]的过程中形成的。封建制度的多样性使资本主义产生的路径多样化。资本主义萌芽于14、15世纪的地中海沿岸，然而资本主义制度并没有最早在这里确立，更没有在最先大规模殖民的西班牙和葡萄牙产生，而是在西北欧的荷兰、英国开花结果。日本的原初工业化也并没有像西欧那样，"沿着小手工业→小资本家经营→手工工场→机器大工业的方向发展，而是出现了衰退，直到明治维新以后，在维新政府的主导下，开始由包买商制工业生产向近代大工业生产过渡。其特点是不再设立手工工场，而直接向机器大工业投资。包买商制的生产形式起到了资本原始积累的作用"。还有很多国家没有从封建主义的基础上自发地产生资本主义。

二、社会形态纵向的跨越发展和横向的不平衡性

从纵向变迁来看，跨越发展存在于很多社会形态的更替中。比如，有的民族是从原始社会晚期母系氏族阶段越过父系氏族阶段直接过渡到奴隶社会的，密克罗尼西亚人、马来人、阿萨姆山区的加罗人和克哈西人、阿散蒂人、达荷美人以及热带非洲的某些其他民族就是如此。公元5世纪，由于奴隶制在西欧已处于没落的态势，而罗马内部生产力的发展已经孕育出了封建社会生

产关系，这样，在罗马奴隶制崩溃和日耳曼人氏族制度解体的基础上，发生了“一种相互作用，产生一种新的、综合的东西”，即封建制度。与之相类似，“六至九世纪，斯拉夫人的原始社会解体，由于生产力发展的某些特点和外部影响，在奴隶制尚未占统治地位的情况下，进入了封建社会，先后建立了一些封建国家”。我国北方一些少数民族在与较为发达的汉民族交往过程中，逐渐偏离了他们原来的发展轨道，甚至刚刚进入奴隶制就快速地过渡到封建制了，“当他们进一步深入侵掠汉族地区时，遇到了较为先进的封建文明，这就不能不接受汉地的封建统治秩序，并进而使他们自己也过渡到封建制”。向资本主义的过渡同样有这种跨越现象，“北美的发展是在已经发达的历史时代起步的，……这些国家在开始发展的时候就拥有老的国家的最进步的个人，因而也就拥有与这些个人相适应的、在老的国家里还没有能够实行的最发达的交往形式。这符合于一切殖民地的情况”。而我国境内的一些少数民族在 20 世纪中期，直接由奴隶制过渡到了现实社会主义。

从横向比较来看，社会形态的发展进程是不平衡的。生产工具作为生产力发展水平的主要标志与社会历史的进程在全世界范围内具有不同步性。比如，中国是以青铜器的使用而西欧是以铁器的使用为标志进入奴隶社会的。随着历史向世界历史转变，这种不平衡性表现得更为明显。16 世纪西欧资本主义开始兴起时，中国还处于封建社会阶段，印加帝国等印第安人三大文明区基本上处于奴隶社会阶段，美洲的大部分地区“如目前加拿大、美国、墨西哥北部、洪都拉斯以南、巴拉圭、乌拉圭、阿根廷南部等地的印第安人则大体上处于原始部落阶段”。18 世纪后期当首批英国移民到达澳大利亚时，当地的土著居民仍处于旧石器时代的食物采集阶段，其社会组织没有超出群体和家族集团的形式。跨越发展加剧了这种不平衡性。

三、同一种社会形态的不同类型

同一种社会形态可以有各种不同的表现形式。奴隶社会、封建社会、资本主义社会内部都可以划分出不同的类型。东西方奴隶制可以区分为“劳动奴隶制”和“家庭奴隶制”。就像恩格斯所说的，在东方，“它不是直接地，而是间接地构成生产的基础，作为家庭的组成部分，不知不觉地转入家庭（例如内宅的女奴）”。

中国、西欧封建社会的差异同样显著。从土地与权力的关系来看，在西欧，一块土地经济上的所有者，同时也就是政治上的统治者，对当地的居民有审判的权利；中国的地主权力则较小。从地租形式来看，西欧由于实行领主土地所有制，主要采取劳役地租制；而中国主要是地主土地所有制，地主通过租佃制对农民进行剥削，产品地租即实物地租占主导地位。可以说，中国的封建社会比西欧更发达，但也正是这一特点使它向货币地租的转变较为缓慢。二者在政治制度、社会结构等方面也不尽一致。

西欧内部的封建制也并非只有一种模式。“虽然在13世纪末，封建制度已经盛行于整个中欧和西欧，但是封建政府的形式、封建制度盛行的性质和程度却多种多样”。与大陆封建主义相比，英国的王权要大得多。西欧很多国家实行“我的附庸的附庸不是我的附庸”，而英国却是“我的附庸的附庸是我的附庸”。西欧和日本的封建主义也有很大差异，“在乡村之上，在领主和总领主之间的关系中，效忠关系往往高于封地关系：主仆之间的‘人际’纽带历来比受封的‘物质’纽带更牢固……这无疑是日本封建主义同欧洲封建主义之间最重要的政治分界线”。资本主义的产生可以分为“原生型”和“派生型”，资本主义起源的途径和方式在很大程度上影响了资本主义社会的发展类型，并形成了“中心—外围”的世界结构。中心国家主要有“盎格鲁—撒克逊模式”“莱茵模式”和日本的“集体资本主义”模式等。外围国家大致形成了东亚、拉美和“整体外围资本主义”的黑非洲等三种主要发展模式。这一结构也是不断变化的，战后东亚国家和地区的崛起就是对传统“中心—外围”结构的突破。[①]

【案例讨论】

1. 社会形态更替规律的统一性是什么？社会形态衔接顺序的多样性有哪些表现？历史唯物主义如何看待二者的关系？

2. 社会形态衔接顺序呈现多样性的原因是什么？

【案例解析】

马克思、恩格斯揭示的生产力与生产关系矛盾运动的规律和经济基础与上层建筑的矛盾运动规律，是人类社会发展的一般规律。这些规律决定了社会形态的更替的统一性和历史发展的基本趋势。社会形态是关于社会运动的具体形式、发展阶段和不同质态的范畴，是同生产力发展一定阶段相适应的经济基础与上层建筑的统一体。依据生产关系的性质，社会历史可划分为五种社会形态：原始社会、奴隶制社会、封建制社会、资本主义社会和共产主义社会

① 本案例摘选自：刘海霞：《社会形态衔接顺序的多样性及其原因分析》，《马克思主义研究》，2007年第10期，第55—61页。

(其第一阶段是社会主义社会)。这五种社会形态的依次更替,是社会历史运动的一般过程和一般规律,表现了社会形态更替的统一性。社会形态衔接顺序的这一规律性是就人类社会整体发展进程而言的,而不是指一切民族都要完整地经历以上所有的社会发展阶段。由于社会发展的复杂性和曲折性,人类社会发展在遵循一般规律的同时,也会表现出一些特殊的形式。某一国家或民族的社会发展的历程常常在某个社会形态或其中某个阶段上存在着“缺失”和“跨越”,呈现出社会形态衔接顺序的多样性。依据俄国社会变革的实践经验,列宁曾深刻指出:“世界历史发展的一般规律,不仅丝毫不排斥个别发展阶段在发展的形式或顺序上表现出特殊性,反而是以此为前提的。”这是对社会形态更替统一性与多样性辩证关系的符合历史实际的概括。

人类社会形态的衔接顺序多样性主要体现在更替路径的复杂性、纵向的跨越发展、横向的不平衡性以及同一种社会形态具有不同类型等方面。这种多样性是由多种原因造成的,自然条件(地理环境)、交往发展程度的不同、跨越发展效应、政治的反作用、主体选择等主客观因素,都对社会形态的衔接顺序产生着不同程度的影响。社会形态衔接顺序的多样性不仅没有违背社会形态发展的规律,反而为规律性和多样性的统一提供了现实依据。

第四章　资本主义的本质及规律

案例1　货币电子化

【案例内容】

一卡在手走遍天下——信用卡

信用卡在20世纪初起源于美国。它最早是由商家发行的。商家们为了推销商品的需要，刺激购买，有选择地向一些讲信誉的客户发放了一种信用筹码，客户可以凭借这种筹码，先赊购商品，然后再用现金或是银行存款转账等来支付款项。后来，这种筹码被演变成为了小小的塑料卡片，也就有了现代信用卡的雏形。由此看来，信用卡不过是一种赊购商品的许可证，最后完成交易，还是需要用支付现金或是银行存款转账等实质付款形式。

1950年，美国商人弗兰·麦克纳马拉与他的好友施奈德合作投资1万美元，在纽约创立了“大莱俱乐部”，这家俱乐部后来成为著名的大莱信用卡公司。俱乐部向会员们发放了一种能够证明身份的特殊卡片，会员可以凭卡片记账，一定时期后再统一结账。这时的信用卡就已经有了清楚的现代形式了。由于信用卡使用方便，它一经创新出来，就广受社会关注。1952年，美国加州的富兰克林国民银行进入发行行列，率先发行了银行信用卡。随后，许多银行都跟之而来，信用卡迅速在美国乃至在世界流行开来。1985年，中国银行珠江分行发行了第一张“中行卡”，开创了中国信用卡发行的先河。

由于受我国商业信用发展的限制，同时受社会信用体系还不健全的影响，除了几家银行发行的国际卡之外，在国内使用的完全赊账性质的信用卡直到20世纪90年代末才开始发行，大量的信用卡是不具有“信用特色的”。我国

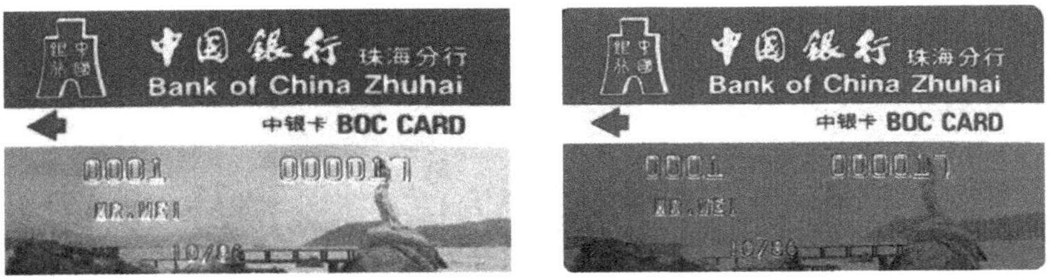

国内第一张信用卡——中银卡(银卡、金卡)

最先发行的信用卡称为“借记卡”。它的特点是在银行发卡给你之前，你必须先存足一笔钱，记录在卡中，你消费支付时，不得超过这笔钱的数额。这种卡相当于“存款卡”或者是“储蓄卡”，目前，我国这种卡的数量还不少，有的就直接取名“储蓄卡”。随后发行的有“准贷记卡”。它的特点是，在银行发卡给你之前，你同样必须存一笔钱，但你在消费时，你可以有限制地透支一些额度。如果你存入 3 000 元，而你消费时，可以达到 4 500 元，这样你就可以有 1 500 元的透支。不过，你透支通常必须支付相当高的利息，许多持卡者在透支之后，一般是尽快到银行将透支的钱补上，免得支付太多。

现在我们有了真正能够赊账用的、而且是以人民币记账、在国内使用的信用卡，它被称为“贷记卡”。你不需要存入任何钱，银行凭据你的信誉而发给你卡。当然，你的卡是有级别的，在一定时间内，并不是你花多少钱，就可以透支多少钱，你有一个花钱的限制线。而且，在一定时期内，你花了钱是不用支付利息的，只有超过了期限之后，你才负担正常的利息。商家实际上收到钱，并不是从信用卡里收到的，而是从银行收到的。这就告诉我们，你使用信用卡消费，在没有最后结算之前，你其实没有真正地花钱，但却真正地享受了商品。那么，银行为什么会发卡给你呢？这就是你的信用了。信用卡的最根本之处，也就在这里。银行根据你的信用向你发卡，信用越好，你就能够得到级别越高的信用卡，如所谓的“金卡”“白金卡”等，你可以在没有付钱之前，消费到很大数额的钱。如果你有一次赖账不付，以后你就会有不良记录，就再也别想得到信用卡了。在现代经济社会中，银行尤其是大银行的信誉通常是很高的，它所发行的信用卡是商家们所放心来“刷”的，因为银行不会赖账。这样，你持有那种信誉很好的大银行发行的信用卡，就可以走遍天下。[1]

① 本案例摘选自：陈彩虹：《钱说：货币金融学漫画》，生活·读书·新知三联书店，2002 年版，第 123—125 页。

【案例讨论】

1. 如何认识货币的本质？马克思揭示货币的本质有什么重要意义？
2. 什么是电子货币？电子货币是怎样产生和发展的？
3. 如何正确地认识信用卡消费的利弊？

【案例评析】

1. 货币是在长期交换过程中形成的固定充当一般等价物的商品。马克思通过对人类交换的历史进行细致的研究从而揭示货币的本质。交换的过程就是价值实现的过程，交换价值是价值的表现形式，价值形式的发展过程与交换发展的历史过程是一致的，这一过程经历了简单的或偶然的价值形式、总和的或扩大的价值形式、一般价值形式以及货币形式四个阶段；在这四个阶段中，以等价形式表现商品的价值，是一切价值形式的共同本质，区别只是在于充当等价物的商品发生了变化，从某个不固定的具体商品到充当一般等价物的特殊商品再到固定充当一般等价物的货币商品，价值形式发展的过程就是交换中等价形式（等价物）的变化过程；价值形式发展的结果是将等价物固定在金银上，从而产生了货币这种固定充当一般等价物的商品。

货币在商品经济发展中发挥着举足轻重的作用，它使商品交易更加简单，使商品流通更加顺畅，也使一般商品的价值能够得以实现。货币产生后使整个商品世界分为商品和货币两极：一极是商品，它们分别代表不同的使用价值，另一极是货币，它只代表商品的价值，将商品二因素的内在矛盾发展为外在商品与货币的对立，一切商品只有转化为货币，商品使用价值与价值的矛盾才能解决，商品的价值才能实现。正如马克思所说，如何把商品换成货币是“商品的惊险跳跃”。“这个跳跃如果不成功，摔坏的不是商品，但一定是商品占有者。”这样，货币在商品经济条件下就具有了一种神秘的魔力，它似乎是能左右生产者命运的东西。“谁都知道——即使他别的什么都不知道，——商品具有同它们的使用价值的五光十色的自然形式形成鲜明对照的、共同的价值形式，即货币形式。但是在这里，我们要做资产阶级经济学从来没有打算做的事情：指明这种货币形式的起源……这样，货币的谜就会随着消失。”①所谓的“货币之谜”，指的是货币仿佛是充满“魔力”的东西，它象征着财富、权力、地

① 中共中央马克思恩格斯列宁斯大林著作编译局：《马克思恩格斯文集》第5卷，人民出版社2009年版，第62页。

位，似乎可以实现人的一切梦想，让人们把它作为神一样的崇拜。马克思研究价值形式的发展过程，得出货币是长期交换过程中形成的固定充当一般等价物的商品的结论，这说明：首先，货币也就是一种商品，没有什么天然的“魔力”；其次，货币作为一般等价物的功能是人赋予它的，而不是它自身具有的；最后，商品经济条件下对货币的崇拜，在根本上也是一种“异化”现象，也就是人被自己的创造物所奴役。

2. 货币是人们普遍接受的交换媒介。在各个时代，人们所认定的货币形式是不同的。原始社会的人把贝壳等实物作为货币，重商主义时代的人只认金银为货币，而21世纪的人在用电子货币。有内在价值的东西作为货币，是商品货币，黄金白银就是商品货币。没有内在价值而由政府法令所确定的货币称为法定货币，纸币就是法定货币。在现实经济生活中，商品交易或是消费所使用的货币中介，主要是国别纸币、银行支票和信用卡等。随着现代信用制度和电子技术的发展，货币形式的发展从有形到无形，逐步产生了电子货币。电子货币的主要形式为信用卡，它储藏了持卡人的姓名、银行账号等信息，放入电子计算机系统的终端机后，银行就自动记账、转账或换取现金。电子货币是一种纯粹观念性的货币，它不需要任何物质性的货币材料。储存于银行电子计算机中的存款货币使一切交易活动和结账都通过银行计算机网络完成，既迅速又方便，可以节省银行处理大量票据的费用。电子货币已经成为发达的市场经济国家货币流通的主要形式，在经济生活中起着越来越大的作用。

3. 银行进入信用卡的发行行列，并没有改变信用卡的基本性质，它仍然还是为商家赊购商品而提供的一种身份证明和支付能力的证明。只不过，银行发行的信用卡将商家和客户之间的交易关系分为三个过程：一是商品的买卖过程，即持卡人到商店“刷卡”，然后拿走商品；二是商家和银行的结算过程，即商家会将“刷卡”记录下来的金额，到银行去索取款项；三是信用卡持有人向银行付钱的过程，他会在购买商品一定时间后，向银行补齐买货的钱款。信用卡的存在虽然使商家与客户之间的买卖过程实际上是复杂多了；但由此形成的经济拉动和商品销售增长，以及建立良好的信用联系和支付体系，特别是方便客户方面，有了长足的进步。从我国信用卡的发展过程中我们也能了解到，信用卡是依据信用基础而来的。没有基本的信用，就不可能有信用卡的存在和发展；而信用卡的使用反过来又有助于社会建立良好的信用关系，形成信用意识。总之，信用卡不是货币，当然也不是信用货币，但它离不开信用。你在使用信用卡时，你并没有将钱交给商家，但你已经将发卡银行的信用、你的信用交出去了。

信用卡刷卡消费也存在一定的风险。一方面可能存在技术风险。网络信息系统、计算机软硬件系统、业务安全系统一旦出现技术故障或人为破坏，就会发生欺骗业务，给发行方和持卡方带来经济损失。另一方面也可能带来过度消费（非理性消费或有限理性消费）的风险，一旦超出个人或家庭的支付能力过度消费，或者成为严重依赖信用卡循环负债维持消费支出的“卡奴”（信用卡循环负债是一类无担保的杠杆化消费金融工具，持卡人当期收入不足以清偿信用卡应还款额时，只需要缴付最低还款额以维护信用记录便可持续地获得授信，未偿余额在还款期内循环计息逐日产生新债务。适度的信用卡循环负债是良债，有助于缓解流动性约束，实现跨期消费均衡；过度的信用卡循环负债是毒债，轻则导致消费停滞和个人破产，重则诱发区域性金融危机），使家庭负债超出偿还能力，就会导致“家庭破产”和家庭危机，并进而可能引发区域性或整个社会的金融危机（2008 年美国的次贷危机就是如此）。因此，这些年以美国为代表的西方国家以信用卡刺激消费的政策，以及普通民众由此养成的超前消费的消费习惯都饱受诟病。

案例2 美国次贷危机

【案例内容】

美国的次贷危机

在美国次贷危机发生前,美国的经常项目赤字日趋增大,2006 年已经超过 8 000 亿美元,超过美国 GDP 的 6.5%;此外,2004—2006 年,美国家庭借贷占 GDP 的比例猛增至 9%,远高于历史水平。事实证明,次贷危机中个人债权债务关系锁链的断裂引发了全球性债权债务关系锁链的崩溃。

一、家庭部门

在美国经济的三驾马车中,消费无疑是马力最大的。从 20 世纪 90 年代开始,“不止是政府,企业和家庭也通过巨额借贷和赤字支出来推动经济增长——借贷成本的减少激活了资产价格,而资产价格空前规模的上涨积累了账面财富,最终账面财富历史性的增长使企业和家庭的行为成为可能。”在这样的背景下,华尔街进行了一系列金融创新,调制出名目众多的资产支持证券——住房贷款、汽车消费贷款、信用卡、助学贷款等等,使“居者有其屋”的美国梦成为现实。美国住房抵押贷款市场根据贷款对象的信用状况划分为优质、次优级和次级 3 个层次,依次对应信用评分由高到低的等级。其中,次级贷款对信用要求不高,借款人首付比例相对较低,比一般抵押贷款利率高出 2%~3%,具有较高的贷款价值比。这实际上演绎成典型的“庞氏金融”——家庭部门凭借着无需首付、只需利息的抵押贷款获得住房,并且只要房价上涨得以再融资,就能保住它。但是,美国房屋实际价格在 1998—2006 年增长了 68%之后,终于迎来了其下降拐点:2006—2008 年下降了 25%。这意味着美国家庭通过房屋净值贷款的融资渠道崩溃。2004—2006 年,美联储 17 次加息,短期利率提高,次级抵押贷款的还款利率也大幅上升;同时,浮动利率贷款中的优惠利率到期,每月按揭量大比例提升。利息的双重压力,购房者的还贷负担大为加重,他们不得不开始拖欠贷款。2008 年初,超过 90 天未能还款的件数或处于冻结状态的不良债权的比率上升为总件数的 21%,是 2005 年的

4倍。美国家庭的债权债务锁链发生了质变，美国家庭借贷占比和储蓄率出现了相反的变化轨迹。2007年，美国家庭借贷占GDP比例由此前历史高点的9%下降了1/3，2008年跌至零；2006年，美国个人储蓄率下跌至−0.6%，接近历史低点；但是2007年跃升至2.8%，2008年增长至7.1%。美国家庭放弃借贷，转而开始储蓄，是为了清偿债务。

次贷危机漫画

二、金融机构

家庭部门债权债务锁链的断裂，使得借贷者丧失抵押品赎回权，面临住房被收回的困境。这造成两方面影响：一是过多不良贷款不仅使放贷机构遭受损失，而且还降低了金融机构的资本充足率，促使其减少放贷以恢复资本充足率，进一步导致信贷紧缩。二是被收回的房屋被重新拍卖，给房地产市场带来雪球效应，冲击房屋实际价格。资产价格下跌违反了保证金要求，从而进一步造成未来价格下降和进一步损失的资产销售，如此反复，便形成了“流动性螺旋”。一方面，金融机构间的债权债务关系锁链实行了高杠杆化操作。“贷款并证券化”的操作将原本高风险的次级贷款打包成为低风险、高收益的资产：首先，家庭部门与放贷机构间形成了住房贷款的“一级市场”，放贷机构将一部分信贷抵押资产从资产负债表中剥离并重新组合成资产池，公司购买资产池，打包整理形成住房抵押贷款支持证券(MBS)。其次，大型金融机构从一级贷款商那里购买MBS。由于MBS评级不高、杠杆率低、不易售卖，金融机构将它与其他资产的现金流混合成资产抵押证券(ABS)，进行出售。再次，金融机构又对ABS进行再证券化操作，或做成担保债务证券(CDO)，转移给特殊目的机构(SPV)；或对CDO增信、分级，作为发行短期资产支持票据(AVCP)的资产保证，向投行、对冲基金等投资者发行。然而，在多数情况下，对冲基金等机构投资者并不将 CDO 持有到期，而是将其作为抵押向银行取得信用额度，再用于次债资产投资。如此反复多次，从 CDO 的平方、立方开始，到实现 9 次方的高杠杆操作。信用违约掉期(CDS)建立在 CDO 基础上，发行者首先卖出一组 CDS，随后以合成 CDO 的形式转让给不同的投资者，杠杆比例平均为 1∶30。据美国经济分析局的调查，美国次贷总额为 113 万亿美元，在这个基础上发行了近 2 万亿美元的 MBS，进而衍生出超万亿美元的 CDO 和数十万亿美元的信贷违约掉期(CDS)。另一方面，金融机构间的债权债务关系的锁链被拉长，辐射范围扩大。与次级贷款有关的金融产品的价值崩溃给金融机构带来了损失。这种损失像病毒一样传递给次级贷款以外更复杂的结构金融产品。一个相互关联的金融链条包括商业银行、储蓄机构、独立的房贷公司、银行分支机构和金融控股公司分支机构等在内的诸多金融机构提供次级信用贷款，投资银行发行金融衍生产品，评级机构提供信用评级“保障”，保险公司进行风险安全担保，投资银行、专业银行、保险资金、企业年金和其他社会资金为了追逐利润蜂拥而入。交易链条拉长，也就是债权债务关系锁链被拉长；同时，债务风险却被隐蔽了。一旦出现问题，一系列交易锁链的断裂会进一步放大风险。

三、政府组织

在次贷危机爆发以前，美国国际集团(AIG)承担着风险保险功能，其开发的信用违约掉期(CDS)几乎被全球主要银行持有，因而，是一个“大而不倒”的金融机构。2008 年 9 月，在拒绝援助美国第四大投资银行雷曼兄弟公司后，美联储通过调整自己的资产负债表，向 AIG 提供总额 850 亿美元的两年期紧急贷款。债务预算约束发生了转移，从 AIG 转移至美国政府。这往往也是大多数债务危机的解决办法：债务清偿的责任转移到其他人身上。此后，美联储实行量化宽松的货币政策，开辟新的企业融资渠道，并大量购买市场金融资产。随着这些新的融资工具的出现，美联储的资产负债表总规模已经从金融危机前的 8 000 亿美元迅速上涨到 2 万亿美元。美联储的资产结构也发生改变，财政部债券曾占美联储总资产的 85％以上，到 2009 年 5 月该比例下降到 26.4％，因新融资渠道出现的资产取而代之。至此，一幅家庭→企业→国家的债权债务关系锁链的传导图已经清晰：家庭部门—放贷机构间的债权债务关系锁链断裂，导致了各类金融机构之间债权债务关系锁链的断裂，最后只能依靠国家层面的债权债务关系锁链来修复。

四、锁链的转嫁

20 世纪 70 年代以来，美国政府实行宽松的货币政策，大量发行纸币，实行美元贬值，让实际清偿的债务缩水。同时，美国又继续增加国际收支逆差，让外国新流入资金为其新发行的政府、企业和个人债务继续融资。在经济全球化时代，美国政府的债权债务锁链，已经转嫁到世界其他国家。次贷危机后，与次贷相关的资产减计和损失也蔓延到欧洲银行业。欧洲各国政府对金融机构进行了一揽子的担保、注资以及经济刺激计划，却因为财政入不敷出，借新债还旧债的债务循环断裂，形成了“经济放缓→市场利率上行→赤字率攀升→债务率无法维持”的负反馈。其后，欧洲主权债务危机发生，债权债务的关系锁链先在欧盟边缘国家（希腊、爱尔兰、葡萄牙）崩溃，后又引发核心国家（西班牙与意大利）的连锁反应。

由此勾画出 2008 年美国次贷危机中债权债务关系连锁传导的清晰路线：美国家庭部门——放贷机构、银行机构、保险等其他金融机构——美国政府——其他国家。①

【案例讨论】

1. 美国的次贷危机起因于货币的哪种职能？

2. 金融危机的深层根源是什么？

3. 社会主义国家是否存在经济危机问题？如何理解我国供给侧结构性改革的重要性？

【案例解析】

1. 通过学习我们了解到，货币有五种基本职能，即价值尺度、流通手段、贮藏手段、支付手段和世界货币。其中，价值尺度是指货币以价格形式表现商品的价值（商品上的“价格标签”，作为观念上的货币），流通手段是指货币作为商品流通的中介促成卖和买（流通中实际使用的货币），贮藏手段是指货币退出流通而作为财富的象征保留在所有者手中（只能是贵金属而不能是观念上的货币或纸币），支付手段是货币作为赊买赊卖中偿还债务的手段或者是作为支付赋税、租金、工资的手段（可以是观念上的货币），世界货币是指货币作为

---

① 本案例摘选自：黄榕、沈坤荣：《债权债务关系锁链的政治经济学分析》，《马克思主义研究》，2012 年第 9 期，第 71—79 页。

世界贸易中的价值尺度、流通手段、贮藏手段、支付手段。从上面的案例可以看出，2008 年美国的次贷危机主要起因于货币的支付手段职能。货币的支付手段职能，使商品的买卖双方建立起债权人和债务人关系，生产过程和交换过程的发展又使债权债务关系不断扩大，形成一系列债权债务关系的锁链，而债权债务的关系锁链以信用维系，信用的本质就是债权债务关系。在信用经济中"每一个人的支付能力同时就取决于另一个人的支付能力"[①]，如果其中某一人到期不能支付，支付链条就会中断，整个债权债务关系就会陷入混乱，出现支付危机。美国的次贷危机就是典型的支付危机。这场危机从家庭部门债权债务关系锁链的断裂开始，诱发金融机构一系列的债务风险，然后又将风险转移到政府组织，最终美国政府又将风险转嫁给其他国家。

2. 2008 年金融危机爆发后，全世界众多的学者对其根源进行了各种分析和梳理。政策失误（过度宽松的货币政策、信贷政策刺激次贷规模的过度膨胀）、监管缺位（金融市场缺乏有效监管导致金融衍生品泛滥）、低估风险（在全球经济高速增长的态势下对金融泡沫的风险估计不足）等作为西方经济学对次贷危机根源解读的主流观点，都是把危机的根源看成是"外生"的或者由于国家和个人政策失误造成的（例如，美国对金融监管的不利和美联储的前老大格林斯潘的宽松货币政策），而没有去反思资本主义自由市场经济自身的问题。事实上，此次次贷危机并没有超出马克思对资本主义经济危机根源的分析：次贷危机的病灶在于违约率不断上升；违约的原因在于未来预期遭到了沉重打击；未来预期的悲观在于"透支消费"的不可持续；透支的起因是为了缓解有效需求不足；有效需求不足根源于生产过剩；生产过剩根源于资本主义内生的基本矛盾（生产社会化和生产资料私人占有之间的矛盾）。这样，一个马克思的逻辑清晰地呈现在我们面前：资本制度的内生矛盾—生产过剩—有效需求不足—透支消费—违约率上升—经济危机。其实，以马克思的逻辑看来，资本主义的古典危机与当代危机并无本质不同，都是生产过剩危机。区别在于：在古典危机中，生产过剩直接表现为有效需求不足，商品卖不出去，最终引发金融动荡，股市崩溃；而在当代危机中，生产过剩不再直接表现为有效需求不足，而是表现为有效需求旺盛，甚至表现为有效需求"过度"（"透支消费""寅吃卯粮"）"透支经济"。从古典危机演变为现代危机，只不过是把皮球从供给方踢给了需求方，把资本主义的内在矛盾的爆发从当下推到了未来。1929 年的

① 中共中央马克思恩格斯列宁斯大林著作编译局：《马克思恩格斯文集》第 7 卷，人民出版社 2009 年版，第 543 页。

大危机暴露出了资本的生存链条存在着“有效需求不足”的严重缺陷，从而导致了凯恩斯革命；当下的次贷危机则进一步告诉人们，用“透支消费”同样不能根治“有效需求不足”，在资本统治的制度框架内，任何举措都不可能根除生产过剩危机。[①]

3. 我国现在提出的供给侧结构性改革的“三去、一降、一补”方针，其中三去之一是“去杠杆”。经济“杠杆”，指用较少本金获得较高的收益。对生产性企业来说运用经济杠杆就是以借贷的方式获得发展所需资金。财务杠杆是企业经营的必要手段，关键在于负债率的高低，过低，对持续经营不利，过高，带来过大的财务风险和经营风险，甚至导致企业破产清算。供给侧结构改革的“去杠杆”就是减少实体经济资产负债率。这一方面要求企业自身提高风险防范意识，减少投机心理；另一方面要求国家加强对金融机构的监管，严控高杠杆、高风险融资项目。接受美国次贷危机的教训，我国在面临生产企业和地方政府债务过高问题时，警惕债务违约的风险，及时启动风险管控和预警机制，以确保我国实体经济和金融市场的稳定和繁荣。

① 赵磊：《对美国次贷危机根源的反思》，《经济学动态》，2008 年第 11 期，第 41—46 页。

案例 3　合成谬误

【案例内容】

经济学中的“合成谬误”

有时我们会假定，对局部来说是正确的东西，对整体来说也正确。然而，在经济学中，我们经常发现总体并不等于部分之和。如果你认为对局部来说成立的东西，对总体也必然成立，那你就犯了“合成谬误”。如果你忽略了合成谬误的原理，你就会对以下这些正确的命题吃惊不已：① 如果某一农场主获得丰收，他的收入会增加；但如果所有农场主的收成都打破纪录的话，他们的农场收入却会下降。② 如果一个人获得了更多的货币，那么他的境况会变好；但如果每个人都获得了更多的货币，那么整个社会反而可能变糟。③ 如果对某一特殊行业的产品征收高额关税，该行业的生产者可能会因此发财；但如果对所有的行业都征收高额关税，则绝大多数生产者和消费者的状况都会变坏。④ 老师按甲乙丙丁评分时，这种方法就是一种“零和游戏”：如果某一个学生考得很好，他的得分等级会提高；但如果所有的学生都考得不错的话，则平均的得分等级却不会发生变化。①

【案例讨论】

1. 如何理解“合成谬误”？
2. 商品经济条件下为什么会出现“丰产不丰收”的现象？
3. 发展生产力、提高劳动生产率的意义何在？

【案例解析】

1. 经济学中的“合成谬误”，实质上就是违背了我们在哲学中所讲的“整体不等于部分之和”的原理。由于事物是由相互联系的要素组成的有机整体，

① 本案例摘选自：〔美〕保罗·萨缪尔森、威廉·诺德豪斯：《宏观经济学》，人民邮电出版社 1999 年版，第 4 页。

整体功能的发挥要取决于其中每一部分的相互作用和相互制约，这也是现代“系统论”理论的基本原则。经济学中的“合成谬误”孤立地看待每一个个体或局部的经济行为，把整体看做是个体的简单相加，因而无法解释对个体来说正确的经济行为放在整体中看就有可能成为“谬误”。① 如果某一农场主获得丰收，他的收入会增加；但如果所有农场主的收成都打破纪录的话，劳动生产率提高，单位商品价值量下降，同时市场供过于求导致商品价格下跌，他们的农场收入却会下降。② 如果一个人获得了更多的货币，那么他的境况会变好；但如果每个人都获得了更多的货币，也就是说政府实施了宽松货币政策，发放了更多的货币导致通货膨胀，那么整个社会反而可能变糟。③ 如果对某一特殊行业的产品征收高额关税，该行业的生产者可能会因此发财；但如果对所有的行业都征收高额关税，一方面会提升消费品的价格从而增加消费者的经济负担，另一方面会使生产者因缺乏竞争而效率低下并逐渐丧失市场竞争力，绝大多数生产者和消费者的状况都会变坏。④ 老师按甲乙丙丁评分时，这种方法就是一种“零和游戏”：如果某一个学生考得很好，他的得分等级会提高；但如果所有的学生都考得不错的话，因为甲乙丙丁评分等级是按照相对好坏标准来评定的，各个等级人数相对固定，则平均的得分等级却不会发生变化。

2. 我们曾分析了商品经济的一系列矛盾：价值与使用价值、具体劳动与抽象劳动、商品与货币、私人劳动与社会劳动、价值与价格的矛盾等等。商品经济条件下的“丰产不丰收”现象就是这一系列矛盾作用的结果。从根本上说，“丰产”是指生产的使用价值数量丰富，“丰收”是指生产的使用价值能够实现其价值从而提高生产者的收入。由于私有制基础上商品经济的基本矛盾即私人劳动与社会劳动的矛盾，每个生产者按照自己的生产能力组织的私人劳动能否得到社会的认可从而转化为社会总劳动的一部分，即他们的具体劳动能否转化为抽象劳动、生产的使用价值能否实现价值、商品能否顺利完成向货币的“惊险跳跃”，并不完全取决于生产者自身，价值规律自发作用的盲目性，往往使价格与价值相背离，当出现供过于求（所有的生产者都“丰产”）的情况时，价格低于价值，就可能出现“丰产不丰收”的情况。这与案例中“合成谬误”的道理是一致的。

3. 从理论上说，生产力水平提升、劳动生产率提高，一方面生产规模扩大可能导致供过于求，另一方面单位商品价值量下降（价值量与劳动生产率成反比），会在客观上增加“丰产不丰收”情况出现的几率，这应该会抑制社会生产力的发展。但现实的情况是，从个别生产者到全社会，都把发展生产力、提高

"丰产不丰收"现象

劳动生产率作为重要目标和指标，其中的"利益"驱动何在呢？在私有制商品经济的条件下，个别生产者率先提高劳动生产率，使个别劳动时间少于社会必要劳动时间，这时单位商品价值量不变(社会必要劳动时间决定价值量)，因此其获得的总价值量就会增大(超额剩余价值)。个别生产者因提高劳动生产率而获益，必然引发生产者之间的竞争从而导致全社会劳动生产率的普遍提高。一旦全社会劳动生产率都提高，一方面，生产者可以通过再提高劳动生产率获得超额剩余价值，另一方面全体生产者都可以因生产成本降低和商品销量增加而获益(相对剩余价值)，而对消费者来说得到的实际利益则是可以享受更多价廉物美的商品。当然，资本主义私有制条件下在直接经济利益驱动下的劳动生产率提高，也引发了更加激烈的竞争、更加紧张的劳动、更加不自由的生活，从而成为进一步发展生产力的桎梏。在消灭了私有制和剥削现象的未来共产主义社会，生产力的发展、劳动生产率的提高则意味着获得同样的使用价值量，只需要劳动更少的时间，使人们有足够的时间进行更丰富多彩的劳动或其他活动，从而意味着把人从生存的压力下解放出来，实现人的自由，这就是马克思所设想的"人的自由全面发展"的实现。

案例4　政府的经济职能

【案例内容】

市场经济条件下政府的经济职能

西方经济学家认为，在包罗万象的政府职能中，政府对于市场经济主要存在三种职能。它们是提高效率、增进平等以及促进宏观经济的稳定与增长：政府通过促进竞争，控制诸如污染等外部性（市场交易之外产生的）问题以及提供公共品等来提高效率；政府通过税收和支出项目（转移支付）等手段，向某些团体进行有倾斜的收入再分配，从而增进平等；政府通过财政政策（税收政策和支出政策）和货币政策（影响利率和借贷条件）保证宏观经济的稳定和增长，在鼓励经济增长的同时减少失业，降低通货膨胀。①

在我国，党的十八大以来转变政府职能成为行政体制改革的核心，简政放权是当下政府职能转变的主旋律，经济体制改革是全面深化改革的重点，核心问题是处理好政府和市场的关系，使市场在资源配置中起决定作用和更好地发挥政府的作用。当前，推进政府职能转变过程中，围绕着正确处理政府与市场的关系逐渐形成了以简政放权、放管结合、优化服务（简称“放管服”）为“牛鼻子”的一系列目标和原则。

2017年6月13日，国务院召开全国深化简政放权放管结合优化服务改革电视电话会议，李克强总理指出，“放管服”改革是一个系统的整体，既要进一步做好简政放权的“减法”，打造权力瘦身的“紧身衣”，又要善于做加强监管的“加法”和优化服务的“乘法”，啃政府职能转变的“硬骨头”，真正做到审批更简、监管更强、服务更优，这是一个艰巨复杂的过程。

2018年6月28日在全国深化“放管服”改革、转变政府职能电视电话会议上的讲话中，李克强总理又强调，做好深化“放管服”改革的各项工作，首先要进一步解放思想、转变观念，关键还是正确认识与处理政府和市场的关系。理论和实践都证明，市场配置资源是最有效率的形式。我们发展社会主义市

① 〔美〕保罗·萨缪尔森、威廉·诺德豪斯：《宏观经济学》，人民邮电出版社1999年版，第27页。

场经济，就要相信市场的作用和力量。政府主要是为市场发挥决定性作用创造条件，并有效弥补市场失灵，这实际上就是要创造良好发展环境。他还把“放管服”的具体要求概括为“五个为”（即为促进就业创业降门槛、为各类市场主体减负担、为激发有效投资拓空间、为公平营商创条件、为群众办事生活增便利）和“六个一”（即企业开办时间再减一半，项目审批时间再砍一半，政务服务一网通办，企业和群众办事力争只进一扇门、最多跑一次，凡是没有法律法规依据的证明一律取消）。李克强总理指出，这“五个为”和“六个一”，不是一朝一夕能完成的，必须付出不懈努力。要紧紧围绕重点任务，以更实举措深化“放管服”改革，务求取得更大成效。

【案例讨论】

1. 市场经济价值规律有哪些积极作用和消极影响？

2. 政府与市场关系的正确定位对市场经济的有序发展有什么重要性？

3. 社会主义市场经济条件下如何利用价值规律的积极作用而规避其风险？

【案例解析】

1. 价值规律是在市场经济发展过程中强制发挥作用的“自然规律”，它在对市场经济发挥积极作用的同时也会带来一些消极的后果。具体表现为三个方面：第一，自发地调节资源在社会各部门的配置，但也可能导致比例失调、资源浪费。价值规律通过价格围绕价值波动的杠杆调节资源在社会各部门的配置，在出现供过于求、价格下跌、利润减少的生产领域，资源就会流出，一旦资源流出超过市场的需求，又会出现供不应求、价格上涨、利润增加的情况从而引起资源回流，以此实现资源在社会各部门之间的配给平衡。但由于价值规律作用是自发实现的，在私有制条件下，每个生产者都只能根据自己的市场判断和生产能力组织生产，等到生产完成进入市场时才能发现供过于求或供不应求的情况，因而经常出现比例失调或资源浪费等资源配置的不平衡的情况。第二，自发地刺激社会生产力的发展，但也可能导致垄断、阻碍技术进步。在价值规律作用下，商品的价值量由社会必要劳动时间决定，商品交换以价值量为基础实行等价交换，个别生产者率先提高劳动生产率可以使其个别劳动时间低于社会必要劳动时间，从而获得比其他生产者更多的利润，这样就刺激生产者提高劳动生产率从而对整个社会劳动生产率的提高发挥积极作用。但由于劳动生产率高低直接关乎生产者的利益，投入了一定成本实现技术革新从而提高了劳动生产率的生产者，必然要在一定时期内对新技术进行垄断从而实现利益最大化，这样又在一定程度上阻碍了整个社会的技术进步。第三，自发地调节社会收入的分配，也可能引起商品生产者的两极分化。价值规律“等价交换”的原则，必然使一部分劳动生产率高的生产者获得更大的利益，而这些生产者又能有更多资金投入到生产技术的革新，进而在以后的生产过程中继续占据有利地位，这些生产者就进入富者愈富的良性循环，而另外的生产者则可能进入贫者愈贫的恶性循环，从而导致商品生产者的两极分化。

2. 西方经济学对市场经济的认识经历了一个发展过程，在资本主义市场经济从产生到发展的初期（自由竞争资本主义），亚当·斯密（Adam Smith，1723—1790）的古典自由主义经济学一直占据“主流”地位，他提出“大市场、小政府”理论，认为应当最大限度地让市场经济在价值规律自发调节下自由发展，政府发挥的作用只是看守市场成果的“守夜人”。1929—1933年资本主义世界爆发了最严重的经济危机，直接危及资本主义的生存。与解救资本主义危机的“罗斯福新政”相配合，凯恩斯主义成为新的西方“主流”经济学，认为应当加强政府对经济生活的干预，主张国家通过财政和货币政策创造需求，以实现总供给和总需求的平衡，保证资本主义经济稳定运行，从而为垄断资本主义的形成奠定了理论基础。而如何处理市场和政府的关系，一直是西方经济学围绕的核心议题，新自由主义、后凯恩斯主义等等都是以此为焦点展开的论证。资本主义发展进入当代，一些资本主义国家进入发达国家的行列，社会化大生产规模不断扩大，技术革命日新月异，全球化进程不断加快，各国经济的平稳发展越来越困难也越来越重要，主张平衡市场与政府关系而不是各执一端的经济学理论逐渐取得“主流”经济学的地位，保罗·萨缪尔森（Paul Samuelson，1915—2009）就是“新古典综合派”的重要代表。他认为，亚当·斯密“看不见的手”的原理只适用于市场完全竞争的经济，在这种情况下，市场能够有效配置资源，采用最有效的技术和最少量的投入来生产有效的产出组合。然而很多情况下市场的竞争并不完全，其中重要的三种是：不完全竞争（如垄断）、外部性（如污染）和公共品（如国防和高速公路），在每一种情况下，市场不灵都会导致生产或消费非效率，而政府在医治这些疾病中能够扮演一个有用的角色。另外，政府在促进平等、保持宏观经济的稳定增长、减少失业、降低通货膨胀等方面也应该发挥更多的积极干预作用。

3. 西方经济学关于市场经济发展中市场与政府关系的争论对于我们今天发展社会主义市场经济具有重要的启发作用。如何恰当把握市场作用与政府作用之间的平衡，既防止“市场失灵”又防止“政府失灵”，是促进社会主义市场经济持续良性发展的关键。对于经历了30多年计划经济发展过程的社会主义的中国来说，政府对经济的干预有成功的经验，也有失败的教训。十八大以来我国强调把政府职能转变作为行政体制改革的核心，正是基于对政府与市场关系的再认识而对以往经验教训的深刻反思。“放管服”改革说到底就是摆正政府与市场的关系，真正实现市场在配置资源中的决定作用的同时又能更好地发挥政府的作用。在这里，政府的作用正是通过简政放权的“减法”、加强监管的“加法”和优化服务的“乘法”，为市场发挥决定性作用创造条件，并有效弥补市场失灵，这实际上也就是要为社会主义市场经济的发展创造更好的“软环境”。另外，我国政府这些年来在消除贫困增进公平、控制污染改善环境、加大公共产品提供力度、推行减税降费的宏观经济政策等方面所做的努力，也是力求弥补价值规律自发作用带来的弊端，确保社会主义市场经济让人民共享发展成果、全体人民共同富裕最终目标的实现。当然，资本主义市场经济的发展已经经历了400多年的历史，在市场与政府的关系平衡中还有很多问题没有解决，相比较来说，我国社会主义市场经济发展40年的历程还太短暂，解决市场与政府的关系问题更不是一朝一夕能够完成的，这个过程中还可能出现一些偏差、走一些弯路，但只要思想坚定、目标明确，总会逐渐接近问题的完满解决。

案例5　商品拜物教

【案例内容】

商品的拜物教性质及其秘密

“最初一看，商品好像是一种简单而平凡的东西，对商品的分析表明，它却是一种很古怪的东西，充满形而上学的微妙和神学的怪诞。”①

“商品形式的奥秘不过在于：商品形式在人们面前把人们自身劳动的社会性质反映成劳动产品本身的物的性质，反映成这些物的天然的社会属性，从而把生产者同总劳动的社会关系反映成存在于生产者之外的物与物之间的社会关系。”②

在宗教中，“人脑的产物表现为赋有生命的，彼此发生关系并同人发生关系的独立存在的东西。在商品世界里，人手的产物也是这样，我把这叫做商品拜物教。”③

“只有当实际日常生活的关系，在人们面前表现为人与人之间和人与自然之间极明白而合理的关系的时候，现实世界的宗教反映才会消失。只有当社会生活过程即物质生产过程的形态，作为自由联合的人的产物，处于人的有意识有计划的控制之下的时候，它才会把自己的神秘的纱幕揭掉。但是，这需要有一定的社会物质基础或一系列物质生存条件，而这些条件本身又是长期的、痛苦的发展史的自然产物。”④

【案例讨论】

1. 商品经济发展中为什么必然产生“商品拜物教”？
2. 马克思的商品拜物教理论有什么现实意义？

---

① 中共中央马克思恩格斯列宁斯大林著作编译局：《马克思恩格斯文集》第5卷，人民出版社2009年版，第88页。

② 同上，第89页。

③ 同上，第90页。

④ 同上，第97页。

3. 如何应对社会主义市场经济发展中的宗教信仰问题?

【案例解析】

1. 马克思在揭示私有制基础上商品经济价值与使用价值、商品与货币、私人劳动与社会劳动的矛盾的基础上指出,在宗教中,“人脑的产物表现为赋有生命的,彼此发生关系并同人发生关系的独立存在的东西。在商品世界里,人手的产物也是这样,我把这叫做商品拜物教。”商品生产者不能直接掌握自己的命运,而是听凭商品、价值、货币运动的摆布,人们之间一定的社会关系在人们面前采取了物与物的关系的虚幻形式。私有制商品经济条件下商品世界的拜物教性质的产生具有必然性。其一,私有制商品经济条件下劳动产品只有采取商品的形式才能进行交换,人类劳动的等同性只有采取同质的价值形式才能在交换中体现出来。其二,劳动量只有采取价值量这一物的形式才能进行计量比较。其三,生产者的劳动关系的社会性质只有采取商品之间即物与物之间相交换的形式才能间接地表现出来,这就使人们之间一定的社会关系被物与物的关系所掩盖。日本哲学家广松涉将马克思的商品拜物教理解为“物象化”,即人的主体关系被物的客体关系遮蔽,人受物纠缠,主体性丧失并日益客体化。卢卡奇则用“物化”来提炼、解读马克思的商品拜物教思想,在他看来,物化是商品拜物教的另一种表达,他用“物化”思想对资本主义异化的社会结构及主体性的丧失进行了深入的探究。

2. 马克思从商品经济的基本矛盾中揭示商品拜物教产生和存在的必然性,只要商品经济和商品生产存在,商品的拜物教性质就必然呈现。在以资本主义商品经济为基础的现代社会中,“商品拜物教”仍旧是困扰人们的主要难题,具体表现为主体意识的觉醒、个体自由的追寻仍旧无法摆脱商品、货币、资本这些“人手的产物”的纠缠,人的主体性不是被张扬而是被物所遮蔽和奴役,人与人之间的社会关系仍旧是呈现出物化的状态。因此,马克思的商品拜物教理论仍旧是诠释当今世界面临的“现代性难题”的重要理论。马克思预言“只有当社会生活过程即物质生产过程的形态,作为自由联合的人的产物,处于人的有意识有计划的控制之下的时候,它才会把自己的神秘的纱幕揭掉。”这为商品拜物教现象的消除、人类社会的进步指明了方向。即只有到了消除资本主义私有制和商品经济,物质生产过程完全处于人的有意识有计划的控制之下,因而人手的产物也完全处于人的有意识有计划的控制之下时,这种人被物奴役、社会关系物化的异化现象才能消除,这也就是马克思所设想的作为“自由人联合体”的共产主义社会。

3. 我国改革开放以来，面对经济文化相对落后的社会主义初级阶段现实，把社会主义商品经济的发展作为解放发展生产力的重要举措。今天，中国特色社会主义进入新时代，我国的主要矛盾发生了变化，但初级阶段的基本国情和发展中国家的国际地位都没有发生根本的改变，这决定了发展社会主义市场经济和商品经济仍旧是解决我国“人民日益增长的美好生活需要和不平衡不充分的发展之间的矛盾”的重要手段。这也决定了在我们初级阶段的社会主义发展历程中必然出现“商品拜物教”现象，同时，由于人们对自己命运把握的无力感也催生了传统宗教的更大信众群体。要从根本上解决商品拜物教或者其他传统宗教问题，只能是基于生产力的大力发展、私有制和商品经济的消除、共产主义社会的实现，当前我们要正视这些问题存在的必然性并采取积极合理的政策措施加以引导和规范。一方面，要合理保护人民的宗教信仰自由，合理利用宗教所发挥的安定民心、促进和谐、化解矛盾的积极作用。另一方面，对宗教信徒和宗教场所要依法进行有效的引导和管理，尤其对于危害社会稳定、影响百姓生活、威胁国家安全的宗教邪恶势力一定要予以坚决打击和取缔。

案例6 资本原始积累

【案例内容】

中国崛起最不寻常的地方是，从整个世界的历史角度来看，它的最大特点是和平。

我们都懂得“第一桶金”的概念。现代化始于工业化，工业化就需要第一桶金、第一笔财富、资本积累、原始资本。西方国家无疑是通过血液、战争、殖民来获得，只有中国没有对外发动侵略战争，没有掠夺别人，而是靠自己的勤劳、智慧、勇气，甚至牺牲，实现了人类历史上罕见的一个超大规模国家的和平的崛起，应该说是一个非同寻常的奇迹。

回看世界历史，西方崛起的过程几乎就是一部动荡与战争的历史。从欧美工业革命迅速发展的19世纪中叶开始，1840年英国对中国发动了鸦片战争，1848年，也就是马克思所处的年代，整个欧洲几乎都爆发了动乱和革命。到了19世纪下半叶，英国、法国等西方大国已经把整个非洲瓜分完毕，其间，西方国家之间的冲突战争几乎没有中断过。

而在非洲以外，1854年，英国、法国、土耳其与俄罗斯之间的克里米亚战争爆发。1858年法国侵占了印度支那，于1865年实现了对其完整的控制。1860年，英国、法国对中国发动了第二次鸦片战争，攻占了北京，掠夺和焚烧了圆明园。我自己曾经做过粗略的计算，当时英格兰人口很少，仅有1 000万左右。英国仅凭这两场鸦片战争，从中国拿到的赔偿，足以给当时的英格兰建一个完整的养老系统。他们通过掠夺发了大量的战争财。

在北美洲，美国的崛起也是血与火的历史。1846年到1847年，美国与西班牙的战争爆发，美国获胜，所以美国今天获得了包括加州在内的大片的土地和丰富的资源。所以今天特朗普想在美墨边界修墙，我有些墨西哥的朋友会说：我们无非是回到我们自己的家园去。他们觉得那个土地过去是自己的，你看那地名都是我们西班牙文的。这是历史的原因。南北战争结束后不久，就是对印第安人的大规模的屠杀。1867年，美国国会通过了一个法案，驱逐印第安人，建立所谓的印第安人定居点，所以美国人开始移居到密西西比河以西的草原。到1883年，也就是这个法案通过后的15年左右，上千万的印第安人已经被杀戮了，美国无偿获得了大量的土地和资源。我们要知道，当时美国也是个农业国，农业国最大的资源就是土地，美国无偿获得大片大片的土地，获得了农业社会最重要的资产。当时我们的华人命运非常凄惨。如 1870 年的时候，华人曾经占到爱达荷州人口的 1/3，因为他们帮助修建美国的东西铁路。但和黑人一样，他们没有土地，没有自由。所以我们看的美国西部片，那些自由是属于欧洲移民、男性移民的，跟黑人、亚洲人、中国人、华人没有关系。

我和大家回顾这段历史，实际上是要帮助大家看到，中国这么一个超大型的国家崛起，是非常之不容易。

西方国家崛起的时候，这种侵略和掠夺之血腥，贫富差距之大，社会公正之少，贪污腐败之严重，可以说是令人发指的。但是和中国相比，它们可以把这些矛盾全部转嫁到外边去，把罪犯出口到澳大利亚，把异教徒出口到美洲，把持不同政见者出口到美洲，然后自己还可以制定整个世界的政治规则、经济规则、贸易规则。贫富差距大于中国现在几十倍也没有关系，因为当时几千万的黑人、奴隶、华人的苦力，当时都是属于合法的。但中国就不一样了，中国必须在自己的土地上完成整个工业化，而且要化解这么大规模的工业化带来的各种各样的社会矛盾。

英国 18 世纪工业革命的时候，它的人口才 1 000 多万，少于今天中国任何一个大城市。法国 19 世纪工业革命的时候，人口只有 2 000 多万，而中国现在已经是一个接近 14 亿人口的大国。在这样不利的条件下，进行这么大一场大规模的工业革命、社会革命，在境内消化所有的矛盾，没有发动战争，没有对外掠夺，而是给多数百姓和世界上多数百姓带来实实在在的利益，而且中国成了世界经济增长的火车头，我觉得这是很了不起的，非同寻常的。

总有人提日本人素质高，却忘了他们比中国早 100 年消除文盲。有一次我在北京做一个讲座，谈中国崛起，有一个年轻人问了个问题。他说中国物质财富方面成就巨大，但你看我们的市民素质还比较差，特别是和日本相比。他觉得日本市民素质比较高。后来我就讲，历史是我们中国人的宗教，我们有一点历史感。我承认我们市民文化、市民素质有不少需要改进的地方，但你不要忘记两个事实：第一就是中国是刚刚经历过世界最大规模的城镇化。我们一半以上人口，甚至超过一半人口，都是第一次做城里人。昨天还在田头种地，今天已经在高速公路上开车了。这样人口密度比较大，就需要一些新的规矩，比如要排队，讲话声音轻一点，上地铁先下后上等等。管子 2 000 多年前就说过，“仓廪实而知礼节，衣食足而知荣辱”。有时候需要一定的物质基础，然后素质慢慢会上来的。而且实际上这方面中国进步还不算慢，特别是越年轻的人好像这方面素质越好，值得年长者学习。

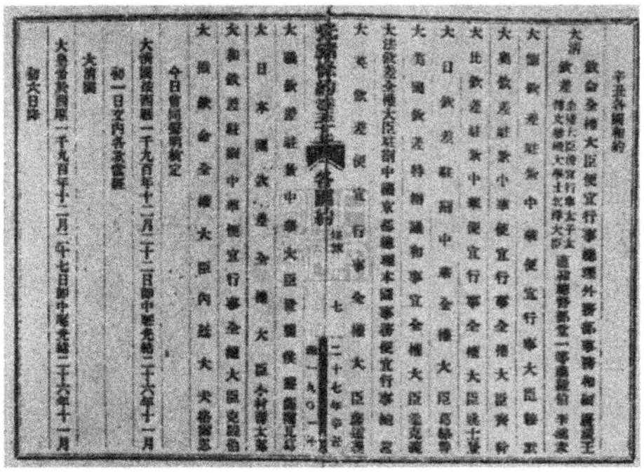

《辛丑条约》(部分)

我觉得还有一点不能忘记，就是如果你要比较中国和日本，一定要了解日本现代化的原始积累、第一桶金是怎么来的。19 世纪下半叶，明治维新成功之后，日本马上就加入了帝国主义列强的行列，对中国发动了甲午战争。击败中国之后，中国当时给它的战争赔款是 2.3 亿两白银，2.3 亿两白银是什么概念，相当于当时的中国政府的三年的财政收入。日本用这个钱又来发展，方方面面又上了很大一个台阶。所以到 1900 年的时候，日本基本已经消除了文盲，比中国要早一个世纪，我们是到 2000 年左右基本消除文盲的。有时候我就在想，现在美国是世界最大的经济体，把美国三年的财政收入送给中国，让我们来发展，来改善我们的市民素质，再给中国 100 年，那肯定是全世界最好的市民素质了。当然这是一个假设。这是为了说明，这个问题，实际上要用历史的角度来看。

日本在现代化的原始积累，以及后来发展的过程中，榨取了中国人多少血汗、资金、资源，伤害多少中国人的生命，应该说是罄竹难书。相比之下，随着外敌入侵，白银外流，中国变得国库空空，走向了衰败。到了 1900 年八国联军的时候，中国又被迫支付战争赔款 4.5 亿两白银，从此真的成了东亚病夫。在中国近代史上，甲午战争前后，九一八事变前后，实际上还是中国发展相对比较快的时候。日本发动的两次战争，使中国现代化事业突然夭折，经济倒退数十年，无数生灵涂炭。中国确实最后是从一贫如洗的这个基点上一步步地出发，走向民族复兴，终于走到了今天，所以真是非常不容易。

现在我们有现代经济、现代国防、现代科技，实现了对日本经济规模的真正的超越。如果根据官方汇率计算，中国经济是 2010 年超过日本的，现在是接近三个日本了。80 年前，抗战开始时，日本的钢产量超过中国 100 多倍。今天你看一下，这个钢产量的排名很有意思：全世界最大的钢产量当然在中国，第二是中国河北省，第三是河北省的邯郸市，第四是日本。当然我们也有自己的问题，现在要去产能，或有一部分产能要转化，这是后话。

40 年前邓小平访问日本的时候，他曾经指示随行的央视的摄影师摄像组，说你们多拍一些日本普通家庭的生活。当时我在大学里念书，看到日本普通工人的家庭都有电冰箱，感到不可思议，简直是太震撼了。实际上邓小平希望就通过这样的方式，使中国人真的知道，并激发我们的斗志，努力工作，“赶和超”，赶上和超越。

40 年弹指一挥间，中国崛起了，物质生活也好，生活条件也好，真是全面赶上来了。关键是，这一切都通过和平方式实现，不是战争手段，所以我们真的引以为自豪。①

【案例讨论】

1. 什么是“资本原始积累”？
2. “资本原始积累”对当今世界格局产生了什么影响？
3. 如何认识中国的“和平崛起”？

【案例解析】

1. 资本原始积累，就是生产者与生产资料相分离，货币资本迅速集中于少数人手中，资本主义得以迅速发展的历史过程。资本的原始积累的过程从 15 世纪末一直持续到 19 世纪初，主要途径有两个：用暴力手段剥夺农民土地(圈地运动)，用暴力手段掠夺货币财富(殖民掠夺)。资本原始积累为资本主义生产方式的建立提供了所需要的基本条件：一方面，通过圈地运动造就了一大批丧失生产资料的自由人，迅速扩大了雇佣工人的队伍；另一方面，通过殖民掠夺使大量货币财富集中在少数人手中，迅速扩大了工业资本家的资本规模。这都促成了资本主义生产关系的迅速发展。正如马克思所说，行会的师傅或独立小手工业者转化为资本家，是“蜗牛爬行”的进度，而圈地运动和殖民掠夺，才真正“标志着资本主义生产时代的曙光”。马克思指出：“这个过程所

① 本案例摘选自：张维为：《这就是中国：中国不寻常的崛起》(第 4 集)。https://www.bilibili.com/bangumi/play/ep261791?spm_id_from=333.337.0.0&from_spmid=666.25.episode.0

以表现为‘原始’的，因为它形成资本主义及与之相适应的生产方式的前史。”①资本积累是剩余价值资本化的过程。原始资本积累则是带来剩余价值的最初资本（“第一桶金”）获得的过程。马克思考察最初资本形成的暴力过程的目的在于说明在资本的“每个毛孔里都滴着血和肮脏的东西”。也就是说，资本主义从形成到发展的整个过程中都贯穿着剥削和掠夺。

2. 正如马克思所说：“原始积累的方法决不是田园诗式的东西”，而是“用血与火的文字载入人类编年史的”。② 在张维为教授对资本原始积累的历史回顾中，我们再一次体会到这种“血与火”的实质。这段血与火的历史是资本主义形成与发展的历史，也是奠定当今世界格局的历史，发达国家和发展中国家的两极世界格局正是在这个过程中逐步形成的。一方面，资本原始积累促成了西方先发资本主义国家的崛起并逐步走上现代化道路。另一方面，资本原始积累给遭受殖民掠夺的国家和地区带来长期的发展障碍，使他们很难实现向发达国家的跨越。尤其重要的是，随着时间的推进，这段历史被一些人有意或无意地忘却，似乎发达国家的发达和欠发达国家的落后就是天生的，把发达国家对发展中国家的掠夺当做天经地义的，甚至为了维护这种既有的不平等格局而再次牺牲欠发达国家的利益，“只许州官放火，不许百姓点灯”，这是我们今天学习资本原始积累这段历史时特别需要注意的问题。

3. 正如张维为教授所说：与西方国家崛起的历史过程不同，和平是中国发展的最大特点。中国没有对外发动任何侵略战争，没有掠夺他国资源，却在人类历史上用很短的时间实现了中国人民福祉的极大提高，实现了一个超大规模国家的和平发展。中国和平发展的辉煌成就，堪称人类历史上前所未有的伟大奇迹！对于中国为什么能实现和平崛起，张维为教授总结了 8 个方面的原因：第一，制度条件。中国和平发展道路是由中国社会主义制度的本质所决定的，是中国特色社会主义道路的外部实现形式。对内求发展、求和谐，对外求合作、求和平，是中国和平发展的不懈追求。这已经上升为中国的国家意志，转化为国家发展规划和大政方针，落实在中国发展进程的广泛实践中。中国共产党与其他“部分利益党”不同，它追求的是全体人民的最根本、最长远的利益，社会主义与资本主义不同，它要保障的是全社会、全人类的共同发展。

---

① 中共中央马克思恩格斯列宁斯大林著作编译局：《马克思恩格斯文集》第 5 卷，人民出版社 2009 年版，第 822 页。

② 中共中央马克思恩格斯列宁斯大林著作编译局：《马克思恩格斯文集》第 5 卷，人民出版社 2009 年版，第 821—822 页。

第二，时代定位。1978 年党的十一届三中全会开启了改革开放大业。之后不久，本着实事求是的精神，中国共产党以全球的视野和历史的眼光，客观分析国内外大势，把时代主题调整为“和平与发展”。邓小平多次指出，过去我们认为战争不可避免，现在看来维护世界和平是有希望的。和平力量的增长超过了战争力量的增长，维护世界和平与谋求发展已成为世界主要潮流。我们坚定不移打开国门搞建设；我们不走当年西方对外扩张殖民掠夺资源的老路，而是走全方位开放合作共赢的新路；我们通过全球生产要素流动这种和平方式来获得发展所需要的资源和要素，同时着力增强自主创新能力，以实现中国制造向中国创造的转变。第三，合作共赢。中国不输出革命，不输出意识形态，不搞军备竞赛，不干涉他国内政，不搞“价值观外交”。中国不以意识形态划线，超越非友即敌、结盟或对抗的冷战零和思维，走合作共赢之路，形成遍布全球的伙伴关系网络。今天，在合作共赢的理念下，中国以“共商共建共享”的中国智慧，积极推动“一带一路”倡议，带动发展中国家的工业化，并引导世界走上合作共赢之路。第四，趋利避害。“甘瓜抱苦蒂，美枣生荆棘”，全球化是一把“双刃剑”，因此，在对外开放的过程中，中国采取了趋利避害的立场。中国明确把全球化界定为经济全球化，而非政治全球化。中国不仅不放弃社会主义，而且还用社会主义的优势来驾驭西方主导的新自由主义全球化。中国主张学习和借鉴人类文明一切有益的东西，但在这个过程中一定要结合国情，守住底线，绝不能犯颠覆性错误。第五，内涵增长。中国得以和平发展的一个主因是中国坚持走内涵式增长与发展的道路。作为一个超大型国家，中国发展面临人口、资源、环境和社会发展的巨大压力，但中国立足于通过国内经济、社会、政治改革，不断解放生产力，寻求解决难点和化解矛盾的办法，而不是像一些西方国家那样输出矛盾、转嫁危机。中国特色社会主义道路从某种意义上看，就是不断寻找解决各种难题的中国方案，从而形成一整套内涵式增长的做法，如中国特色新型工业化道路、城镇化道路、农业现代化道路等。第六，跨越发展。由于历史原因，中国错过了第一次工业革命和第二次工业革命。可以说，中国对工业革命的全方位“补课”是从新中国建立之后才得以实现的。特别是改革开放的 40 年，中国大约每 10 年向前迈进一大步，一路追赶。从 20 世纪 80 年代到 90 年代初，我们通过大力发展乡镇企业，基本完成了以劳动密集型纺织业等为代表的第一次工业革命。从 20 世纪 90 年代初到 21 世纪初，我们大致完成了以电力、内燃机、家用电器、石化工业和基础设施等为主的第二次工业革命。随后就直接进入以信息化和通信产业为代表的第三次工业革命，起初是追赶，现在已经在许多领域成为第三次工业革命进程中的佼佼者。

今天，世界正在从第三次工业革命转入第四次工业革命。以大数据、人工智能、量子通讯为代表的第四次工业革命将极大地改变人类社会的方方面面。中国现在已进入这场新工业革命的第一方阵。可以说，中国跨越式发展的成功也使中国正迅速地走近世界舞台的中央。这种新格局将有利于现有国际政治和经济秩序的改革，有利于我们推动构建人类命运共同体。第七，安全保障。中国和平发展的保障来自我们强大的国防，来自意识形态安全，来自我们的总体国家安全观。对于故意挑起各种争端的敌对势力，习近平总书记说过，“中国人民不信邪也不怕邪，不惹事也不怕事，任何外国不要指望我们会拿自己的核心利益做交易，不要指望我们会吞下损害我国主权、安全、发展利益的苦果。”[①]这就是中国和平发展道路的“底线”和“红线”，这有助于国际社会全面深刻地理解中国的和平发展道路，避免对中国的意图和原则产生误判。总之，有安全保障的和平发展，才是靠得住的和平发展。中国人这种底线思维和举措将伴随中国和平发展的整个进程，也将伴随我们构建人类命运共同体的整个过程。第八，文明基因。中国人民珍爱和平，走和平发展道路有着深邃的历史文化底蕴。在过去2000多年的历史长河中，中国在多数时期是世界上最大的经济体，发展水平远远高于同时代的西方国家。明朝郑和下西洋的船队规模百倍于哥伦布发现美洲大陆时的船队规模，但当时的中国积极开展对外交往通商，没有对外扩张和殖民。中国人的古训是“国虽大，好战必亡”，中华民族历来主张“以和为贵”“天下太平”“睦邻友邦”。近代的中国又经历了长达百年的西方入侵和民族屈辱的历史，中国人深知强权之可恶、和平之宝贵。也正因为这样，新中国成立以来，中国就一直郑重承诺，即使中国强大起来，也不会称霸。

① 习近平：《在庆祝中国共产党成立95周年大会上的讲话》，《党的文献》2016年第4期，第8页。

案例7 剩余价值学说

【案例内容】

剩余价值学说是马克思的"发现"

恩格斯在《资本论》第二卷第一版序言中,通过比较其他相关经济学理论,并以化学史上氧气的"发现"过程做类比,集中回答了剩余价值学说为什么是马克思"发现"这一受到某些人质疑的问题。①

化学史的"例证"

直到18世纪末,燃素说都处于支配地位,这种学说认为,一切燃烧的本质都在于从燃烧物体中分离出一种另外的、假想的物体,即称为燃素的绝对燃烧物。1774年,英国化学家普利斯特列析出了一种气体,他发现这种气体是如此纯粹或如此不含燃素,以致普通空气和它相比显得污浊不堪。因此他把它命名为"无燃素气体"。

"过了不久,瑞典化学家舍勒也析出了这种气体,并证明它存在于大气中。他还发现,当一种物体在这种气体或普通空气中燃烧时,这种气体就消失了。因此,他称这种气体为火气。""当时在巴黎的普利斯特列立刻把他的发现告诉了拉瓦锡,拉瓦锡根据这个新事实研究了整个燃素说化学,方才发现:这种新气体是一种新的化学元素;在燃烧的时候,并不是神秘的燃素从燃烧物体中分离出来,而是这种新元素与燃烧物体化合。这样,他才使过去在燃素说形式上倒立着的全部化学正立过来。即使不是像拉瓦锡后来硬说的那样,他与其他两个人同时和不依赖他们而析出了氧气,然而真正发现氧气的还是他,而不是那两个人,因为他们只是析出了氧气,但甚至不知道自己所析出的是什么。""普利斯特列和舍勒析出了氧气,但不知道他们所析出的是什么。他们为既有的燃素说范畴所束缚。这种本来可以推翻全部燃素说观点并使化学发生革命

① 中共中央马克思恩格斯列宁斯大林著作编译局:《马克思恩格斯文集》第6卷,人民出版社2009年版第9—25页。

的元素，在他们手中没有能结出果实。”

恩格斯分析了马克思之前关于“剩余价值”的学说。“资本主义下的人，生产剩余价值已经有几百年了，他们渐渐想到剩余价值起源的问题。”“最早的见解是从商人的直接实践中产生的：剩余价值产生于产品价值的加价。这种见解在重商主义中间占统治地位。”英国古典政治经济学把这种观点从“古典科学中赶出去了”。他们开始从生产过程而不是流通过程寻找剩余价值的起源。

斯密认为，“工人加到原料上的价值，在这里分成两部分，一部分支付工人的工资，另一部分支付雇主的利润，作为他预付在原料和工资上的全部资本的报酬。”“斯密直截了当地把地租和资本的利润称为纯粹是工人产品中的扣除部分，……而这个扣除部分是由剩余劳动，即工人劳动的无酬部分构成。”李嘉图比斯密又前进了一大步，“他从商品价值由实现在商品中的劳动量决定，引申出由劳动加到原料中去的价值量在工人和资产阶级之间进行分配，也就是它分割为工资和利润。他论证了：无论这两部分的比例怎样变动，商品的价值总是不变”。甚至还确立了工资和利润相互关系的一些规律。

德国庸俗经济学家洛贝尔图斯(1805—1875)“自封为剩余价值理论的真正创始人，而马克思从他那里剽窃了剩余价值理论”。事实上，他所提出的工资只是劳动产品价值的一部分，另一部分“作为资本的补偿和租”的观点早在英国古典经济学家那里就被“发现”了，他既不承认自己的理论是“剽窃”了古典经济学，甚至还指责马克思“剽窃”了他的理论，这证明德国的“官方经济学已经堕落到了何等地步”。

恩格斯指出：“在剩余价值理论方面，马克思和他的前人的关系，正如拉瓦锡与普利斯特列和舍勒的关系。在马克思以前很久，人们就已经确定我们现在称为剩余价值的那部分产品价值的存在，同样也有人已经多少明确地说过，这部分价值是由什么构成的，也就是说，是由占有者不付等价物的那种劳动的产品构成的。但是到这里人们就止步不前了。”“马克思关于剩余价值说了什么新东西呢？为什么马克思的剩余价值理论，好像晴天霹雳震动了一切文明国家，而所有他的包括洛贝尔图斯在内的社会主义前辈们的理论，却没有发生过什么作用呢？”

马克思认为，“这里的问题不是在于要简单地确认一种经济事实，也不是在于这种事实与永恒公平和真正道德相冲突，而是在于这样一种事实，这种事实必定要使全部经济学发生革命，并且把理解全部资本主义生产的钥匙交给那个知道怎样使用它的人。”马克思根据剩余价值这个“经济事实”研究了全部既有的经济范畴，从而实现了经济学的革命：确定了什么样的劳动形成价值，为什么形成价值以及怎样形成价值；研究了商品与货币的对立，他建立在这个基础上的货币理论是第一个详尽无遗的货币理论；研究了货币向资本的转化，并证明这种转化是以劳动力的买卖为基础的；确定了资本分为不变资本和可变资本，第一个详尽地阐述了剩余价值形成的实际过程；研究了剩余价值本身的两种形式、资本积累的规律及趋势、工资的现象及本质等等，这都是马克思的前人所没有涉及或没有解决的问题。

【案例讨论】

1. 剩余价值学说在马克思主义理论体系中的地位和作用？

2. 为什么说剩余价值学说是马克思的发现？

3. 剩余价值学说在当今时代是否仍具有现实解释力？

【案例分析】

1. 剩余价值学说作为马克思一生的"两大发现"之一，在马克思主义理论体系中发挥着承上启下的重要作用：马克思主义政治经济学是马克思主义哲学唯物论和辩证法的基本原理在分析资本主义经济社会现象中的具体运用，也是马克思主义哲学历史唯物论完成的标志。马克思主义政治经济学对资本主义经济社会现象的剖析，是"资本主义必然灭亡、社会主义必然胜利"的科学社会主义结论的必然前提，也是科学社会主义勾画未来理想社会的直接参照系。

通过对唯物史观和剩余价值学说的"历史"与"现实"、"本质"与"现象"的全面省思，不难发现，二者在《资本论》中得到了统一，是一种"互释"的关系：剩余价值学说的阐发是深受唯物史观指导的，唯物史观的理论与方法在剩余价值学说中得以完善和深化。一方面，剩余价值学说是立基于唯物史观的科学理论。唯物史观是马克思进行政治经济学批判的根本指导思想。例如，以唯物史观为基础，马克思才妥善地解决了政治经济学批判的"出发点"问题，不再像黑格尔那样从"绝对精神"出发或者像斯密和李嘉图那样从"单个的孤立个人"出发批判资本主义，而是从一般商品和劳动力商品这些物质和经济现象分析入手，揭示资本主义条件下剩余价值的生产、积累、流通、分配规律，从而揭示资本主义生产关系的剥削本质。另一方面，剩余价值学说丰富和完善了唯物史观。剩余价值学说吹散了笼罩在无产阶级头顶的迷雾，唤醒了无产阶级的"阶级意识"，其反抗意识也被激发出来。它为阶级斗争提供了武器。剩余价值学说还确证了人类历史的发展方向。由剩余价值所透露出的资本主义的"非正义"面相,使这一制度必然要被扬弃,人类社会也必会向更高一级的社会迈进。

2. 马克思去世后,恩格斯把马克思一生的"两大发现"总结为唯物史观和剩余价值学说。把剩余价值学说称为是马克思的"发现"一度受到一些西方经济学家的质疑,他们提出的理由是英国古典经济学家斯密和李嘉图已经发现了剩余价值的存在并试图探寻其规律,德国庸俗经济学家洛贝尔图斯甚至自封为剩余价值理论的真正创始人,而认为马克思从他那里剽窃了剩余价值理论。针对这种误解和歪曲,恩格斯在《资本论》第二卷第一版序言中,以化学史上氧气的"发现"过程做类比,集中回答了剩余价值学说为什么是马克思"发现"这一受到某些人质疑的问题。通过对氧气的发现过程的分析,恩格斯界定了几位化学家的地位和贡献:"普利斯特列和舍勒析出了氧气,但不知道他们所析出的是什么。他们为既有的燃素说范畴所束缚。这种本来可以推翻全部燃素说观点并使化学发生革命的元素,在他们手中没有能结出果实。"而真正"发现"氧气的是拉瓦锡,因为是他第一个认识到"这种新气体是一种新的化学元素;在燃烧的时候,并不是神秘的燃素从燃烧物体中分离出来,而是这种新元素与燃烧物体化合。这样,他才使过去在燃素说形式上倒立着的全部化学正立过来"。同样,通过对剩余价值学说的发现过程的分析,恩格斯也界定了几位政治经济学家的地位和贡献,回答了"为什么马克思的剩余价值理论,好像晴天霹雳震动了一切文明国家,而所有他的包括洛贝尔图斯在内的社会主义前辈们的理论,却没有发生过什么作用"问题:"在剩余价值理论方面,马克思和他的前人的关系,正如拉瓦锡与普利斯特列和舍勒的关系。在马克思以前很久,人们就已经确定我们现在称为剩余价值的那部分产品价值的存在,同样也有人已经多少明确地说过,这部分价值是由什么构成的,也就是说,是由占有者不付等价物的那种劳动的产品构成的。但是到这里人们就止步不前了。"马克思认为,"这里的问题不是在于要简单地确认一种经济事实,也不是在于这种事实与永恒公平和真正道德相冲突,而是在于这样一种事实,这种事实必定要使全部经济学发生革命,并且把理解全部资本主义生产的钥匙交给那个知道怎样使用它的人。"马克思第一个解决了剩余价值"是什么""为什么""怎么样"的问题,使剩余价值不仅仅作为一种客观的经济事实存在,而是作为一种可以解开整个资本主义经济本质秘密的科学理论,进而引发经济学的彻底"革命"。正像拉瓦锡对氧气的科学研究引发了化学史的革命一样。

3. 剩余价值学说尽管是马克思 170 多年前的理论发现,对当今时代仍旧具有现实解释力,或者说具有解释现实的"理论潜能"。一方面,它可以解释发生了众多新变化的当代资本主义。众所周知，当代资本主义在生产资料所有制形式、劳资关系和分配关系、社会阶层和阶级结构、经济调节机制和经济危机形态以及政治制度等方面都发生了很多新变化，但这些变化都没有改变资本主义私有制的根本性质，因此，马克思基于对资本主义私有制和雇佣劳动的本质属性分析得出的“资本主义生产的直接目的和决定性动机，就是无休止地获取尽可能多的剩余价值”的结论，仍旧适用于当今时代的资本主义。只是伴随着全球化的过程，剩余价值的生产、积累、流通和分配都更多地打破了一国的地域限制，扩展到资本主义的世界市场去完成，资本不仅剥削本国工人生产的剩余价值而且剥削世界各国人民生产的剩余价值，资本和劳动的不平等进一步扩展为发达国家和发展中国家间的不平等，由资本的过度集中、积累过剩和高度虚拟化带来的经济危机和金融危机也产生更大的世界性影响。总之，无论资本逐利的形式发生什么变化，其为马克思当年所揭示的逐利本性没有改变。

另一方面，剩余价值学说仍旧能为社会主义市场经济的发展提供指引。我们在社会主义初级阶段实现公有制为主体、多种所有制形式并存的经济体制，以社会主义市场经济模式作为解放发展生产力的具体路径。既然承认私有制的存在、认可资本的地位、确定市场在配置资源中的决定作用、允许少数人先富起来，也就必然要正视社会主义市场经济条件下剩余价值的存在，马克思的剩余价值学说也可以解释相关的经济现象。需要注意的是：社会主义市场经济只是初级阶段生产力水平较低条件下的产物，是走向高级阶段的过渡，因此剩余价值的存在不是社会主义的必然，而只是暂时现象，是达到“消灭剥削、消除两极分化、实现共同富裕”最终目标的手段。而且，在社会主义市场经济条件下，还要充分发挥公有制的决定作用和政府对市场的调节作用，更好总结资本主义以剩余价值为生产目的所诱发的一系列重大矛盾和问题，进而对社会主义市场经济的发展规律有更加科学和深刻的认知和把握。

案例8　西方“普世价值”的四重困境

【案例内容】

今天我想和大家讨论一个非常重要的概念，叫普世价值(Universal Values)。普世价值，顾名思义就是全世界所有人都应该接受的价值，这是西方政治话语中的一个核心概念。

西方主流话语一直说自由、民主、人权都是普世价值，也就是不分民族、不分国籍、不分种族都应该接受的价值观。所以西方它存在一个价值观外交，也就是以普世价值为基准推动它的外交。

我首先想跟大家谈谈普世价值面临的一些问题，给它做一个解构。

第一个我叫做历史困境。首先要看普世价值的历史渊源。现在西方的主流话语一般这样说，说是西方国家所推动的自由、民主、人权这些普世价值，可以追溯到欧洲启蒙运动，追溯到《美国独立宣言》，追溯到法国的《人权与公民权利宣言》等等，自那时候起就确立了自由、民主、人权这些普世价值。

我们国内的一些人也被忽悠，以为真是这样的。实际上真的历史事实并非如此。我想大家可能都学过一点英文，我不知道是不是在座也有一些学过法语。法语实际上和英文、中文有一点不同，就是它的名词分阴性和阳性，法国人自己非常自豪说我这个语言是特别精准的语言。比方很简单，你说我晚上见一个朋友，法文表述要非常明确，究竟是男朋友还是女朋友。所以说法国人为了回避这个敏感的话题只说晚上有个约会，这是它语言的特点。

我就想到西方老讲的《人权与公民权利宣言》，这个《宣言》是1789年法国大革命之后通过的。请大家注意它的法文名称，实际上我们翻译得不是很准确。它的法文原文叫 Déclaration des Droits de l'Homme et du Citoyen，这在当时的法文里具有非常清楚的含义，它的人权与公民权利实际上都是男人的权利，男性公民的权利，当然不包括妇女。所以我们要还原它的历史，了解真实的情况。

在所谓“男性公民权利与人权权利宣言”通过之后两年，1791年，一位法国女性叫奥兰普·德古热，专门写了另外一份《女人和女性公民权利宣言》，用法文说 Déclaration des Droits de la Femme et de la Citoyenne，结果她被送上了断头台。她当时提出妇女要有投票权，但是一直到她死后一个半世纪，直到1944年的戴高乐时期才真正实现。

另外就是1776年通过的《美国独立宣言》。现在我们承认这是一个很重要的文件，美国国父们也是一批在美国非常受尊重的人。但是我们还是要还原历史，他们都是欧洲白人移民，大部分都拥有黑奴，包括美国开国元勋华盛顿就是大奴隶主。《美国独立宣言》里讲，人人生而平等，但是保留奴隶制也是美国国父经过辩论后作出的慎重选择。根据宪法规定，美国众议员是按照人口比例选举出来，在没有废除奴隶制的前提下，黑奴的公民权属于奴隶主，五个黑人折算成三个白人。

从17世纪开始的两个世纪里，种族主义和殖民主义是当时西方的普世价值。他们谈论的自由在相当长时间内包括贩卖奴隶的自由，包括对印第安人进行种族灭绝的自由，包括向中国倾销鸦片的自由。

美国南北战争时期，尽管废除了奴隶制，但是战争结束以后，南北政治妥协，认为美国统一的价值要高于黑人自由的价值。所以美国又颁布了新的法律，建立一整套制度化的种族隔离制度。这套制度又践踏了黑人人权，持续了将近一个世纪。

我已经跟大家谈过"西方国家的崛起"，这个过程实际上是一个殖民掠夺的过程。他们迷信武力、迷信种族主义、迷信民族主义，最后导致两次世界大战。第一次世界大战，伤亡人数3 000多万，法国几乎家家户户都有人死亡。第二次世界大战更惨，伤亡是将近9 000多万人。

西方种族主义者喜欢鼓吹所谓"理性的西方"：经历过启蒙运动的是"理性的西方"，而没有经过启蒙运动的东方是"愚昧的东方"。这种谬论你要怎么驳斥？最简单的方法就是，你们"理性的西方"怎么会产生两次灭绝人性的世界大战，引发这样的灭顶之灾？

应该说经历这些灾难之后，西方的一些有识之士也开始有了一定的反省，世界各国人民对为什么造成这些战争也进行了反思。所以我们就有了后来1948年联合国通过的《世界人权宣言》。这个《宣言》里真正地确定了不分种族、肤色、性别、语言、宗教、政治等等而应该享受的人权。

在《世界人权宣言》通过之后，实际上种族主义理念还继续主导着西方主要国家。比方说法国为了维持它的殖民统治，发动了非常残酷的阿尔及利亚战争、越南战争，最后是到了实在打不下去才放弃。

同样，美国黑人也是忍受了长达近一个世纪的种族歧视，最终在20世纪60年代掀起了一场风起云涌的民权运动。马丁·路德·金在1963年的时候有一个非常有名的呼吁,他说 I have a dream,梦想有一天我这四个孩子将生活在一个不是以肤色深浅,而是以品格的优劣,作为评判标准的国家。

他讲这个话的时候,离宣扬人人生而平等的《美国独立宣言》,已经相隔了 187 年。和华人有关的,美国国会是在 1882 年通过《排华法案》,这是美国通过的第一部专门针对特定族群的、基于种族歧视的移民法。1904 年美国国会又通过无限期延长《排华法案》的议案,当时激起中国人极大的愤怒。1905 年的时候,在上海和一些其他城市都曾经爆发过“抵制美货”的运动,抗议这个法案。而这个法案的废除已经是到了 40 年代的抗战时期,美国正式对华人做出道歉是 2012 年,也就是这个法案通过之后的 120 年。

我刚才简单地勾勒了一下西方所谓普世价值的来龙去脉,这是一个简单的回顾。也就是说,即使我们用西方的普世价值概念,如果这个概念能够成立的话,实际上它所包含的内容在过去 200 年中也发生了很大的变化。这是我要讲的第一点。

第二点就是,我叫做普世价值所面临的程序困境。普世价值,按照西方定义,应该就是世界上所有国家、所有人民、所有民族都能接受的价值观念,但是恰恰在这个问题上,整个国际社会从来没有取得过共识。

比方说西方主流媒体会讲,民主、自由、人权是普世价值。但是我们可以问个简单的问题,除了民主、人权、自由之外,世界上还有什么样的价值可以算是普世价值呢?我真的认为,世界上绝大多数人民都认为“和平”应该是普世价值,但西方的主要国家,特别是美国不能接受,它保留发动战争的权利。

再比如,中国是一个迅速崛起的文明型国家,我们可以为人类社会提供许多重要的价值。中国人高度重视仁爱,高度重视团结,高度重视和谐,高度重视责任等等。这些价值能不能够成为普世价值?如果能够的话,我们下一步应该做什么?如果不能够的话,你要告诉我为什么不能够。

换言之就是有一个程序问题,通过什么程序来确立普世价值?世界上有这么多国家,有这么多不同的文化,这么多不同的价值体系,哪些价值可以成为普世价值?哪些价值不可以成为普世价值?总该有个大家都能接受的筛选程序,总该让世界上各个国家都发表一下自己的看法。如果这么大的事情,只能由少数几个西方国家说了算,这个世界就没有任何公正可言了。

普世价值如果真的要普世,必须首先要解决程序合法性的问题。把某种东西说成是普世的,说成是世界人民都应该接受的,那就一定要经过国际社会普遍接受的某种程序来加以确立。比如召开一系列的国际会议,或者联合国会议来进行讨论,甚至谈判,最终达成一种共识。我们提出这样的要求是有道理的，否则西方自己定下他们的普世价值，向全世界强行推销，甚至不惜输出武力和战争，就造成对其他国家人民利益的巨大损害。

过去几十年我们见到太多这样的情况，从伊拉克到叙利亚，今天的委内瑞拉也岌岌可危。我们老说“落后就要挨打”，所以中国人发奋图强。过去70年，应该说解决了挨打的问题。但我真是认为，今天的中国还要追问西方一个问题，凭什么你比人家发达你就可以欺负人家？谁给你这个权力？这是不允许的。我们在联合国安理会有否决权，就要发挥这个作用。我们今天对普世价值进行解构，某种意义上也是要制止这种霸道逻辑、强盗逻辑，使它永远地陷于不义之地。

第三就是普世价值概念本身有一些困境，我把它叫做理念困境。西方说民主、自由、人权是普世价值，但这似乎经不起太多的推敲。我们可以问一下，即使在西方社会内部，也有各种各样的民主、各种各样的自由、各种各样的人权。

比方说瑞典，它的社会福利比较高，但这个高福利是建立在非常高的税收基础之上。这种高税收在美国是不能接受的，美国人就会认为这损害了私有财产权。

英国是西方国家里为数不多的，甚至可能是唯一的，至今还有国家宗教的权利。所谓“国教”就是所有学生都要参与必修课，这种规定在法国就很难被接受，因为法国一直认为自己是一个世俗国家，法国大革命后严格施行政教分离的世俗国家，它无法接受英国的做法。

法国明确禁止穆斯林的女学生在教室里戴头巾。法国政府对电视台的垄断权一直持续到上个世纪80年代。像这样一种情况在英国、美国又是很难接受的。

所以，究竟是什么样的民主，什么样的自由，什么样的人权，才是普世价值呢？

比方说美国选举要花这么多的钱，这究竟是“民主”还是“钱主”呢？我创造过一个词，民主的英文叫democracy，美国选举花这么多的钱，应该算是“钱主”，所以英文可以叫做“monetocracy”。我有一个学者朋友，说推动西方民主模式给世界带来这么多的混乱，甚至战乱。所以他说能不能不叫democracy，叫“democrazy”，疯主。

西方到处把民主说成是普世价值，我们可以非常明确地回应，即使抽象的民主概念某一天成为普世价值，西方这种民主制度的形式，过去不是，现在不是，将来也不可能是普世价值。它只能是一种区域性的价值，是西方社会自己独特文化和历史的产物。我想到任正非在接受 BBC 采访时候说的，美国不代表全世界，美国只能代表世界的一部分。

非西方国家和非西方社会可以汲取西方民主建设的经验和教训，包括像把希特勒这样的人选上台的深刻教训，以此为鉴来建设自己的民主。但是如果你照搬西方民主模式，基本上就是照搬一个，失败一个。从今天西方自己面临的种种危机来看，西方民主制度本身存有大量的缺陷，坦率说是积重难返，几乎看不到什么真的实质性改革的希望，这是我个人的看法。

自由也是一样的。主张言论自由的美国，同时监控那么多的美国公民和其他国家的公民，监控他们网络通信和电子邮件，甚至包括德国总理默克尔的手机通话。这种“美国特色”的言论自由是全世界应该仿效的吗？

最近好像有一个笑话，说美国人对德国人讲，听说你们要买华为的 5G 设备，请你们千万不要买，中国会通过华为监控你们。德国人就问美国人，你们怎么知道我们想买华为产品？美国人说，我们从默克尔的电话里窃听到的。

加拿大号称也有言论自由，但你看加拿大驻华大使不久前就孟晚舟的事件发表一些个人看法，马上就被中央政府解职。实际上所有国家的言论自由都是和一定的责任联系在一起的。

有关人权情况的更加复杂。世界上绝大多数国家都参加了联合国的经社文权利公约、儿童权利公约，但美国坚决不加入。换句话说，美国认为经济、社会、文化权利不属于人权。所以我老跟美国人讲，你们这么多的人，没有任何医疗保险，能不能从人权角度出发，来重新审视这个问题？但美国人坦率说，由于各种既得利益的阻挠，做不到。

对中国人而言，这确实是难以理解的。我们都知道美国的枪击案多，根据不同的统计数字，每年大约有 3 万人死于各种各样的枪击。美国能不能从人的生命权的角度来看这个问题，保护好美国老百姓的生命权？我跟美国人说，我知道你们的制度效率很低，能不能尝试在 20 年里做一点改善？但美国不愿意这样做。

所以人权领域内实际上是有分歧的。究竟什么样是人权？究竟这些分歧怎么解决？至今没有形成共识。这里我讲一个思路，也是推荐一个方法来解构西方话语。

西方国家最喜欢玩弄抽象的概念，用抽象概念来忽悠人，包括自由、民主、人权。我的建议是什么？反其道而行之，把这些概念适度的具体化。抽象地谈论自由、民主、人权都是好东西，谁能反对？但是一旦把它适度地具体化，它就很难忽悠了。

比方说言论自由，美国大规模监视本国公民、外国公民的电话、电子邮件，算不算限制言论自由？美国这样的民主究竟算“钱主”还是“民主”？

所以把它抽象的概念适度地具体化，可以把很多问题看得清清楚楚。

最后一点，就是普世价值面临的法律困境。现在这个困境的核心就是西方一直主张普世价值可以超越主权，以人权高于主权的名义干涉其他国家内政，甚至动用武力。但是根据联合国宪章，国家有主权平等的原则，从主权平等原则中又引申出不得干涉别国内政、和平解决国际争端的机制，这些都是战后国际法体系的基础。

只有在国际社会共同认定的大规模粗暴侵犯人权的行为，例如侵略罪、战争罪、反人类罪、种族灭绝罪、种族隔离罪等等，国际社会通过联合国授权进行干预，包括武力干预，是可以根据国际法的程序来进行的，但是一定要有联合国的授权，根据国际法的规定、程序、手段来进行。

现在的一些西方国家，它既当全世界的法官，又要当宪兵。以人权高于主权的名义不惜发动战争，这种做法已经侵犯了无数世界人民的人权。光是一场伊拉克战争，就造成了多少生灵涂炭，多少家破人亡。

我自己还有一个观点，如果真的是人权高于主权的话，西方应该带头干预自己的一些侵犯人权的情况。比方说，西方国家现在没有一个实现男女同工同酬，我们是不是要呼吁国际社会对西方国家进行制裁？美国对伊拉克发动战争是明显侵犯人权的行为，甚至欧洲国家多数老百姓也反对这场战争，我就建议欧盟带头制裁美国。如果欧盟连这样的要求都不敢提，只能说明你采用的是双重标准。所谓“人权高于主权”，不过是欧洲或者西方认定的人权，高于非西方国家的主权，这是百分百的霸权主义。

实际上西方自己现在也尝到了“搬起石头砸自己脚”的滋味。2014年，俄罗斯总统普京用同样的方法、同样的理由出兵克里米亚。他这样说，我们支持克里米亚的俄罗斯族群保护自己的人权，并让那里的公民通过公民投票加入俄罗斯联邦。这个时候，美国和欧洲国家领导人突然都开始谈国家主权不容侵犯。

全世界都笑了，真是好一番热闹。

早知今日何必当初呢？[①]

---

① 本案例摘选自：张维为：《这就是中国：“普世价值”面临的困境》（第13集）。bilibili.com/bangumi/play/ep268792? bsource:baidu_aladdin&from_spmid=666.2.5.episode.0.

【案例讨论】

1. 西方“普世价值”是否真的具有普世性？

2. 从西方社会对待所谓“普世价值”的态度可以看出资本主义意识形态的哪些本质？

3. 如何理解我国巩固和发展社会主义意识形态的重要性？

【案例解析】

1. 从张维为教授的解析中我们可以看出，西方所鼓吹的“自由、民主、平等、博爱”等“普世价值”并非真的具有“普世性”。第一，西方社会自身对这些价值的理解和定位经历了一个漫长的发展过程，这期间并不是都能真正遵循这些价值的要求，甚至经常出现与这些价值背离的情况。如《美国独立宣言》、法国的《人权与公民权利宣言》，都只有男人的平等权利而不包括妇女，有白人的平等权利而不包括黑人或少数族裔。第二，西方社会在“普世价值”问题上存在着明显的“双重标准”，往往以牺牲发展中国家和人民的利益为手段，保障发达国家的自身的核心价值和利益。如美国对俄罗斯克里米亚问题的谴责。美国对委内瑞拉的干预。第三，西方的“普世价值”即使是科学合理的，它也是西方文化和传统（尤其是西方宗教文化传统）的结晶，对于世界上其他具有不同的文化传统或宗教传统的国家来说，照搬照抄西方的价值观和意识形态，势必脱离本国的实际而带来灾难性的后果。

2. 从所谓“普世价值”在西方社会的具体境遇，可以看出资本主义意识形态的一般本质：第一，资本主义意识形态是资本主义社会条件下的观念上层建筑，是为资本主义的经济基础服务的。它只是维护资本主义国家自身眼前利益，并不具有真正的普世价值，也不会考虑整个人类的长远利益。特朗普声称“华为5G威胁美国国家安全”，因而要将其列入实体清单进行严厉制裁，口口声声不打意识形态战的美国还是把一个比美国更先进的技术作为意识形态的敌人来对待，科学发展的自由和技术竞争的平等就这样被践踏！第二，资本主义意识形态是资产阶级的阶级意识的集中体现。资本主义国家内部的平等也具有明显的虚伪性，从一人一票的民主到一美元一票的民主，愈演愈烈的种族隔离政策和民粹主义思潮，从对伊拉克、利比亚、叙利亚的武装干涉到对台军售，背后都有大财团和武器生产商的利益在左右着政治决策。2014 年公布的普林斯顿大学和西北大学学者的一项联合研究成果显示：从 1991 年到 2002 年间，美国政府的 1 800 多项政策，几乎都是通过商业利益的特殊利益集团来制定的，而普通公民对这些决策的影响几乎为零。

3. 意识形态作为思想上层建筑，必然反映和反作用于政治上层建筑，并进而反映和反作用于经济基础，建立在经济基础和政治上层建筑之上的意识形态必然具有阶级性，它只能是维护一定阶级利益的思想武器，而不可能有超越阶级之上的“普世价值”的意识形态。西方国家将他们的意识形态作为衡量全世界的唯一标准的“普世价值”，具有强烈的欺骗性和霸凌主义色彩。中国作为一个以建设现代化强国为目标的社会主义大国，必须始终高度重视社会主义意识形态建设，始终高度警惕西方国家的意识形态侵蚀，始终高度坚定马克思主义在意识形态领域的指导地位，这是事关党的前途命运、事关国家长治久安、事关民族凝聚力和向心力的大事。同时，当今中国的国际方位正在发生着重大的变化，正在从国际舞台的边缘走近国际舞台的中央，中国在国际事务中发挥着越来越大的影响，这就要求我们在坚守自己的意识形态阵地、保持自己的意识形态特色的前提下，对促进全人类文化的发展进步发出应有的声音、作出应有的贡献。张维为教授认为，我们可以提出叫人类共同价值(Common Values)，这个概念比普世价值要好得多，因为普世价值确实有西方宗教的传统，起源于一种宗教语言。所以我们现在用“共同价值”这个词。张教授设想了建设人类共同价值的两种途径：一种途径就是把一些重要的价值，像我们前面讲的和平、发展、仁爱，甚至人类命运共同体，我们把它提炼出来，加上一些其他文明的价值也可以提炼出来，然后通过国际谈判慢慢谈，三年、五年、十年都可以，最后达成一个人类共同价值的共识。还有一种途径就是学习西方，根本不要在乎西方的反对，我们就把它当做是人类共同价值。比如，“和平”谁敢反对？除了美国人反对，他一反对他就很狼狈。我们就可以说，我们特别赞成以和平为基调的共同人类价值。经常这样说，说一百遍、一千遍，慢慢就会有人接受，于是美国陷于被动了。他固然不赞同和平，但他却不能在明面上反对，有苦说不出。这样我们就做对了，我们就主动了。

第五章　资本主义的形成及其趋势

案例1　最高垄断者

【案例内容】

约翰·D.洛克菲勒(John Davison Rockefeller,1839—1937)打过的最大一场仗是与一家铁路公司展开的。当大战落幕后,他成为美国第一个最高垄断者。早在1877年,宾夕法尼亚铁路公司就得出结论必须阻止洛克菲勒,如果让他实现全面垄断,他就会制定自己的规则。宾夕法尼亚铁路公司下面有一家管道公司,通过这个阵地进入了炼油行业,与约翰·D.洛克菲勒展开竞争。约翰·D.洛克菲勒发起强力反击,大幅降低煤油价格,与其他铁路公司结成联盟,迅速建成600个自有油罐车。到夏天时,一次大规模的铁路大罢工搞垮了宾夕法尼亚铁路公司。暴徒烧毁了铁路公司的全部车辆,海斯总统不得不派出联邦军队。到了10月,宾夕法尼亚铁路公司败下阵来。约翰·D.洛克菲勒要求他们将旗下的管道公司卖给他。买卖日期定在10月17日,价格为340万美元现金。他的敌人们嗅到了滑铁卢的味道,拼命地试图阻止他。40年后,约翰·D.洛克菲勒回忆道,他乘坐自己的那辆旧马车在克利夫兰到处奔波,从银行行长那里取走大量钞票,并告诉他们:"你有多少就得给我多少!我全都要!不要紧的!把你有的全给我!我必须赶上中午的那趟火车。"

他赶上了,随后轻而易举地买下了全美剩下的唯一一个不属于他的大型管道公司。那场谈判证明了他巅峰时期的智力。他一边与对方闲聊,一边争取时间用当时的市价快速计算这笔买卖。通过精确的脑算,他节省了3.2万美元。约翰·D.洛克菲勒其实并不需要这点儿钱。这次交易完成后,他控制了所有的"隘道"。还不到不惑之年,约翰·D.洛克菲勒就掌控了流向市场的所有石油。

任何一滴石油都不可能从他的指缝间溜走。在19世纪的排行榜上，清教徒般反对浪费的约翰·D.洛克菲勒荣登榜首，所有巨头均向其致敬。

打败宾夕法尼亚铁路公司5年后，他建立了标准石油托拉斯，以巩固自己的实力，彻底改变了一个褒义词的定义。效仿者如雨后春笋般出现，有威士忌托拉斯、白糖托拉斯、烟草托拉斯、马口铁托拉斯、棉籽托拉斯、家具托拉斯、橡胶托拉斯、铁丝网托拉斯。当虔诚的约翰·D.洛克菲勒与无宗教信仰的摩根做生意时，所有人都自然而然地称他们为"金钱托拉斯"。喜好长篇大论的编辑们称约翰·D.洛克菲勒为"石油界伟大的克罗伊斯"(小亚细亚古国"吕底亚"一位以财富闻名的国王)。他那迅速成长的托拉斯覆盖了全球24个时区，他那一桶桶煤油出现在了印度的大象背上、撒哈拉的骆驼背上，以及亚洲的苦力肩上。

从中国的东北到里海的巴库，钻探工知道他们只要到最近的标准石油管道公司，就能拿到一张十分可靠的执照。外国政府也发现了克利夫兰那些被征服的炼油商所能告诉他们的：没有谁能够阻挡洛克菲勒。奥匈帝国、罗马尼亚和墨西哥建立了关税壁垒，标准石油公司跃了过去。标准石油是全球最大、最富有的公司，其无可争议的指挥官就是节俭的约翰·D.洛克菲勒。他对自己炼油厂的情况了如指掌，任何副产品都逃不出他的手掌心——凡士林、口香糖、石蜡，等等。如果竞选活动正在酝酿，他也准备好为火把提供燃料。尽管如此，1884年美国第一个少数党成立的目的却是将约翰·D.洛克菲勒送进监狱。改变阵营后的约翰·D.阿奇博尔德(早年洛克菲勒的一名批评者，后成为标准石油公司的总裁)曾说："洛克菲勒总是比我们所有人看得都远一点儿——然后，对不远的未来做出预测。"19世纪70年代末，他看到了内燃机的曙光，于是悄悄地大力生产汽油和机油。当1887年3月4日戈特利布·戴姆勒推出汽车时，仿佛知晓神谕的约翰·D.洛克菲勒已经准备好了。

接下来的事情甚至连洛克菲勒本人都大吃一惊。除去所得税，他的财富从组建托拉斯时的4 000万美元，到1896年已涨至5倍。自从18世纪罗斯柴尔德家族走出法兰克福的犹太贫民区之后，还没有哪个人取得过如此辉煌的成就。约翰·D.洛克菲勒在生命快到终点时说："谁曾想到，它会发展到这么大的规模呢?"①

【案例讨论】

1. 有人说洛克菲勒能够获得巨额财富主要得益于他的勤奋、节俭和见

① 本案例摘选自：〔美〕威廉·曼彻斯特：《洛克菲勒家族》，中信出版集团2016年版，第90—93页。

识，你是否认同这种观点？

2. 除了托拉斯外，你还知道哪些垄断组织形式？它们有何异同？

【案例解析】

洛克菲勒能够在短时间里获得巨额财富无疑受益于其勤奋、节俭和见识，但更主要的原因是标准石油公司对于石油市场的垄断，凭借其垄断地位它们可以获得远高于平均利润的垄断利润，对于工人阶级和中小企业主的双重盘剥使其能够迅速聚敛巨额财富。托拉斯只是众多垄断组织形式的一种，除此之外。还有康采恩、卡特尔和辛迪加等垄断组织形式，其异同见下表：

名称	性质	垄断内容	协调机构	代表组织
卡特尔(Cartel)	生产或销售同类或类似产品的独立企业所构成的同业联盟	某种产品的产量和价格	协调组织	1960 年成立的欧佩克，约占世界石油储量的 71.5%
辛迪加(Syndicat)	同一生产部门的少数大企业协定的工会	商品销售和原料购买，丧失商业独立性	总办事处	1893 年成立的莱茵—威斯特法伦采煤辛迪加、1904 年俄国煤炭公司辛迪加
托拉斯(Trust)	若干生产同类商品的大企业或产品有密切联系的大企业互相联合而组成的垄断组织	生产、销售、财务，参加者在法律和业务上完全丧失独立性	理事会或董事会	1879 年首先在美出现，如美孚石油托拉斯、美国国际电话电报托拉斯等
康采恩(Konzern)	不同经济部门大企业联合组成的利益共同体(财阀)	经济、政治、文化以及社会生活的各个方面	占统治地位的资本家集团(大银行资本家)	摩根财团、三菱财阀、住友财阀等

案例2　高盛铝价操纵案

【案例内容】

2013年7月底,《纽约时报》记者大卫发布了一份报告,最先曝光了高盛铝价操纵案。根据大卫的报告,自2003年美联储允许受其监管的银行进入大宗商品现货市场交易后,一家由高盛控制的企业便开始通过转移铝库存拉高市场价格。美国含铝商品的支付价格实际上一直受到了操控。有消息人士估计,从2010年到2013年三年间,该企业的行为已导致美国消费者多支付了50亿美元的价格。

2010年2月,高盛斥巨资4.51亿美金买入一家名为Metro International Trade Services(MITS)的铝储存企业。MITS拥有底特律的19个金属仓库,约占LME铝金属储量的1/4。高盛买入这家企业之后,大力拓展仓单抵押融资业务。通过该业务,生产企业将存放在LME交割库的金属,按照一定利率抵押给投资银行获得融资。多数生产企业为了争取更低的融资利率,会和投资银行签订结构性仓单抵押融资条款,这种条款使投行有权按照约定价格向企业购买库存。结构性仓单抵押融资占到仓单抵押融资总量的50%以上,这使得高盛等投行掌控巨额金属库存,甚至足以改变LME的游戏规则。与此同时,MITS库存外排队提货的平均时间增加了20多倍,该企业由此获得了可观的仓储管理费。由排队而增加的成本就反映在铝的市场价格中,现货对应LME三个月期货基准价溢价大幅上升。此外,仓库外漫长的等待时间导致现货金属与LME期货价格脱节,在仓储体系受阻后,终端需求方大多数情况只好从厂商采购,再一次推高价格。铝现货价格也在1年之内上涨了13%。

然而值得注意的是,在此期间铝一直处于产能过剩的状态,供过于求,仓储量不断增加。在这样的产能背景下,通常来说铝的价格会不断下跌,不可能会持续上涨。但是现实的情况却是铝的价格和仓储量之间出现了同向变动的现象。即铝的价格随着仓储量的增加而上升,随着仓储量的降低而下降。显然,这违背了经济学常理,让人不得不怀疑异象的背后存在人为操纵价格的行为。

2011 年 5 月 24 日，高盛将未来三个月 LME 铝价预期上调至每吨 2 700 美元。这被市场视为高盛买进铝现货的一个信号。与此同时，LME 铝库存正逼近 468.8 万吨的历史高位。高盛通过控制仓储设施，意图用高库存压低 LME 铝基准价之后抬高现货溢价，从而获取超额利润。高盛通过结构性仓单抵押融资条款，从铝生产商以低升水大量购入铝，然后以高溢价在现货市场上销售。此时，高盛被推上疑似操纵铝价的风口浪尖上。

2013 年下半年，以波音、可口可乐等铝终端消费企业为核心的联盟向高盛、摩根大通等华尔街投行以及伦敦金属交易所（LME）施压，状告其操纵铝价，美国司法部介入调查。2013 年 11 月，在港交所的推动下，LME 宣布了新的仓储规则，旨在加快仓库存货的流动速度。进入 2014 年，铝价操纵案持续发酵，作为 LME 控股股东的港交所也被卷入其中。2014 年，高盛集团宣布将旗下金属仓储业务（MITS）出售给一家投资公司鲁本兄弟（Reuben Brothers）。至此，高盛操纵铝价风波得以渐渐平息。①

【案例讨论】

1. 从高盛操纵铝价案可见现代垄断资本获取垄断利润的方式有何新特点？

2. 高盛操纵铝价案对我国预防垄断资本对国际市场的操作有何启示？

【案例评析】

垄断资本凭借其拥有的雄厚资本，通过对金融市场和现货市场的双重操控，低买高卖（又称“割韭菜”），套取高额汇报，是现代垄断资本获取垄断利润的重要方式。高盛操纵铝价的过程是以仓储市场为核心，通过控制仓单交割来操纵铝价，严格意义上来说此类型操纵手法也属于多头价格操纵类型。一方面，通过垄断、囤积铝现货，增加排队时间等减少市场上铝的供应，从而直接影响铝现货市场价格，同时也会使临近交割月等的合约价格不断上升，使其远远偏离市场均衡价格；另一方面，由于交易者无法拿到足够的仓单提取货物，也无法在现货市场上进行交易，从而加剧了现货市场的恐慌，并由此波及期货市场，进一步加快了期货价格的上涨，从而达到了操纵铝价的目的。

高盛之所以能够操纵铝价，一方面是因为其垄断地位；另一方面也折射出

① 本案例摘选自：朱学红、张宏伟、张众 等：《金属资源跨期现市场操纵的判别——以高盛铝价操纵案为例》，中南大学学报（社会科学版），2017 年 3 月，第 95—96 页。

有色金属仓储制度的不健全。一方面，高盛通过其控制的仓储公司获取租金收益。仓储公司通过开出超越主要消费地区贸易升水的高升水吸引生产企业将铝现货放入其仓库。如此一来，仓储公司就有了库存，也就有了获取租金收益的条件。仓库的金属越多，高盛所能获取的租金收益也就越高。而 LME 规定仓储公司只需要完成每日最低出货量即可，这就造成了出货瓶颈。仓储公司可以在完成规定出货量的基础上刻意减少出货量、增加排队时间，以增加自身仓库的储量，从而获得更高的收益。由此，也导致了现货市场供应紧张，价格上升。另一方面，高盛向铝生产企业提供融资，会产生两个不同的结果。第一个结果是铝生产企业最后赎回质押的现货铝。这种情况下高盛可以获得一笔丰厚的利息收入。第二个结果是生产企业没有赎回现货，则高盛就会成为现货铝的实际拥有者。此时，高盛可以通过增加排队时间来减少铝的供应，提升铝的现货价格，通过出售铝现货获益。因此，随着我国市场开放日益扩大，国际垄断资本必然会以各种方式涌入国内市场，为预防其通过操纵市场、恶意炒作来收割垄断利润，我国必须加强制度建设，完善市场法律法规，同时依法严厉打击各种垄断行为，创造公平的市场竞争环境，提高社会主义市场经济运行效率。

案例3 经济金融化

【案例内容】

当年列宁从五个方面概括了帝国主义的特征。结合列宁的论述，我们将当代垄断资本主义的经济金融化基本特征归纳为五点。

第一，金融部门成为调节和控制整个市场经济的核心，利用金融信用的资本放大作用进行资本积累和集聚被演绎到极致，进而过量债务被创造出来。金融是现代经济的核心，本是用来优化资源配置、促进实体经济发展的，但在当代垄断资本主义经济中，金融体系异常复杂，金融部门如同经济体中的大动脉和发动机，决定资本和信用的流向。金融资本也早已具有控制生产、流通和贸易的能力，以致成为控制整个市场经济甚至国家的终极力量。同时，国际金融垄断资本往往可以利用大量的金融衍生工具，在发达的国际资本市场进行大规模的集资活动。各类金融机构（证券公司、投资银行、共同基金、对冲基金等）由此非理性地放大金融杠杆，信用风险不断积聚。另外，通过各种形式的金融创新，较少的资产可以形成巨大的交易量，推动资产膨胀，进而创造大量的流动性。大量金融资本进入期货市场，又使得一些国际大宗商品具有了金融属性，导致国际市场上的一些重要资源（如粮食、石油、铁矿石）价格的升降完全取决于金融资本和金融寡头的意志。在过去的几十年中，金融体系内部交易的增长速度远快于实体经济，金融交易量急剧上升。1984年，石油期货交易量不足石油产量和消费的10%，而目前是石油产量的10倍；当前，全球外汇交易量约为全球产品和服务贸易量的73倍；1980年前后在全球金融体系中衍生品交易的作用微乎其微，到2007年末清偿利率衍生品合约的名义本金高达400万亿美元，相当于当期全球GDP的9倍。与此同时，许多国家的债务额不断上升。2016年第一季度末，欧元区19个成员国的政府债务额占GDP比重平均达91.7%，较2015年第四季度末的90.7%上升了一个百分点；美国联邦政府债务总额则由20世纪80年代的约9 000亿美元上升到2014年11月底的18.01万亿美元，历史上首次超过该国年度国内生产总值规模。

经济金融化在促使金融部门和金融体系作用增强、重要性增加的同时，也使得在当今资本主义国家中,财产性收入成为普通家庭收入的重要部分。一般而言,家庭收入分为工资性收入、经营性收入、转移性收入、财产性收入,其中,财产性收入包括不动产(房屋、土地、专利、车辆等)和动产(银行存款、股票、债券、基金、所有形式的金融投资)所获取的收入。在经济金融化特别是金融创新盛行以来,资本的形态发生了重大变化,金融资产收益成为发达国家普通家庭收入的重要来源。2010 年,发达国家每位居民的年平均收入为 3 万欧元,拥有约 18 万欧元的财富,其中 9 万欧元以房产的形式存在,另外 9 万欧元则是股票、债券、储蓄以及其他投资。从企业方面看,通过对金融资产进行运作以获取利润已成为企业的重要业务活动。例如,在美国几大汽车集团中,汽车金融公司的购车贷款业务早已超过汽车制造业务,成为集团的主要利润来源。如通用汽车金融公司的利润近年来一直占通用汽车集团利润总额的 50%以上。

第二,发达国家在控制国际金融、高科技、资源能源和海外市场的同时,对外转移中低端产业,输出知识产权,形成了与发展中国家之间特殊的“二元经济结构”。工业革命以来,西方资本主义国家工业生产能力不断扩张,国内市场无法消化过剩产能,周期性经济危机始终无法摆脱。对外开拓市场、建立殖民地成为摆脱危机、促进经济持续发展的重要手段,这形成了当时的“资本家同盟瓜分世界”的局面。但到了当代金融垄断资本主义时代,旧的殖民统治体系早已瓦解,西方大国不再使用直接的行政控制和领土占领形式支配他国,而是在不放弃对国际金融、高科技、资源能源和海外市场控制的同时,垄断知识产权,对外转移中低端产业,形成了发达国家主导高端产业和金融业、发展中国家成为资源和市场供给地,发达国家向发展中国家输出金融产品、发展中国家向发达国家输出物质财富的这样一种特殊的“二元经济结构”。20 世纪五六十年代,第三世界国家掀起了民族独立运动,最终基本获得政治独立,进而采取了包括国有化本国资源在内的工业化建设措施。但到了七八十年代,西方金融寡头通过打压资源品价格和操控国际金融等手段迫使大量第三世界国家的国民经济濒临破产,不得不通过私有化方式廉价出售资源,加上西方大量跨国公司向世界各地扩张,相当部分第三世界国家最终陷入依附和半依附境地。冷战结束以来,西方金融资本进一步利用美元的国际支付和结算功能获取大量国际信用,创造了新的货币霸权模式,攫取了大量霸权红利,进一步加剧了南北之间的发展失衡。有研究指出,自从美元与黄金脱钩仅到 2001 年,美元贬值了 87%,到 2006 年,美元贬值了 94%,如果估定 1967—2006 年美国的外债累计为 3 万亿美元左右，那么通过美元贬值90%，美国因减轻外债负担而获取国际通货膨胀税为2.7万亿美元，年均获益675亿美元，而美国的债权国则总共损失2.7万亿美元，年均损失675亿美元。

第三，金融危机成为当代垄断资本主义危机的主要形态，金融危机的动因在于金融资本过度膨胀，严重透支信用。正是由于当代垄断资本主义经济的金融化、虚拟化以及对外转移大量中低端产业，加上现代信息技术被用于对国民经济各部门进行有效管理，当代垄断资本主义经济危机的主要形态已经不是资本主义早期那种较为单纯的生产过剩型危机，而是与某些领域的生产过剩有关。但首先集中在以银行为核心的金融流通领域内的金融危机或信用危机，经过一段时间后才会进一步大规模传染到实体经济。由于经济的过度虚拟化和泡沫化，资产的市场价格经常会严重偏离基础价值，因而发生于当代垄断资本主义时代下的金融危机所造成的损失更大，波及面更广。此外，金融系统和金融部门堪比国民经济中的大动脉，这种极端重要性使得通过向经济体注入大量货币或流动性，成为当代资本主义国家纾解金融危机的主要手段。以美国为例，2007年的金融风暴首先从房地产泡沫破裂开始，接踵而来的是债券泡沫的破裂、股票市场崩盘、养老基金的净值被腰斩，危机波及所有臃肿的金融部门，上万亿美元资产瞬间蒸发。在应对危机上，当时美联储在13周内印发的货币数量是20世纪的货币发行量的两倍，而在过去30年时间里，正是美联储超发货币和美国挥霍借贷造就了金融和房地产领域的大量泡沫，这些泡沫构成了美国绝大部分财富。

第四，借助信息技术、网络技术等高科技手段，金融资本不仅可以在全球范围内快速流动，还可以发动大规模的掠夺财富的金融战争，同时对外轻松转嫁危机。资本只有在不断运动和周转中才能获取更多的利润，而信息技术、网络技术等高科技的出现，不仅使得全球经济相互融合成为一体，也大大便利了金融资本在全球范围内的流动。更重要的是，雄厚的西方金融资本垄断着全球网络资源，可以制造和保持信息不对称，加上世界各国的股票、证券、期货、外汇、商品等各种市场，都已经通过经济全球化、金融自由化、网络信息化相互密切连接起来，这意味着一旦拥有操纵市场的垄断力量，便能获取巨额利润，在高盛的纽约总部转瞬间发动全球范围的金融快速打击，将原本属于世界各地各个社会阶层的部分财富掠夺到自己囊中。金融帝国主义主导的金融战已经成为当今世界频繁发生的半隐形战争，轻者可以导致一国国民财富大规模流失，重者可以导致一国政权更迭、社会动荡。

金融垄断资本不仅可以对外发动金融战争以掠夺巨额财富，而且由金融资本推动的金融全球化，还可以使得处于国际金融中心的西方发达国家对外轻松转嫁危机。由于控制着国际金融，拥有大量的国际信用(典型的是大量过剩美元)，欧美发达国家往往可以在本国经济衰退或出现经济泡沫的情况下，将大量的流动性引导到资本市场开放的发展中国家。大量金融资本涌入这些国家的房地产、股票市场后，形成巨大的资产泡沫，最后金融资本在席卷大量财富后离开，本国的经济泡沫进而可以得到很大程度的释放。

第五，少数金融寡头和金融家族及其组织控制着本国乃至整个世界经济的命脉。列宁当年分析指出："瓜分世界的资本家国际垄断同盟已经形成。"在金融垄断资本推动的金融全球化的今天，从表面上看，是美欧日少数发达的资本主义大国控制着世界经济命脉，主导着不公正的国际政治经济秩序，但事实上，政治从来都是为经济服务的，"在资本面前，'一切神都要退位'"。在金融资本主导经济，金融成为一国经济制高点的时代，美欧日国家的政府和政要们早已成为少数金融寡头赚钱的工具，"今天的美国其性质已从一个独立的主权国家异化为一个受到华尔街国际资本及其支持的共济会组织控制的'半独立'国家，美国及其美利坚民族只不过是增加华尔街力量的工具"。美国著名经济学家、地缘政治学家恩道尔花费 38 年时间的研究发现：欧美国家的 150 家跨国公司占据全球财富的 40%以上，控制着全球的规则制定权，这些大公司构成了全球私人权利联盟。包括美国政府在内的各国政府始终为其鞍前马后。而在 150 家跨国公司背后控制全局的是华尔街和伦敦金融业屈指可数的一些人，这些人通过把持金融市场和国际银行体系来掌控 150 家大型跨国公司。在信息技术极为发达的当代，西方金融寡头集团及其组织早已改变了过去"位居一线"的统治模式，而是采取多种方式退居幕后，"低调行事"。例如，金融集团采取建立基金会的方式捐献自己的财富，这样不仅可以隐蔽财产，淡化社会对其的关注，更可以逃避遗产税、赠与税；成立新的公司时，采取所有权和控制权相分离的模式，公司由职业经理人打理，但将董事会和关键股权牢牢控制在自己的金融家族手中；成立其他各种投资集团，委托一些金融机构和资产管理公司运作自己的资产，等等。从历史上看，通过控制金融来操控他国和世界是西方共济会的一贯伎俩。因此，在当今西方金融寡头及其组织控制世界的时代，以国家为单位观察和分析国际问题已经变得不够准确。当前所有的重大国际政治事件尤其是不安宁的国际局势，几乎都是国际金融寡头主导或参与长期运作的结果。一些国家表面上看似不合情理的行为背后基本都有西方金融共济会的身影。[1]

【案例讨论】

1. 垄断资本主义经济金融化的本质和动力是什么？未来趋势是什么？

2. 如何应对国际垄断资本主义对我国经济社会发展的消极影响？

【案例分析】

金融化是当代垄断资本主义在经济方面的最重要特征之一，由西方金融资本所推动的金融全球化正以前所未有的力度和广度在全球展开。早在一百多年前，资本主义经济就已经呈现出金融化的趋势，这是当年列宁写作《帝国主义是资本主义的最高阶段》的重要背景。列宁指出："资本主义的一般特性，就是资本的占有同资本在生产中的运用相分离，货币资本同工业资本或者说生产资本相分离，全靠货币资本的收入为生的食利者同企业家及一切直接参与运用资本的人相分离。帝国主义，或者说金融资本的统治，是资本主义的最高阶段。"[2]列宁敏锐地觉察到资本主义经济金融化的到来。他指出："总之，20 世纪是从旧资本主义到新资本主义，从一般资本统治到金融资本统治的转折点。"[3]所谓金融资本，"就是和工业家垄断同盟的资本融合起来的少数垄断性的最大银行的银行资本"[4]。垄断资本主义为何会金融化？首先，在资本主义社会，资本具有不断增值自身的本能，资本主义生产的实质是剩余价值的生产。其次，资本对剩余价值和利润的疯狂追逐，必然会促使信用制度的产生和虚拟资本的出现。激烈的竞争和生产规模的不断扩大，需要大量的货币资本，借贷资本将资本作为一种特殊的商品投入到流通中获取利润，不同形式的资本发生联系。资本要求平等剥削劳动力的权利使利润被不同形式的资本按照各自在总资本中的比例进行分割。随着生产规模的扩大和物质财富的增加，信用制度最终产生并逐渐普遍化，信用制度的出现，既节约了货币量，加速了

① 本案例摘选自：程恩富、谢长安：《当代垄断资本主义经济金融化的本质、特征、影响及中国对策》，《社会科学辑刊》，2016 年第 6 期，第 55—58 页。

② 中共中央马克思恩格斯列宁斯大林著作编译局：《列宁专题文集：论资本主义》，人民出版社 2009 年版，第 148 页。

③ 中共中央马克思恩格斯列宁斯大林著作编译局：《列宁专题文集：论资本主义》，人民出版社 2009 年版，第 135 页。

④ 中共中央马克思恩格斯列宁斯大林著作编译局：《列宁专题文集：论资本主义》，人民出版社 2009 年版，第 175 页。

流通过程，突破了资本积累的瓶颈，促进了资本的集中，又容易进一步加剧生产过剩和过度投机。伴随生产规模的扩大和信用制度的发展，虚拟资本也逐渐产生。虚拟资本一般以有价证券形式呈现出来，它代表一种索取权，“所有这些证券实际上都只是代表已积累的对于未来生产的索取权或权利证书，它们的货币价值或资本价值，或者像国债那样不代表任何资本，或者完全不决定于它们所代表的现实资本的价值”。[①] 伴随信用制度和虚拟资本的便是虚拟经济和食利者阶层的出现，而这又极大地放大了资本的功能。第三，资本追逐剩余价值和利润的本性，在促使信用制度与虚拟资本普遍化的条件下，形成了资本的金融化。金融化就是信用化和虚拟化。信用是资产和债务的统一体。在货币化和信用化的经济体系中，信用的扩大往往是通过以银行为核心的金融体系中的信贷扩张、货币发行、金融创新等途径实现的。“银行家提供的信用，可以采取不同的形式，例如向其他银行签发汇票、支票，开立同样的信用账户，最后，对拥有钞票发行权的银行来说，是发行本行的银行券。银行券无非是向银行家签发的、持票人随时可以兑现的、由银行家用来代替私人汇票的一种汇票。”[②]通过银行体制所进行的信用创造，就等于是增发货币，在一定程度和范围内会促进经济的繁荣。因此，资本主义经济金融化的根源在于资本追逐剩余价值和利润的本性，金融化也是一种积累方式。资本主义经济金融化和虚拟化的出现标志着信用地位的空前提高。[③]

① 中共中央马克思恩格斯列宁斯大林著作编译局：《马克思恩格斯文集》第7卷，人民出版社2009年版，第531页。

② 中共中央马克思恩格斯列宁斯大林著作编译局：《马克思恩格斯文集》第7卷，人民出版社2009年版，第454页。

③ 程恩富、谢长安：《当代垄断资本主义经济金融化的本质、特征、影响及中国对策》，《社会科学辑刊》，2016年第6期，第54—55页。

案例4 罗斯福新政

【案例内容】

1933年,正是美国大萧条最严重的时刻,富兰克林·罗斯福临危受命,成为美国第32任总统。罗斯福说:“如果我失败,我就是美国的末代总统了”。可见当时形势是何等严峻。为了对付前所未有的经济衰退,挽救濒于绝境的美国经济,罗斯福宣誓就职以后,立即大刀阔斧地开始了“旋风式”的“新政”运动。

罗斯福“新政”主要由两个“百日新政”构成:第一个“百日”是1933年3月9日至6月16日,主要目的在于复兴,所采取的措施包括维持银行信用、实现美元贬值、维持农产品价格、规定协定价格以减少企业间的竞争等;第二个“百日”始于1935年5月,主要目的是改革,所采取的措施包括兴建公共工程,以工代赈,以扩大就业来提高社会购买力,改革税制,使受益者范围广泛。

罗斯福“新政”几乎囊括了金融业、农业、工业、社会保障等社会经济生活的各个方面。

美国总统罗斯福(中间坐者)

罗斯福“新政”从整顿金融入手。……1933年3月3日,罗斯福援引《对敌通商法》,宣布全国银行休假三天。这是他采取的重建金融和经济结构的第一步,意味着政府越过美联储,从幕后走向前台直接干预处于困境中的金融。

3月8日,联邦储备委员会宣布:凡2月1日后向各银行提取过黄金,而到下星期一为限还不退回储存的,银行便公布他们的姓名。……

3 月 9 日，国会通过《紧急银行法》，决定对银行实行个别审查颁发许可证制度，对有偿付能力的银行，允许尽快复业。根据这一法令，罗斯福得到了管制信贷、通货、黄金、白银和外汇交易的紧急权力。

3 月 29 日，罗斯福要求联邦监督州际贸易投资证券的买卖，完全公开在州际贸易中出售的新证券。联邦委员会有权阻止出售没有说清真实情况的证券。国会于 5 月 27 日通过《“证券真实”法案》，目的是恢复公众对证券业的信心。

1933 年 3 月 16 日，罗斯福向国会提出一项农业法案，以恢复农业收入，减少剩余产品，提高农民的购买力，减轻农民抵押的压力并增加银行发放的农业贷款额。5 月 12 日，国会通过《农业调整法》，主要目的是恢复农产品的均衡价格。

1938 年 2 月 16 日，国会通过了《农业法令》。从这时起，美国政府每年都规定主要农产品的限额。

1933 年 3 月 13 日，罗斯福发给国会一份仅 72 个字的咨文——啤酒法案。他建议立即修改禁酒法案，使啤酒和淡酒的生产和销售合法化。他也要求对这些饮料征收大量的税。参议院于 1933 年 3 月 16 日通过了啤酒法案。

罗斯福 5 月 17 日向国会提交的《国家工业复兴法》于 6 月 16 日获得通过。《国家工业复兴法》的第一部分“工业复兴”中止了反托拉斯法，允许企业家团体制定自己的竞争、生产和销售的准则，即“公平竞争法规”。该法禁止使用童工，规定了最低工资额和最高工作时数，宣布工人有权签订集体合同和组织工会。法案的第二部分“公共工程和建设项目”批准了一项迅速将 33 亿美元的巨额资金注入到经济中去的公共工程计划，以便创造就业机会和提高购买力。

7 月 5 日，罗斯福签署了参议院瓦格纳提出的《全国劳工关系法》，俗称《瓦格纳法案》。这项法案肯定了工人有权签订集体合同和组织工会的权利，根据该法成立了全国劳资关系委员会，并禁止企业主组织由他们操纵的资本家和工人混在一起的工会。该法还规定企业主不得对成立工会设置障碍，不准拒绝同工人代表举行集体谈判。当出现劳资冲突时，必须首先由国家劳动关系管理局审议，然后再由法院审议。

“新政”中涉及社会保障的法规和政策非常宽泛，大体可分为三类：一类是通过创立新机构，比如民间资源保护队、联邦紧急救济署、国民工程管理署等，来为失业者提供工作岗位，发放类似于救济的工资收入；第二类是为就业者提供宽松的工作环境，例如规定最高工作时间和最低工资；第三类是为失去工作能力的老人和残疾人提供社会保险。政府动用企业和财政的能力，保证全体公民的最低生活水平。

1934年冬，罗斯福成立了国民工程管理署，负责紧急救济400多万失业者。国民工程管理署的活动直接受政府监督，在其存在的三个半月中，修筑和改善了50万英里的二级公路、5万幢教学楼，建造了将近500个机场。

罗斯福在1937年向国会提出《公平劳动标准法令》，但直到1938年6月25日获国会通过。该法令规定每小时25美分的最低工资，以后七年增加到每小时40美分；规定了每周最多工时为44小时，在以后三年减到40小时；禁止童工产品的州际贸易。

罗斯福给国会送去一份咨文，建议在田纳西河流域成立田纳西河流域管理局，负责搞好电力生产，防止土壤侵蚀，植树造林，监督使用田纳西电力的工业部门及帮助贫苦农民。5月4日，罗斯福提交《紧急铁路法》。《紧急铁路法》的目的是通过节约、加固线路和规章制度的改革来建立一个协调一致的铁路运输系统。

1935年6月19日，罗斯福要求国会降低低收入者的税率，同时提高高收入者的税率。对于年收入为5万美元以上的人，税收增加了1%；年收入6万美元以上的人，税收增加6%；年收入350万美元以上的人，税收增加7%。多收的所得税将用于偿还国债。同时，还根据公司规模分等征收公司所得税，并有股息税，以防漏税。①

【案例讨论】

1. 在罗斯福新政中采取了哪些国家垄断资本主义形式？
2. 历史地看，你认为罗斯福新政有何积极意义与缺点？

【案例评析】

国家垄断资本主义包括多种形式（如下图所示），在罗斯福新政中包含了除反托拉斯法在内的几乎所有主要形式，是国家垄断资本主义政策的典型体现。

罗斯福新政推行取得了成效，但同样受到很大抵制。在罗斯福执政不到三年时间里，各下级法院已有100多位法官发出大约1 600道指令，禁止施行

---

① 本案例摘选自：杨目、赵晓、范敏：《罗斯福“新政”：评价及启示》，《国际经济评论》，1998年7—8期，第18—20页。

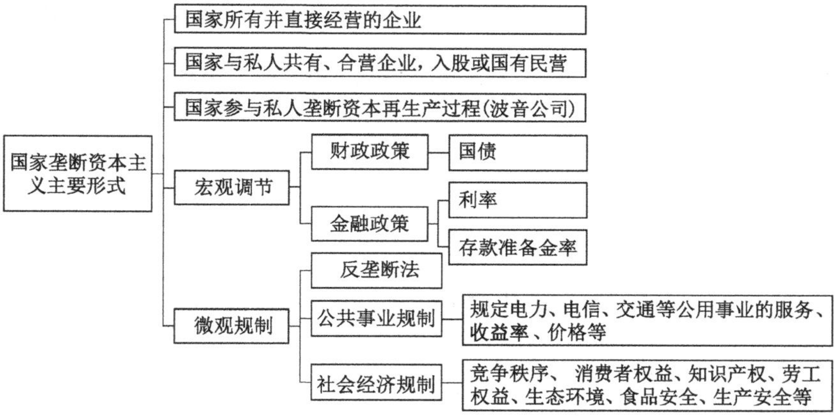

国家垄断资本主义主要形式示意图

新法；1935 年春，罗斯福开始与最高法院发生激烈冲突。1935 年 5 月 27 日，《全国工业复兴法》被判违宪，总统和国会受到了严厉警告。1936 年 1 月 6 日，最高法院又取消了《农业调整法》。随着美国经济从 1937 年下半年再次走向衰退，新政遭到国会内外保守派和温和派更猛烈的反对。1938 年欧洲局势急转直下，西方国家与轴心国的矛盾日益激化，罗斯福为了争取党内团结，不得不放弃有关改革，提出“新政”必须为打赢战争铺平道路”，新政至此也就名存实亡了。新政何以落得如此结局，众说纷纭。历史地看，罗斯福新政在一定程度上缓解了当时美国经济社会面临的尖锐矛盾，促进了经济社会发展。但从罗斯福推行新政的初衷及新政实施过程遇到的抵制和最终效果看，新政本质上还是资本家为维护其整体利益而做的一定限度的自我调节，没有真正解决诸如阶级、贫困、种族等深层次的问题，罗斯福本人及其代表的政党也不想根本性地改变资本主义的剥削制度，因而也不可能根本性地消除资本主义经济与社会危机。

案例5 全球化与逆全球化

【案例内容】

经济全球化是历史大势、时代潮流

经济全球化促进了商品和资本流动、科技和文明进步、各国人民交往、民生福祉提高，已经成为人类社会发展的必然趋势，是不可逆转的时代潮流。

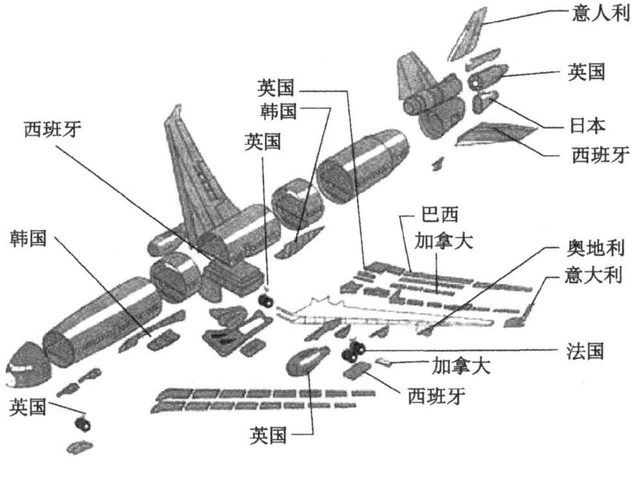

飞机产业链示意图

历史地看，经济全球化是社会生产力发展的客观要求和科技进步的必然结果。18世纪中叶，第一次工业革命推动人类生产方式从手工业迈向机器大工业，国际分工和国际贸易迅猛发展，加速了经济全球化进程。进入19世纪下半叶，第二次工业革命实现了生产力新的跃升，除了商品贸易，跨国公司开始在世界范围组织生产和销售，各国经济联系愈加紧密。第二次世界大战以后，以信息技术为代表的第三次工业革命蓬勃发展，资本、技术、人员和信息等生产要素在世界范围加速流动，推动经济全球化达到新的历史高度。经济全球化的发展历程充分印证了马克思、恩格斯的预言："各民族的原始封闭状态由于日益完善的生产方式、交往以及因交往而自然形成的不同民族之间的分工消灭得越是彻底，历史也就越是成为世界历史。"历史的车轮滚滚向前，经济全球化的潮流浩浩荡荡，顺之则昌，逆之则亡。

现实地看，经济全球化为世界经济增长和人类文明进步提供了强劲动力。伴随经济全球化深入发展，国际分工不断深化，各国比较优势得到充分发挥，国际经济交流合作日益广泛。特别是在上世纪 90 年代兴起的新一轮经济全球化浪潮中，新产业、新业态、新动能不断涌现，有力推动了世界经济繁荣发展。1990 年到 2000 年，世界经济的年均增速为 4.05%；如果把时间维度扩展为 1990 年到 2010 年，世界经济的年均增速则加快至 5.51%。借助经济全球化创造的生产力，全球减贫事业取得前所未有的成就。本世纪初以来，在联合国主导下，国际社会制定和实施了千年发展目标和 2030 年可持续发展议程，推动 11 亿人口脱贫、19 亿人口获得安全饮用水、35 亿人口用上互联网。经济全球化促进了新兴市场国家和发展中国家快速发展，世界上越来越多的人开始过上现代文明生活。经济全球化与科技进步互促共进，推动新一轮科技革命和产业变革孕育突破，数字经济、人工智能等快速发展，人类社会正迎来无比广阔的发展前景。

当然也要看到，经济全球化是一把"双刃剑"，在快速发展中也积累了一些突出矛盾和问题。比如，在全球产业链、价值链中，发达国家长期占据高端，获取了大部分利润，而新兴市场国家和发展中国家向产业链、价值链高端攀升无比艰难。又如，当世界经济处于下行期时，增长和分配、资本和劳动、效率和公平的矛盾更加尖锐，一些国家经济结构失衡、贫富分化严重等问题更加突出。事物总是在矛盾运动中向前发展的。经济全球化进程中存在的不足并不能遮蔽其积极性和进步性，而是提出了需要解决的问题和促进经济全球化健康发展的着力点。发展失衡、治理困境、数字鸿沟、公平赤字等问题是前进中的问题，我们要正视并设法解决这些问题，而不能因噎废食。以经济全球化存在缺陷为借口而根本否定经济全球化，甚至把自己国内的矛盾和问题归咎到经济全球化和别的国家头上去，显然是错误的。

贸易保护主义、逆全球化损害各国利益，不得人心

经济全球化并非一帆风顺，逆全球化总是如影随形。18 世纪以来的世界经济发展史表明，什么时候经济全球化深入推进，世界经济就繁荣发展；什么时候逆全球化抬头，世界经济就低迷不振。作为逆全球化的主要表现形式，贸

易保护主义害人害己，没有赢家。1930 年，美国胡佛政府出台了《斯穆特—霍利关税法》，大幅提高超过 2 万种外国商品的进口关税，以期减少进口，出清国内积压产品。然而事与愿违，贸易伙伴国纷纷进行反制，使美国对外出口急剧下降。这一保护主义政策被历史学家认为是使美国深陷大萧条并给全世界带来大灾难的原因之一。当前，美国不顾世界各国反对，大范围挑起贸易战，成为世界经济复苏面临的最大不确定因素。国际货币基金组织预计，美国与其他国家进行贸易战所造成的损失，可能会使全球经济增速连续 3 年降低 0.5%，全球 GDP 将因此损失约 4 300 亿美元。美国本是经济全球化的主导者和最大受益者，现在却成为国际经贸规则和经济全球化的破坏者，个中缘由可以概括为三点。

不择手段转移国内矛盾。美国是西方世界最晚建立社会保障制度的国家，强资本弱劳工、收入分配严重不公平、社会严重不平等是美国社会的痼疾。最近几十年来特别是 21 世纪以来，美国社会不平等不断加剧。美国最富有的 1%家庭的收入占全国总收入的比重从 1978 年的 9%上升到近年来的 20%；美国前 10%家庭拥有的财富占全国所有家庭财富的比重超过 75%，后 50%家庭拥有的财富占比仅为 1%。2017 年，非洲裔美国人家庭净资产中位数仅为白人的 10.29%，拉美裔为 12.11%。贫富分化、社会不公等问题在经济繁荣期容易被掩盖，在经济低迷期则会凸显出来。2008 年国际金融危机发生后，美国爆发了“占领华尔街”运动，人们走上街头，强烈要求改变“1%与 99%贫富对立”的不平等现象。然而，美国的收入差距仍在扩大，社会两极分化愈发严重，引起中低收入民众强烈不满。面对棘手的国内矛盾，煽动民粹主义、采取霸凌做法，把责任推卸给他国、挑起贸易争端，既能维护垄断资本利益，又能转移国内公众视线。

最大限度攫取经济利益。近年来，新兴市场国家和发展中国家快速发展，美国在世界经济中的相对地位有所下降。1960 年，美国经济总量占世界经济的比重接近 40%，2016 年下降到 24%左右。1995 年，美国制造业在全球产业价值链中所占比重为 19.9%，2008 年下降到 15.8%。与此同时，新兴市场国家和发展中国家的经济总量占世界经济的比重日益提高，2016 年达到 38.8%。应该看到，新兴市场国家和发展中国家的发展，靠的不是发达国家的恩赐，而是自身流血流汗的苦干实干；不是要动谁的奶酪，而是在努力把世界经济的蛋糕做大。这些国家在价值链中低端从事利润微薄的生产，源源不断地向世界提供物美价廉的商品，促进了世界经济繁荣和平衡发展，提高了人类整体生活水平。占据价值链高端的美国等发达国家从世界市场扩大、国际分工深化中受益匪浅，分享着经济全球化的最大红利，其经济发展水平和人均GDP仍然遥遥领先。但是，美国一些人抱持狭隘的零和思维，认为别人发展起来就是自己吃亏了，又是“退群”，又是加征关税，一厢情愿地认为只要胁迫其他国家作出让步，自己就能攫取更多经济利益。

从战略上遏制别国发展。为了维护世界霸权地位，美国一直防范任何可能追赶的国家。有人曾总结，在美国国际交往逻辑里存在一个“60%定律”：当另一个国家经济规模达到美国的60%，并保持强劲增长势头之时，美国就会将其定位为对手，进而千方百计地遏制其发展。不管是当年的苏联、日本，还是现在的中国，概莫能外。挑起贸易战不仅是美国攫取更多经济利益的手段，也是美国遏制中国发展的重要手段。美国首轮加征关税的500亿美元中国出口产品，主要针对的是《中国制造2025》中包含的高科技领域，反映了美国遏制中国技术追赶的意图。为了打压其他国家，美国罔顾国际规则、破坏世界经济秩序，想要拆经济全球化的台补自家的墙，筑起高高的贸易壁垒。但是，历史总是按照自己的规律向前发展的，经济全球化是不可逆转的时代潮流，想要剥夺一个大国的发展权更是违背历史规律、丧失国际道义之举。如果身体已进入21世纪，而脑袋还停留在过去，停留在殖民扩张的旧时代里，停留在冷战思维、零和博弈老框框内，结果必然是损人不利己。

以构建人类命运共同体理念引导经济全球化健康发展

有效应对贸易保护主义和逆全球化，既要认识到经济全球化是大势所趋、不可阻挡，又要正视经济全球化进程中存在的不足，以先进理念和务实举措引导经济全球化健康发展，让经济全球化更好造福世界各国人民。构建人类命运共同体，是习近平同志着眼人类发展和世界前途提出的中国理念、中国方案，受到国际社会高度评价和热烈响应。以构建人类命运共同体理念引导经济全球化健康发展，才能推动建设一个开放、包容、普惠、平衡、共赢的世界。

开放带来进步，封闭必然落后。开放是经济全球化的本质特征之一，也是推动经济全球化深入发展的驱动力。历史上，世界各国根据自身要素禀赋和技术条件发展具有比较优势的产业，融入世界经济体系，形成了全球产业链、价值链、国际分工体系与世界市场。今天，应对逆全球化，根本之策仍是大力推进贸易和投资自由化便利化，不断完善开放、透明、包容、非歧视的多边贸易体制，促进国际分工体系和全球价值链优化重塑，推动建设开放型世界经济。

今天的世界，物质、技术发展达到了前所未有的高度，但发展的包容性不足，各国特别是发展中国家人民共享发展成果的条件和机会很不充分。据有关统计，现在世界基尼系数已经达到 0.7 左右，超过了公认的 0.6“危险线”。包容性不足，必然制约世界经济发展的空间和潜力。如果不是努力增强包容性，让各国在经济全球化中互利共赢、共同发展，而是奉行你输我赢、赢者通吃的零和思维，结果必然是封上别人的门也堵上自己的路，损害全人类的利益。正确的思路和做法是，坚持你好我好大家好的理念，坚持各国共享机遇、共迎挑战、共创繁荣。

当前，一些国家民粹主义泛起、逆全球化思潮抬头，一个重要根源就是经济全球化的普惠性不够，特别是中下层民众从经济全球化中获益较少。各国应加强国内改革和国际合作，推动建立更加均衡普惠的发展模式和国际规则，创造全人类共同发展的良好条件，共同推动世界发展繁荣；合理分配经济全球化红利，让各国人民共享世界经济增长和经济全球化的成果，让不同国家、不同阶层、不同人群共享经济全球化的好处。

不平衡的发展难以持续，不平衡的经济全球化难以走深走实，甚至会为逆全球化思潮的滋生提供土壤。经济全球化发展不平衡，一个突出表现是发达国家凭借技术优势和规则制定主导权获取了经济全球化的大部分红利，发展中国家虽然取得了一定发展，但处于不平等地位，南北差距依然悬殊。对此，应完善全球经济治理，提高新兴市场国家和发展中国家的代表性和发言权，推动形成更加公正合理的国际经济秩序；提供更多先进理念和公共产品，落实联合国 2030 年可持续发展议程，促进发展中国家发展，实现全球范围平衡发展。另一个突出表现是，在一些国家，资本所有者获得了大部分利益，中下层民众被剥夺感增强。对此，应重视收入分配、教育培训、就业创业等方面的国内改革和国际合作，提高劳动者报酬，逐步缩小收入分配差距。

面对单边主义和贸易保护主义，坚持合作共赢是釜底抽薪之策。应秉持构建人类命运共同体理念，坚持共商共建共享的全球治理观，维护多边贸易体制，反对一切形式的单边主义和保护主义，合力引导好经济全球化走向，共同推动世界各国的发展繁荣。各国应加强宏观政策协调，兼顾当前和长远，着力解决深层次问题。中国提出的“一带一路”建设，是推动构建人类命运共同体的重要实践平台，是促进经济全球化健康发展的重要途径，是一条和平之路、繁荣之路、开放之路、绿色之路、创新之路、文明之路。共建“一带一路”，可以让经济全球化的正面效应更多释放出来，让参与各国共享经济全球化红利，让经济全球化进程更有活力、更加包容、更可持续。①

【案例讨论】

1. 你认为经济全球化是否会发生逆转?
2. 当前经济逆全球化风潮出现的原因是什么?
3. 中国如何合理应对经济逆全球化的风潮?

【案例评析】

经济全球化虽然最初是资本主义国家倡导并推动的,但它本身也是人类社会在生产力与生产关系、经济基础与上层建筑基本矛盾推动下辩证发展的必然趋向和客观规律。在经济全球化过程中,也会因为多重因素的制约而遭遇挫折和调整,但它不断向前的总趋势是不变的。从 20 世纪 80 年代至今,经济全球化在经历高速发展后,现在正进入调整期,这是多方面因素相互交织、共同作用的结果。

首先是国际金融危机的后遗症。回顾历史,1929—1933 年的世界经济大萧条打断了上一轮经济全球化进程,直到第二次世界大战结束,经济全球化才重新启动。2008 年的国际金融危机同样给经济全球化带来严重冲击,一些重要金融机构破产,大多数经济体增长速度下降,有的甚至出现负增长,并伴生失业增加、需求不足、产能过剩、企业利润下降等问题。很多国家出台了贸易救济措施甚至保护主义措施,直接影响国际贸易与投资的增长。

其次是经济全球化副作用的积累。经济全球化是一把“双刃剑”,在促进贸易投资和经济繁荣的同时,也会带来一些负面影响。前一个时期经济全球化高歌猛进,积累的副作用在一些国家逼近了临界值。同时,一些国家由多种原因造成的收入差距扩大、产业空洞化、金融风险跨国传导等问题被过度归咎于经济全球化。作为一种矫枉过正的反应,这些国家出现了逆全球化思潮,社会舆论分化,对经济全球化的质疑上升。

再次,国际格局发生变化。进入新世纪以来,新兴市场国家和发展中国家群体性崛起。近年来,新兴市场国家和发展中国家对世界经济增长的贡献率达到 80%,经济总量占世界的比重接近 40%,多个发展中心在世界各地区逐渐形成,使全球发展的版图更加全面均衡。然而,全球经济治理体系未能反映国际格局和力量对比的变化。近年来,虽然西方国家主导的全球治理体系出

① 本案例摘选自:任理轩:《逆全球化违背时代潮流》,《人民日报》,2018 年 10 月 17 日第 7 版。

现变革迹象，但更加公正合理的国际政治经济秩序的形成依然任重而道远。[①]

在此情况下，一些西方发达国家为了维护自己的地位，以经济全球化存在缺陷为借口而根本否定经济全球化，甚至把自己国内的矛盾和问题归咎到经济全球化和别的国家头上去，大范围挑起贸易战，以维护一己私利、遏制别国发展，这是逆时代潮流而动，害人害己、不得人心。正视并解决经济全球化进程中存在的矛盾和问题，有效应对贸易保护主义和逆全球化，需要以构建人类命运共同体理念推动建设一个开放、包容、普惠、平衡、共赢的世界，让经济全球化更好造福世界各国人民。

① 隆国强：《经济全球化的新特点新趋势》，《人民日报》，2019 年 2 月 22 日第 9 版。

案例6　贫富分化导致美国政治三重衰败

【案例内容】

美国患上了经济政治恶性互动循环的“政治病”，不平等的政治造就了不平等的经济和社会贫富分化；日益加剧的贫富分化催生了美国多元政治的财阀化、政党政治的两极化以及民主政治的民粹化，从而导致美国持续的政治衰败。

多元政治的财阀化

美国学者罗伯特·达尔认为：“民主政体的一个关键特征是，政府对其政治上视为平等的民众的偏好持续作出回应。”达尔据此作出判定，20 世纪 60 年代的美国虽然并没有完全达至这种理想的民主状态，但基本符合“多元政体”(Polyarchy)的民主模式。然而，随着经济不平等的攀升和对政治生活的渗透，达尔设想的“多元政治”已经日益被“财阀”所绑架和俘获。财阀政治的怪兽，既主导着政治输入面的政治参与，也扭曲了政治输出面的政策制定和执行。一方面，经济不平等的加剧提升了精英阶层的政治影响力，但却稀释和淡化了广大中下阶层的政治参与频率和效能，美国的政治逐渐被金钱和资本所绑架；另一方面，富豪和利益集团对政治运作的过度影响使政治体制更倾向于迎合富人的利益而忽视中下阶层的愿望。

随着经济不平等和中产阶级萎缩而来的是美国公民精神的衰退，由此导致了美国的总统大选的投票率一直徘徊在 50％的低位左右，总统大选之外的中期选举和地方选举投票率更低。其中，中低收入阶层的投票率更低至简单多数的 50％以下。这种超低的投票率违背了“一人一票，每票等值”的民主精神，降低了选举的合法性。然而，富人和强有力的商业利益集团等所代表的金钱势力影响力却大增。其中，当选的政客和议员们本身不少就是财大气粗的百万富翁甚至亿万富翁。2012 年，参众两院总共 435 名议员中至少有 268 名的资产超过百万美元，身为总统的特朗普也是一个进入福布斯榜单的亿万富翁。同时，不同类型的政治行动委员会(PAC)如雨后春笋般涌现，这都让利益集团与政治人物和政治运作建立了更为紧密的关系。不断拉大的贫富差距不但导致财阀对政治参与和政治输入的接管，也让政治回应和政治输出更倾向于有钱有势的人。根据拉里·巴特尔斯的研究，在参议员回应选民方面，对1/3最富裕选民的回应度要比中间1/3位置选民大出近50%的权重，而处于收入分布后1/3位置选民的看法和诉求几乎被忽视。普通民众在政策决定方面无足轻重，其影响力接近于零。相反，对政策影响最大的是位于收入顶层10%的经济精英和代表工商业的特殊利益集团。由此可见，美国政治逐渐被金钱和资本所绑架，而导致了多元政治的财阀化。

政党政治的两极化

利益诉求是政党政治的核心，美国共和民主两党政治分野在本质上是利益诉求分化的表现。一般来说，民主党主要代表中下层劳动阶级的利益，而共和党则与富人和工商业建立了密切的联系。随着经济不平等的攀升，两大党在经济议题上的差距变得越来越大，美国政治迅速极化。穷人和富人之间不断拉大的经济差距演变成保守派和自由派之间政治立场的距离。在当下的美国，政治分裂和极化则表现为保守主义和自由主义两大阵营内部越来越同质化，而两者之间却越来越异质化。简言之，民主党和共和党在意识形态上都向极端靠拢。皮尤研究中心的调查发现，从1994年到2014年仅仅二十年间，民主党变得越来越左倾，而共和党则变得越来越右倾，两党之间选民基础和政策的交集越来越少，双方立场的中间线在拉大，政治讨论变得越来越困难，民主政治所必要的妥协越来越少，政治议程完全为极端势力所绑架。政治极化加剧了社会分裂，两大党及其支持的媒体、选民之间的对立已经到了相互仇视的程度。

2021年1月6日，特朗普的支持者冲击国会

民主政治的民粹化

在美国历史上，经济不平等和社会贫富分化总是与民粹主义相伴而行，从而导致民主政治的异化——极端化和民粹化。美国第一次民粹主义运动——人民党运动，诞生于自由资本主义向垄断资本主义过渡的“镀金时代”。在那个时代，大量财富集中在少数的资本家和大财团手中，政党分赃和裙带主义的腐败随处可见，西部和南部的农民在工业化浪潮中深受其害。这次民粹运动奠定了美国民粹主义的基本精神，也显示出经济不平等与民粹主义如影随形的联系。100 多年之后，历史似乎重演。从 1970 年代以来，美国经济面临着向后工业化和技术化的转型，这种转型导致了以制造业为主的工人阶级的大量失业。加上随之而来的快速全球化和自动化给广大劳动阶层带来更大的冲击，表现为随着全球化的推进，美国企业为了提高经济效率而纷纷将工作岗位外包到工资水平更低的发展中国家。与此同时，拉丁美洲的移民涌入美国，挤占了美国劳工阶层的低薪工作，使他们成为这场全球化浪潮的失败者。于是，在美国中西部地区的“锈带州”，钢铁、汽车制造等产业在近几十年纷纷倒闭、大量蓝领工人失业，旧有的工厂成为鬼城。全球化和技术进步给中下阶层带来的遭遇与东部白领精英获利的反差，显得尤其刺眼：东部的精英阶层坐享全球化和自由贸易带来的红利，而美国工人和农民面对席卷而来的全球化浪潮却束手无策。可见，时代的巨变助长了美国底薪工人和中西部腹地的农民的“相对剥夺感”和不安全感。

在面对这种不公正的经济体制以及受益不均的全球化和技术化的消极影响时，美国政府却显得无力。在经济、移民和福利等议题上，美国的执政者长期与民意脱离。于是，经济上的不满和愤懑很快就转变成对华盛顿政治的反抗，被忽视太久的“沉默的大多数”以反精英反建制为口号，支持宣扬民粹主义的政党。根据英格尔哈特和诺里斯的研究，贫富差距的拉大是推动欧美国家 21 世纪民粹主义崛起的社会根源，民粹主义言论和运动在低技术、低薪水的蓝领底层阶级中有着深厚的土壤。

自 2008 年金融危机以来，美国民粹主义分别在左右两翼同时崛起。一方面，左翼的民粹主义运动和势力开始出现。2011 年秋季，不满美国日益拉大的贫富差距和华尔街贪婪的左翼人士走上街头，占领华尔街。占领者都自诩自己为 99%的普罗大众来对抗 1%的华尔街大亨。另一方面，右翼民粹主义也在迅速崛起。反对奥巴马左翼政府的医疗改革、金融救助和加税的茶党运动在 2009 年夏季兴起，并推动了共和党的选举胜利，导致了共和党的右倾。

这波民粹浪潮无疑为2016年特朗普的崛起起着推波助澜的作用。然而,现实已经证明,特朗普的当选和执政,也并未缓解日益加剧的美国社会的经济不平等、贫富分化及其政治衰败。实际上,美国的"政治病"还在延续,并殃及世界各国。[①]

【案例讨论】

1. 你认为美国"政治病"和贫富分化的根源是什么?
2. 造成美国政治不平等的根源是什么?

【案例评析】

资本主义不平等的经济基础(少数资本家凭借对大量生产资料和销售市场的占有和垄断,以及由此获得的巨量的财富)造成了与之相应的不平等的上层建筑(政治上层建筑和观念上层建筑),不平等的上层建筑反过来又作用于维护不平等的经济基础。贫富分化和政治衰败则是资本主义社会制度内在矛盾的现实反映。美国政府为了缓解国内矛盾,共和党和民主党都试图进行某些改革,但都是治标不治本的措施,只要美国的资本主义制度没有改变,维护少数资本家的经济政治利益就是优先选项,大多数民众的利益就不能从根本上得到保障。

---

① 本案例摘选自:刘俊祥:《贫富分化导致美国政治的三重衰败》,《人民论坛》,2019年2月(上),第19—21页。

案例 7　西方民主的四个陷阱

【案例内容】

民主，是人类共有的政治文明成果，也是当今时代最时髦光鲜的政治概念！但是，西方尤其是美国为向全世界推广兜售其民主理论和民主制度，将民主变成“鲜花”掩映下危险的概念陷阱：将“普世价值”“民主价值”“西方民主价值”“西方民主制度”“美国民主制度”“投票选举程序”“普适制度”划等号，诱导人们以西方标准检视、否定本国民主理论及实践。反对西方标准的民主就被认为是“反民主”，不同于西方主流民主理论就被认为是“异端邪说”，不实行西式的民主制度就被认为是“独裁专制”。

在此背景下，民主问题已成为中西方意识形态斗争的前沿阵地，成为西方西化、分化、弱化、丑化中国的重要武器。打赢民主话语权争夺战，有利于维护我良好国家形象，有利于维护我意识形态安全和国内政治稳定。对民主概念进行正本清源，厘清其内涵和外延，清除西方在“战线”上布下的“陷阱”，是我们与西方争夺民主话语权的基础。……

陷阱一：将民主价值追求矮化为民主选举程序，不搞“一人一票”竞选就是“不民主”。作为一种价值追求的民主理想，是现代政治文明的重要体现。但西方制度实践与民主理想之间有着巨大差距，如何填满鸿沟？靠西方理论家“舞文弄墨”！熊彼特、亨廷顿、达尔等决定提出“另一种民主理论”，将民主价值转换为“一种政治方法”，即“舍弃民治，代之以由人民批准的治理”，人们如何批准？“把选举作出政治决定的人作为最初目标，即人民的任务是产生政府”，“民主的精髓是最高决策者通过普选产生”。就这样，人民当家作主的价值理想就与作为一种程序的投票选举划上约等号。从实际操作来说，将选举作为实现民主的一种方式具有重要意义。但是，西方理论家、政治家们有意模糊民主价值与西方实践之间的区别，并借民主价值的“普世”光环向全世界推广西式民主制度，以选举与否评判他国政治文明程度，显然是别有用心。

陷阱二：将西方民主原理神化为绝对的、普世的民主价值，不同于西方的民主观就被当作“异端邪说”。上世纪中叶以来尤其是冷战结束后，西式民主被包装成“神话”“绝对的善”，能带来经济发展、政治稳定、有效治理、社会和谐、公平正义、世界和平，能反腐败、能保人权，能“满足人类获得认可的根本精神需求”。世间一切美好，皆因民主而生。然而，西方社会并非完美的“天国”，西式民主在实践中也并不完美，甚至问题重重、表现糟糕。对此，福山等狡辩，是因为西式民主实行得不到位、不彻底，“并非原理本身的缺陷”，西式民主完全可以自我发展、自我完善。至此，西式民主终于“羽化成仙”，成为一种政治宗教，变成先验的、完满的、绝对的理念，不容怀疑、不用思考，只需相信、只需实践。并且，只有西式民主“不存在根本性矛盾”，人类其他政体均具有严重缺陷及不合理的特征从而导致其衰落，西方民主之“善”必将战胜其他政治制度之“恶”，人类终将统一于西式民主全球化的“历史终点”，这完全是强词夺理的腔调。

2009 年，基辅迈丹广场，纪念“橙色革命”5 周年活动

陷阱三：将美式民主制度幻化为“普适”制度模式，与西方政治制度不同就是“独裁专制”。作为制度层面的民主，是民主理念、民主政治安排与一国具体国情相结合的产物，具有特殊性和多样性，没有放之四海而皆准的政治制度。同一颗果树上尚无法长出同样的果实，广阔的世界上自然没有所谓“普适”的民主制度。以美国为代表的西方，故意混淆民主价值的一般性与一国民主制度的特殊性之间的区别，通过大众传播、学术交流、隐秘渗透、军事干涉等，给西方尤其是美式民主制度抹上“普遍性”的“圣油”，并向全世界大肆推广。美国的民主实践具有重要意义，但其核心内容代议制、普选制、多党制，在理论上、实践上均存在颇多问题，难称“普适的”甚至“最不坏的”制度。但是美国等将自身制度作为民主的标准和化身，与之不同便被称作“专制”，似乎只有白马是马，黄马、黑马必须被染成白色方能称之为马，典型的强盗逻辑。

陷阱四：将民主概念泛化为包含自由、平等、人权、法治等的政治文明理念，与西方理解不同就是“假民主”。西方理论家们为使民主担起“普世价值”的重任，极力扩大民主的概念内涵。一方面，将自由、平等、人权、法治等裹挟入民主内涵之中，并且只能是西方标准的理解，强行捆绑销售。否则，自由、平等、人权、法治均不真实，自然无法实现真正的民主。另一方面，把西式民主说成是自由、平等、人权、法治能否实现的条件。否则，自由面临威胁，平等只是空谈，人权无法保障，法治无法实施。实际上，自由、平等、人权、法治等与民主尤其是西式选举民主本质上不存在包含与被包含关系，其存在也不互为条件，尤其是自由、平等、人权、法治等既不由选举民主产生，也不由选举民主维持，更不是西式民主的内涵。将西式自由、平等、人权、法治等与西式民主捆绑，不过是要用双重标准否定他国的民主政治实践，可谓“横蛮霸道”。①

【案例讨论】

1. 你是否认同美国所谓的“民主”？
2. 美国向全球推销甚至强行植入美式“民主”的目的是什么？

【案例分析】

美国一直热衷于通过发表人权、反恐、宗教自由等报告，对别国政治、民主、人权等妄加指责。正人必先正己。“美式民主”号称通过“完美”制度实现政客为民发声，政府施政为民。这种政治体制在限制行政部门权力膨胀、防止政府犯方向性大错误方面也许有其优势，但最大挑战就是容易出现政治极化，两党相争、彼此推诿、相互攻讦，政府施政效率低下。“金钱是政治的母乳”这句话对西方民主政治作了精辟概括。据报道，近来几名有望成为总统候选人的共和党人拜访了博彩业亿万富翁谢尔登·埃德森。埃德森希望政府禁止在线赌博业务，以避免对其线下博彩帝国的冲击。他准备拿出数千万美元，支持帮助他促成此事的人。如果一个人利用他的财富能够改变某个党的候选人提名，那么他就能毁掉这个党。这种“美式民主”表面上是一人一票，骨子里却是一美元一票。更可怕的是，美国顶层1%人口占有全国可支配财富的1/3以上，少数服从多数的原则已蜕变成“1%的民主”。近年来，美国政府在全球扯起了“美式民主”大旗，从埃及、伊拉克、阿富汗到乌克兰，价值观输出、颜色革命、武装支持一起上，但这种“美式民主”却遭遇滑铁卢。强行植入的“美式民主”非但起不到扶危济困的作用，反而令有关国家深陷泥潭。事实证明，“美式民主”无法成为“救世主”，只有找到一条符合本国自身特点的道路并坚持走下去，才是实现国家长治久安、繁荣稳定的正确方式。②

① 本案例摘选自：张程：《警惕“民主”概念陷阱》，《红旗文稿》，2015年第16期，第16—18页。

② 李易初：《美式民主成不了“救世主”》，《红旗文稿》，2014年第11期，第41页。

案例8　西方民粹主义

【案例内容】

2008年国际金融危机爆发后，民粹主义就像幽灵一样在西方国家徘徊，并不时掀起风浪。在欧洲，主张摆脱欧盟的英国独立党异军突起，法国国民阵线强势回归，德国的另类选择党、爱尔兰的新芬党等也都在各自国家悄然成长。民粹主义并不是什么新鲜东西，作为一种声称代表民意、以反精英反建制为主要行为方式的政治思潮和社会运动，它萌生于19世纪四五十年代，此后在世界政治舞台上时起时伏。长期以来，其核心理念并未发生根本变化，只是因时因地因事呈现出不同特点。

当下，民粹主义之所以在西方国家再度兴起，主要与三个因素有关。一是这些国家的普通民众产生被剥夺感。上世纪90年代以来，西方国家收入差距不断拉大，加之经济全球化带来的福利主要落入极少数人手中，导致普通民众心理失衡，进而产生反精英反建制情绪。二是西方民主政治运行机制严重失调。发轫于欧洲大陆的西方现代民主政治虽然在历史上起过积极作用，但其积弊日益凸显、运行机制严重失调。这导致最近几年在西方国家选举中，一些高举所谓民意大旗的人跃上政治舞台，其中不少人言论偏激、观点偏颇，对西方社会传统政治观念造成不小冲击。三是大众动员机制日益现代化和便捷化。当今时代，网络通信工具被广泛使用，信息传播手段更为多样便捷。一些政治人物利用各种网络通信工具大量发布观点，着力诱导民意，积极扩大影响，致使反精英反建制情绪不断蔓延。

民粹主义尽管常以体现民众意愿、维护民众利益的形式出现，但它并不能反映真实的民意。现代政治、经济和社会生活非常复杂，其中关于普通民众利益的议题，仅仅依靠一些现象进行判断，很难得出正确结论、作出恰当政策选择。但一些政治人物抽取片段民意，将自己的诉求填充其中，制造偏激的政治和社会理念，勾画不切实际的政治和社会图景，并以夸张的形式加以表达，以博取关注和支持。实际上，这些被政治人物包装过的所谓民粹主义，并不会真正考虑普通民众的利益能否实现。正如一些西方学者所批评的那样，民粹主义里面并没有人民。

历史上，西方国家民粹主义的泛滥常常会引发政治和社会动荡。当前，西方国家中高擎民粹主义大旗的政治人物极力将自己标榜为民意代表、正义化身，他们以慷慨陈词、诱人承诺俘获了一些普通民众。在互联网上，民粹主义者不断发声，以此扩大自身影响。他们引导民众将国内的政治弊端简单归咎于少数精英人物，从而在国内制造对立，冲击传统价值观念，撕裂社会。他们还将本国的社会问题归咎于经济全球化，归咎于其他国家“不公平”的竞争，从而在经济开放、自由贸易和共同发展方面制造障碍。民粹主义者所主张的政治上改弦更张、另起炉灶，经济和社会政策上高度福利化，都容易引发社会动荡，最终损害广大民众的根本利益和长远利益。西方国家民粹主义抬头表明西方社会的政治体制已出现困局，并有可能给国际秩序带来冲击。对于西方民粹主义的本质，我们要保持清醒认识，对其产生的危害要做好相应防范。[①]

【案例讨论】

1. 2008 年国际金融危机爆发后，西方民粹主义兴起的原因是什么？
2. 你认为我们应该如何应对西方民粹主义对国际秩序的冲击？

【案例分析】

2008 年国际金融危机爆发后，西方民粹主义兴起的原因复杂，除了文中所列的三个因素（这些国家的普通民众产生被剥夺感、西方民主政治运行机制严重失调、大众动员机制日益现代化和便捷化）外，还有学者提出其他因素。例如，有一种观点自然受到经济学家的青睐，那就是经济不满才是民粹主义反叛的源头。意大利经历了长达 20 多年的生产率增长停滞，而失业特别是青年失业已经上升到了毁灭性的水平。巴西近年来已经习惯了快速增长的经济状况，却在 2015—2016 年经历了一次大规模的经济衰退，2018 年看来又将成为一个惨淡的年份。

但用这种模式来解释美国却很难行得通。到 2016 年大选特朗普执政时，美国经济已经连续六年实现了扩张。这提示人们，民粹主义不仅仅关乎经济增长，它同样关乎分配，意大利和巴西也存在同样的状况。同时它还关乎经济不安全感：就连那些现在受益的人也怀疑自身及其子女未来能否继续得到好处。

---

① 本案例摘选自：王存刚：《西方民粹主义并不真正代表人民》，《人民日报》，2017 年 10 月 17 日第 7 版。

另外一种解释是，当前的民粹主义浪潮被视为对所谓威胁的回应，这种威胁既是政治上的又是经济上的，从所谓外人到主流文化群体全部涵盖其中。对于像萨尔维尼这样的意大利民粹主义者来讲，这指的是移民，主要是来自非洲的黝黑肤色的民众，他们的外人身份一眼就看得清。而在波索那罗看来，这指的是少数族裔、女性和挑战白人工薪阶层的其他团体。特朗普同时表现出这两种倾向，他在没有任何证据的情况下声称，中东恐怖分子混在来自中美洲的移民和寻求庇护者之中，同时要进一步强化其种族、宗教和反女权主义阵营的敌意。

但实际选举行为并不是沿着预测的界限区分得丝毫不差。波索那罗出人意料地赢得了黑人选民的支持。特朗普在臭名昭著的"走近好莱坞"录像带发布不久后举行的选举中，得到了众多女性的支持，而特朗普在录像中吹嘘自己犯下各式各样的性侵丑闻。

因此，将这些新贵政治家支持者团结在一起的，一定是另外某种因素。艾肯格林提出，事实上，西方国家政治进程腐败所引发的反感是一种主要因素。特朗普和波索那罗的魅力就在于此，他们承诺以一切必要的手段清理各自的国内"乱象"。历任主流联盟的腐败和低效，再加上局外人做得更好的承诺，无论实际可信与否，同样都激励了意大利右翼联盟党及左翼五星运动的支持者。①

应对西方民粹主义对国际秩序的威胁，首先要认清西方民粹主义的本质，它并不真正代表人民，而是某些西方政客或资本家为实现其政治或经济目的，掩饰国内资本主义制度经济和政治的内在矛盾，把由于资本主义生产资料私有制而导致的国内阶级矛盾转化为种族矛盾或所谓"不公平"的国际贸易，对此，要有清醒认识。同时，要努力做好自己的事，壮大和平稳定的力量，构建更加公平公正的人类命运共同体。

① 艾肯格林：《民粹主义的共同点》，搜狐网，2018 年 11 月 14 日。https://www.sohu.com/a/275288405_114986.

第六章　社会主义的发展及其规律

案例1　空想社会主义

【案例内容】

在资本主义生产方式出现以前，古代哲人对理想社会的构想，是在生产力水平较低的经济社会条件下对未来美好社会的想象和勾画。空想社会主义是人类进入资本主义社会后，作为资本主义的对立物、批判者出现的。它是反对资本主义的众多思想体系中一颗耀眼的明星，对未来社会的构想具有较为深刻的历史意义和丰富内涵，主要人物有托马斯·莫尔、闵采尔、托马斯·康帕内拉、杰拉德·温斯坦莱、让·梅叶、摩莱里、巴贝夫、圣西门、傅里叶、欧文等人。

一、

托马斯·莫尔(1478—1535)

托马斯·莫尔(Thomas More，1478—1535)是空想社会主义的开山鼻祖。他出生于英国伦敦的一个贵族家庭，14岁时就到牛津大学深造，深受经典作家和人文主义著作影响，尤其喜欢柏拉图的《理想国》。大学毕业后，他成为出色的律师和议员，还担任过下议院的议长和大法官。但他没有满足于仕途和富贵，而是致力于对社会问题的思考。他亲眼目睹了英国资本原始积累的残酷，对“羊吃人”的圈地运动深有感触，这引起了他对劳动人民的深切同情和对没有剥削和压迫的理想社会的向往。当时有位意大利航海家韦斯甫契在游记中说，在巴西南纬18度的地方留下了24个人，在那里安家落户。莫尔遂决定假借24人中的一位，讲述自己心目中的理想国，于是写成了人类思想史上的第一部空想社会主义著作《乌托邦》。该书的全名叫《关于最完美的国家制度和乌托邦新岛的既有益又有趣的金书》。乌托邦是一个希腊语，由 où(否，没有)和 tópos(地方)组成，后来这个词成为一个通用词，表示没有的地方，是一种空想、虚构和童话。莫尔在《乌托邦》中控诉了资本原始积累的罪恶，他说，你们的羊"一向是那么驯服，那么容易喂饱，据说现在变得很贪婪、很凶蛮，以致于吃人，并把你们的田地、家园和城市蹂躏成废墟"。1535年7月7日，莫尔因反对国王亨利八世任英国教会的首领而被判死刑。有人劝莫尔悔过，他回答说："自由的代价确实很高，但是我不能违背自己的良心。"临行前，莫尔对刽子手说："我的脖颈短，好好地瞄准，不要出丑。"

二、

托马斯·闵采尔(Thomas Münzer，1489—1525)出生于德国一个造币作坊主家庭，家境富裕。曾在大学学习哲学、神学和医学，精通多门外语，阅读了大量人文主义和宗教著作，并获得神学学士和自然科学硕士学位。大学期间，闵采尔喜好旅游和社交，足迹遍及几十个城市和数百个村庄，这使闵采尔获得丰富知识的同时，更深入地了解了社会实际，接触到遭受苛捐杂税和苦役盘剥的下层群众。人民的悲苦命运，撞击着闵采尔的心灵，他逐渐形成一个信念：要使人民摆脱苦难，建立一个没有压迫剥削的人间天堂，要做到这点，必须把人民组织起来，进行坚决斗争。于是，大学毕业后，闵采尔选择当神学教员和传教士，他想通过这样的职业，方便地进行思想宣传，启发和组织民众起来斗争。他把教学和布道变成了宣传社会变革和揭露社会罪恶的讲坛，他提出要用暴力建立一个公有制为基础，消灭压迫和剥削、平等民主幸福的"千载太平天国"。1524年年底，闵采尔在德国南部进行农民起义的鼓动工作，1525年年初，闵采尔在缪尔豪森领导农民起义，推翻了城市贵族议会，成立了革命的权力机关——永久议会。之后，德国各地纷纷爆发农民起义，闵采尔成为他们的精神领袖。1525年5月，农民起义遭到

托马斯·闵采尔
(1489—1525)

镇压,闵采尔被俘后被秘密杀害。

三、

托马斯·康帕内拉(Tommas Campanella,1568—1639)出生于意大利一个贫困农民家庭,17岁时曾因临时顶替别人参加一场关于教义的辩论以其雄辩而崭露头角。但从24岁开始,康帕内拉因冒犯教会,参加反抗西班牙殖民统治的活动而被捕入狱,先后在狱中被关押了33年,辗转坐过50处监狱,但始终坚贞不屈。在狱中,康帕内拉忍受痛苦,在一位修女的帮助下,秘密创作了《太阳城》这一空想社会主义名作。康帕内拉给这本著作取名《太阳城》或许就反映了他对人类光明的渴望。他在《太阳城》中写道:请把高傲、无知和谎言,放在我从太阳那里偷来的火中,销毁吧!《太阳城》采用对话体裁,介绍了印度洋上一个虚幻的岛国——太阳城。叙述了实行绝对的公有制、没有阶级的区分、没有贫富的对立,没有因贫困对立产生的一切恶习的社会。

托马斯·康帕内拉
(1568—1639)

四、

杰拉德·温斯坦莱(Gerrard Wlnstanzoy,1609—1652)是17世纪英国掘地派运动的著名领袖和杰出思想家,也是最早把自己的理想付诸实践的空想社会主义者。他带领一批失地农民在英国的圣乔治山开垦无主的荒地,山上一切公有,共享收成,过着原始共产主义的生活,被称为"掘地派"。后来,随着掘地运动的快速扩展,引起统治阶级的恐慌,掘地运动遭到镇压。临去世前,温斯坦莱出版了《自由法》一书,系统地提出了同垦共耕的社会改造方案,呼吁建立一个有"使用土地的自由"的真正自由的共和国。

五、

让·梅叶(Jean Meslier,1664—1729)出生于法国一个纺织工人家庭。梅叶自己不信宗教,但难违父母之命,当了40年乡村神甫。长期的社会底层生活使梅叶洞悉法国农村的社会矛盾,激起他对专制制度和宗教神学的厌恶和憎恨。为打开穷人的眼界,向他们说明全部真理,解除不堪忍受的枷锁，梅叶秘密创造了三卷本巨著《遗书》，号召人民群众自己起来追求自身的解放，建立一个财产公有，财富平等享有，婚恋自由，没有战争、欺骗、盗窃、诉讼和掠夺的平均共产主义制度。

让·梅叶著作《遗书》

六、

马布利(Cabriel Bonnot De Mably，1709—1785)出身贵族家庭，曾任外交大臣的秘书，后辞去公职专心从事理论研究，批判现实制度的弊端。马布利把批判的矛头直接对准资本主义私有制，提出要建立一个以自由、平等和劳动为基础的公众福利的“平等共和国”。在这个共和国里，实行财产公有制度，人们普遍树立起了劳动光荣的道德观念，实行劳动竞赛。认为调动劳动积极性的不是私欲，而是优良的美德；居民要苦修苦炼，因为需求越少，幸福越多；国家的最高权力属于人民，共和国采取代议制度，人民代表机关是全国最高立法机关，最高行政机关由人民代表机关选举产生，其权力受立法机关约束；有完善的法律制度，法律公正无私，不偏不倚，遵循“自然秩序”，“人人都是富人，人人都是穷人，人人平等，人人自由，人人是兄弟”。①

马布利选集

【案例讨论】

1. 16—17 世纪的空想社会主义有何共同点？
2. 18 世纪空想社会主义有何共同点？
3. 空想社会主义与科学社会主义有何根本区别？

---

① 本案例摘选自：中共中央宣传部理论局：《世界社会主义五百年》，党建读物出版社，2014 年版，第 7—12 页。

【案例评析】

16—17世纪的空想社会主义者大都深受人文主义思想的影响，他们看到了资本主义兴起初期的社会不公，于是用文学形式构想一种没有剥削、没有压迫、人人自由平等的理想社会。18世纪资本主义已由简单协作发展到工场手工业，空想社会主义也摆脱早期纯粹的幻想，开始更多地面向现实，主要从法理角度批判资本主义私有制，以法律条文的形式阐述未来理想社会的基本原则。历史地看，人类对美好境界的追求，从广义上讲有两类：一类是完全脱离客观发展规律而陷入虚幻，从而根本不可能实现的空想，如空想社会主义者对理想社会的描写；一类是具有客观必然性，经过努力可以实现的理想，如马克思主义经典作家对理想社会的展望。空想社会主义与科学社会主义在展望未来的方法上有着根本区别。

案例2　社会主义流派

【案例内容】

作为一种社会理论思潮，社会主义产生以来就存在着形形色色的流派。由于社会主义者所处的历史环境和政治立场不同，他们对资本主义的认识和批判、对社会主义的设想和憧憬便各异，由此也就形成了前提、目的、内容和特征各异的社会主义流派。这些流派在世界社会主义运动中发挥着不可忽视的作用，它们从不同侧面反映出世界社会主义的发展状况。尽管各种思潮和流派都存在一定的局限和缺陷，它们对马克思主义科学社会主义都有程度不同的修正乃至背离，但在它们的思想观点和理论主张中也不乏真知灼见。这些对于世界社会主义运动和我国的社会主义建设，均具有一定的启发和借鉴意义。因此，我们必须从社会主义发展史中辩证地分析和把握各种社会主义流派。

早在科学社会主义理论创立之前，就存在着形形色色的社会主义思潮和流派。除了人所共知的各种空想社会主义之外，还有其他许多类型的社会主义派别。在《共产党宣言》中，马克思恩格斯就列举并分析了包括“反动的社会主义”“保守的或资产阶级的社会主义”“批判的空想的社会主义和共产主义”等三大类型数种社会主义流派。

科学社会主义正式诞生之初，只是诸多社会主义思潮和流派中的一种，接受它的只有正义者同盟这一当时仅有四五百人的欧洲性组织，力量和作用都比较有限。即使是国际工人协会即第一国际成立时，各种非无产阶级的社会主义流派（如蒲鲁东主义、巴枯宁主义、工联主义、拉萨尔主义等）在各国工人中仍有很大影响。为此，马克思主义者对这些不利于工人运动健康发展的思想进行了坚决批判和不懈斗争。19世纪七八十年代，科学社会主义战胜其他各种社会主义流派和思潮，成为工人运动中的主流。尽管如此，各种社会主义思潮和流派并没有销声匿迹，仍积极活跃在各国的工人运动中，并在许多国家历史上产生了重要的影响。在19世纪欧洲非马克思主义的社会主义流派中，较为重要的有以蒲鲁东为首的无政府主义和无政府工团主义、英国的工联主义和费边社会主义、德国的拉萨尔主义以及俄国的民粹主义等等。这些社会主义流派和思潮，不同程度地抨击了资本主义的各种缺陷，并提出了许多医治资本主义弊病的方案。但同时,它们也以不同方式削弱并抵制科学社会主义在工人运动中的传播,对各国无产阶级解放事业造成了很大危害。尤其是19世纪末20世纪初,面对资本主义由自由竞争向帝国主义时代转换时期世界发生的新变化,科学社会主义内部又发生了原则性分歧,分化出左、中、右三大派别。其中,伯恩施坦在其1898年出版的《社会主义的前提和社会民主党的任务》一书中,对马克思主义进行了全面的责难和修正,并提出了一套完整的改良主义理论体系即伯恩施坦修正主义,该体系成为以后民主社会主义运动的共同理论基础和实践原则。

社会主义作为一种社会制度正式诞生后,随着无产阶级革命和民族解放运动的蓬勃发展,科学社会主义成了世界社会主义运动的主流。在其指导下,社会主义实现了从理论到实践、从运动到制度、从一国实践到多国建设的历史性飞跃。但是,其他社会主义流派对社会主义运动的贡献也不容忽视,其中最为重要的是民主社会主义。遵循民主社会主义的基本原则和价值观,社会(民主)党通过议会道路执政或参政的国家增加到了20多个,这种现象在社会主义发展史上是前所未有的,它对所有主张走改良道路的社会主义流派是一个巨大鼓舞,对整个世界社会主义运动也有一定的积极推进作用。可以说,奉行民主社会主义的"社会民主党在大多数发达资本主义国家的工人运动中乃是一支巨大的力量"。

20世纪下半叶以来,国际共产主义运动中"一个中心""一条道路""一种模式"的僵化局面被打破,社会主义实践和运动呈现出了多样化的特点,各种社会主义流派也在这一历史背景下得到了进一步发展。在西方发达国家,除了民主社会主义之外,还有20世纪七八十年代在欧洲一些国家(意大利、西班牙、法国等)风行一时的"欧洲共产主义",该流派宣称要"使革命的马克思主义同西欧各国具体实践相结合,走一条既不同于欧洲社会民主党所走的道路,也不同于苏联东欧已有的社会主义模式的革新路线";还有产生于绿色运动、备受世人关注的"生态社会主义",该流派声称"人们在一个成熟的工业社会中,精神和生命正濒于崩溃和毁灭的边缘",并将这种全球生态危机归因于资本主义制度,主张建立一个符合生态环境的、没有剥削的社会,实现一种历史上从未有过的社会主义;还有以托洛茨基的"不断革命论"为旗帜,鼓吹要建立"世界社会主义联邦"的"现代托派社会主义",等等。在第三世界国家,盛行着一些颇具民族特色的社会主义思潮。譬如,20世纪50年代末60年代初,随着民族解放运动的蓬勃发展,在非洲兴起的"非洲社会主义";在阿拉伯地区一些国家提倡以阿拉伯民族意识和伊斯兰教义为依据的"伊斯兰社会主义";在赤道非洲地区一些国家倡导的,认为通过村社制度可以达到财产共有、消灭剥削、人人平等的美好境界的"村社社会主义”；在圭亚那各种族中有深远传统的、“主张以合作社作为实现社会主义的途径”的“合作社会主义”，等等。这些流派或思潮均与社会主义运动有着密切的关系，都曾以特定的方式影响过某些地区的发展。

苏东剧变不仅对社会主义国家、对世界各国的共产党造成了巨大冲击，而且也不可避免地波及到了其他社会主义思潮和流派。随着苏东社会主义的挫败，有的流派已经退出了历史舞台（如欧洲共产主义等）；有的流派已经淡化了其社会主义传统和观点（如民主社会主义的“第三条道路”思潮），但仍有众多社会主义流派富有很强的生命力。[①]

【案例讨论】

中国特色社会主义理论与实践对21世纪世界社会主义发展的意义？

【案例解析】

中国特色社会主义为21世纪世界社会主义发展注入了中国力量。自《共产党宣言》发表170多年来，社会主义经历了从理论到实践、从一国到多国的发展历程。科学社会主义的创立和发展对20世纪的世界历史进程产生了重大而深远的影响。在世界东方，中国共产党人将科学社会主义理论同中国具体实际结合起来，成功找到了一条适合中国国情的社会主义道路，破解了落后国家如何建设社会主义的难题。新中国成立60多年、改革开放40年来，我国经济社会发展取得巨大成就。特别是党的十八大以来，以习近平同志为核心的党中央，励精图治、力挽狂澜，革故鼎新、开拓进取，推动党和国家事业取得历史性成就，发生历史性变革，在世界上高高举起了中国特色社会主义伟大旗帜。而纵观当今世界，资本主义主导的国际政治经济体系弊端丛生，中国之治与世界乱象形成鲜明对比。历史和实践充分证明，中国特色社会主义不仅引领世界社会主义走出苏东剧变导致的低谷，而且重塑了社会主义与资本主义的关系，创新和发展了科学社会主义理论，用实践证明了马克思主义并没有过时，依然显示出科学思想的伟力。中国特色社会主义进入新时代，意味着科学社会主义在21世纪的中国焕发出强大生机活力，为世界社会主义发展积累了宝贵经验。[②]

---

① 本案例摘选自：吕薇洲：《国外社会主义流派与世界社会主义运动》，《当代世界与社会主义》2004年第1期，第58—62页。

② 焦扬：《中国特色社会主义的世界意义》，中国共产党新闻网，2018年6月5日。http://theory.people.com.cn/n1/2018/0605/c40531-30037117.html.

案例3　《法兰西内战》导言

【案例内容】

1871年3月18日，巴黎公社革命爆发。1871年5月30日，马克思就向第一国际总委员会宣读了《法兰西内战》，精辟地分析了巴黎公社的发展过程和历史意义。巴黎公社革命结束20年后，恩格斯在为《法兰西内战》再版所撰写的《导言》中对巴黎公社革命精神进行了再探索和阐释，这些探索与阐释深刻地蕴含着马克思主义关于无产阶级革命理论当代意义的理解。下文是该导言的一部分：

巴黎公社起义油画

公社一开始想必就认识到，工人阶级一旦取得统治权，就不能继续运用旧的国家机器来进行管理，工人阶级为了不致失去刚刚争得的统治，一方面应当铲除全部旧的、一直被利用来反对工人阶级的压迫机器，另一方面还应当保证本身能够防范自己的代表和官吏，即宣布他们毫无例外地可以随时撤换。以往国家的特征是什么呢？社会为了维护共同的利益，最初通过简单的分工建立了一些特殊的机关。但是，随着时间的推移，这些机关——为首的是国家政权——为了追求自己的特殊利益，从社会的公仆变成了社会的主人。这样的例子不但在世袭君主国内可以看到，而且在民主共和国内也同样可以看到。正是在美国，同在任何其他国家中相比"政治家们"都构成国民中一个更为特殊的更加富有权势的部分。在这个国家里，轮流执政的两大政党中的每一个政党，又是由这样一些人操纵的，这些人把政治变成一种生意，拿联邦国会和各州议会的议席来投机牟利，或是以替本党鼓动为生，在本党胜利后取得职位作为报酬。大家知道，美国人在最近30年来千方百计地想要摆脱这种已难忍受的桎梏，可是却在这个腐败的泥沼中越陷越深。正是在美国，我们可以最清楚地看到，本来只应为社会充当工具的国家政权怎样脱离社会而独立化。那里没有王朝，没有贵族，除了监视印第安人的少数士兵之外没有常备军，不存在拥有固定职位或享有年金的官僚。然而我们在那里却看到两大帮政治投机家，他们轮流执掌政权，以最肮脏的手段来达到最肮脏的目的，而国民却无力对付这两大政客集团，这些人表面上是替国民服务，实际上却是对国民进行统治和掠夺。

为了防止国家和国家机关由社会公仆变为社会主人——这种现象在至今所有的国家中都是不可避免的——公社采取了两个可靠的办法。第一，它把行政、司法和国民教育方面的一切职位交给由普选选出的人担任，而且规定选举者可以随时撤换被选举者。第二，它对所有公职人员，不论职位高低，都只付给跟其他工人同样的工资。公社所曾付过的最高薪金是6 000法郎。这样，即使公社没有另外给代表机构的代表签发限权委托书，也能可靠地防止人们去追求升官发财了。

这种打碎旧的国家政权而以新的真正民主的国家政权来代替的情形，《内战》第三章已经作了详细的描述。但是这里再一次简单扼要地谈谈这个问题还是有必要的，因为正是在德国，来自哲学的对国家的迷信，已经进入到资产阶级甚至很多工人的一般意识之中。按照哲学概念，国家是"观念的实现"或是译成了哲学语言的尘世的上帝王国，也就是永恒的真理和正义所借以实现或应当借以实现的场所。由此就产生了对国家以及一切同国家有关的事物的盲目崇拜。尤其是人们从小就习惯于认为，全社会的公共事务和公共利益只能像迄今为止那样，由国家和国家的地位优越的官吏来处理和维护，所以这种崇拜就更容易产生。人们以为，如果他们不再迷信世袭君主制而坚信民主共和制，那就已经是非常大胆地向前迈进了一步。实际上，国家无非是一个阶级镇压另一个阶级的机器，而且在这一点上民主共和国并不亚于君主国。国家再好也不过是在争取阶级统治的斗争中获胜的无产阶级所继承下来的一个祸害，胜利了的无产阶级也将同公社一样，不得不立即尽量除去这个祸害的最坏方面，直到在新的自由的社会条件下成长起来的一代有能力把这国家废物全部抛掉。①

① 本案例摘选自：中共中央马克思恩格斯列宁斯大林著作编译局：《马克思恩格斯文集》第3卷，人民出版社2009年版，第110—111页。

【案例讨论】

(1) 请结合上述资料并查阅相关资料,思考巴黎公社革命有哪些经验与教训?

(2) 在恩格斯看来,国家的本质是什么?

【案例分析】

巴黎公社是人类历史第一次无产阶级政权的伟大尝试。巴黎公社革命虽然不是以马克思主义为指导的、由无产阶级革命政党领导的自觉革命,但在整个革命过程中,第一国际成员担任了巴黎公社领导机构成员,马克思和恩格斯也以极大的精力关注了整个革命的进程。因而,巴黎公社革命同第一国际是息息相关的,恩格斯指出:"公社无疑是国际的精神产儿,尽管国际没有动一个手指去促使它诞生。"从由马克思起草的第一国际的《国际工人协会成立宣言》,到由马克思撰写的作为"国际工人协会总委员会宣言"发表的关于巴黎公社革命的《法兰西内战》,划出了马克思主义作为第一国际思想旗帜的一道轴线。[①]

在《法兰西内战》中,马克思对巴黎公社给予高度评价,认为"工人的巴黎及其公社将永远作为新社会的光辉先驱而为人所称颂"。马克思、恩格斯总结巴黎公社革命经验,深刻论述了一系列科学社会主义的基本原理:无产阶级革命成功并保住胜利果实的首要条件是无产阶级要有革命的武装;必须打碎旧的国家机器,建立无产阶级的国家机器;无产阶级专政的国家是为人民服务的机关,机关工作人员是人民的公仆;必须建立无产阶级的革命政党,发挥党的政治领导作用。[②]

不管是君主专制的德国还是资产阶级政党轮流执政的美国,国家本质上都是"一个阶级镇压另一个阶级的机器",无产阶级取得政权后同样需要利用国家机器镇压反动阶级,同时利用国家机器来促进社会发展,促进"新的自由的社会条件"的成长,直到它"有能力把这国家废物全部抛掉"。国家是历史的产物,它因阶级斗争而产生,也将随着阶级的消亡而消亡,但若阶级斗争依然存在甚至在某些情况下非常尖锐,国家就有其存在的历史与现实必然性。

---

① 顾海良:《恩格斯论巴黎公社的革命精神——纪念巴黎公社革命150周年》,《文化软实力》,2021年第1期,第9—12页。

② 中共中央宣传部理论局:《世界社会主义五百年》,学习出版社2014年版,第44—45页。

案例4 卡夫丁峡谷

【案例内容】

“卡夫丁峡谷”典故出自古罗马史。公元前321年，萨姆尼特人在古罗马卡夫丁城附近的卡夫丁峡谷击败了罗马军队，并迫使罗马战俘从峡谷中用长矛架起的形似城门的“牛轭”下通过，借以羞辱战败军队。后来，人们就以“卡夫丁峡谷”来比喻灾难性的历史经历，并引申为人们在谋求发展时所遇到的极大的困难和挑战。

关于马克思所引用的“卡夫丁峡谷”一词的含义，理论界主要有两种认识。一种认为“卡夫丁峡谷”是指资本主义生产发展的过程。所谓可以不通过资本主义制度的卡夫丁峡谷，就是可以超越资本主义生产发展的整个阶段，由前资本主义的生产方式直接进入以公有制为基础的社会主义生产方式阶段。另一种认为“卡夫丁峡谷”意指资本主义的社会形态。前资本主义国家在特殊的历史条件下，可以直接进入社会主义社会，不仅实现生产方式的变更，同时也实现社会制度的更新。

1877年，俄国民粹主义者米海洛夫斯基发表了一篇题为《卡尔·马克思在尤·茹柯夫斯基的法庭上》的“时评”。在这篇文章中，米海洛夫斯基根据自己对《资本论》的理解，强调《资本论》中体现的是历史发展的必然性，说马克思不赞成俄国人走一条不同于西欧正在走着的社会发展道路。为了回应这一对自己理论的错误理解，马克思于1877年11月在给俄国《祖国纪事》杂志编辑部的信中，驳斥了这种强加给自己的观点。在这封信中，马克思指出，“俄国是应当像它的自由派经济学家们所希望的那样，首先摧毁农村公社以过渡到资本主义制度呢，还是与此相反，俄国可以在发展它所特有的历史条件的同时取得资本主义制度的全部成果，而又可以不经受资本主义制度的苦难”[①]。显然，马克思在这里提出了俄国存在跨越资本主义“卡夫丁峡谷”的可能性问题。对这一可能性的回答，马克思非常谨慎：“如果俄国继续走它在1861年所开始

① 中共中央马克思恩格斯列宁斯大林著作编译局：《马克思恩格斯文集》第3卷，人民出版社2009年版，第464页。

走的道路，那它将会失去当时历史所能提供给一个民族的最好机会，而遭受资本主义制度所带来的一切灾难性的波折。”[①]这里，我们可以得出明确的结论：马克思虽然认为俄国正在朝着资本主义方向前进，但迈进的距离还不是很远，还存在着一种通过某种努力使其改变发展道路的可能性。如果说马克思在这里对讨论是否存在一条不同于西欧社会发展道路的问题还比较模糊的话，那么从他对米海洛夫斯基的批评中，则可以得出相当清晰的结论。马克思说：“他一定要把我关于西欧资本主义的历史概述彻底变成一般发展道路的历史哲学理论，一切民族，不管他们所处的历史环境如何都注定要走这条道路，以便最后都达到在保证社会劳动生产力极高度发展的同时又保证每个生产者个人最全面的发展的这样一种经济形态。但是我要其他原谅。（他这样做，会给我过多的荣誉，同时也会给我过多的侮辱。）”[②]马克思在这里实际上就表明了这样一种观点：社会发展的一般规律在各国，各民族的不同历史环境和条件下会有不同的表现形式。也就是从另一个侧面肯定了如果俄国社会发展道路走的是一条不同于西欧社会发展的道路，那并没有违背社会发展规律，相反，而是社会发展规律的另一种特殊的表现形式。

【案例讨论】

1. 你是否认同马克思关于俄国有可能跨越资本主义卡夫丁峡谷的设想，理由是什么？

2. 马克思说：“他一定要把我关于西欧资本主义的历史概述彻底变成一般发展道路的历史哲学理论，一切民族，不管他们所处的历史环境如何都注定要走这条路都……，（他这样做，会给我过多的荣誉，同时也会给我太多的侮辱。）”谈谈你对这句话的理解和认识。

【案例解析】

历史唯物主义是对人类社会发展一般规律和普遍矛盾的正确反映，但现实世界是多样性的统一，共性寓于个性之中，个性又体现着共性。马克思关于西欧资本主义的历史概述无疑正确反映了西欧资本主义发展的历史逻辑，也在一定程度和层次上反映了人类社会发展的一般规律，是真理绝对性和相对

---

① 中共中央马克思恩格斯列宁斯大林著作编译局：《马克思恩格斯文集》第3卷，人民出版社2009年版，第464页。

② 同上，第466页。

性的统一。但是,不能把马克思的这种概述绝对化,将其彻底变成一般发展道路的历史哲学理论,认为一切民族,不管他们所处的历史环境如何都注定要走这条路。这种观点表面上看似乎是"坚持了"马克思主义,实质上是"背离了"马克思主义,是试图用某种绝对的原则来剪裁具体的历史和现实,是唯心主义的历史观。马克思主义是科学,是指导人们正确认识和改造世界的方法和开放的理论体系,而非僵死的教条,具体问题具体分析是马克思主义活的灵魂,马克思主义是发展着的活生生的理论。

针对俄国农村公社命运问题,马克思认为,俄国农村公社是从原始社会的公有制向私有制社会过渡的产物,它兼有公有制社会和私有制社会的二重特性,因而它的发展前途也有两种不同的可能。一是公社中的私有制因素进一步发展,最终导致公社完全解体;二是公社中公有制因素得到保护和发展,从而成为俄国社会新生的支点。至于哪一种可能会成为现实,取决于俄国当时所处的历史环境。

案例5 俄国十月革命

【案例内容】

第一次世界大战的爆发，进一步激化了俄国的社会矛盾。战争使俄国国民经济遭到严重破坏，青壮年征召参战，致使土地荒芜，粮价暴涨，物资奇缺。为维持战争，沙皇实行残酷的军事独裁统治，政府腐败无能，一些将领通敌叛国，士兵伤亡无数，大批领土沦陷。所有这一切，使工人群众对沙皇专制制度深恶痛绝，士兵厌战反战情绪高涨。1916 年俄国国内发生 1 500 多次罢工，有 150 万士兵成为逃兵。农民抗租夺粮，烧毁庄园，捣毁乡村政权。统治阶级上层也发生了危机，首相和大臣走马灯似的撤换。

1917 年年初，俄国的反战运动达到高潮，革命的基本条件已经具备，一触即发。布尔什维克党提出“和平、土地、面包”的口号深入人心，各地爆发了工人罢工、示威游行。2 月 18 日，彼得格勒普梯洛夫工厂 3 万工人大罢工，拉开了“二月革命”的序幕。军警对罢工工人的枪杀激起了广大工农群众的强烈反抗，2 月 27 日，罢工转变为武装起义，并得到驻守在彼得格勒 6 万多名士兵的支持。起义者占领了市政机关，在当晚成立彼得格勒工人代表苏维埃，得到各地的纷纷响应。统治俄国 300 多年的罗曼诺夫王朝终于被推翻。

“二月革命”前，布尔什维克党的许多领导者流亡国外或被监禁、被流放，大批先进工人被征往前线打仗，因此革命后一部分领导权被资产阶级、孟什维克和社会革命党所窃取，这样就出现了资产阶级临时政府和工兵代表苏维埃两个政权并立的局面，前者主要掌握政权机关，后者主要是监督性质。资产阶级临时政府以巩固资产阶级统治、遏制革命继续发展为主要目标，代表的是大地主、大资产阶级的利益，因而它并不想改变沙皇政府的内政外交政策，对外仍坚持参加世界大战，对内镇压民众的反抗。“二月革命”的成果实际上落入资产阶级手中。

在俄国革命处于十字路口的关键时刻，列宁结束了长期的流亡生活，于 1917 年 4 月 16 日回到俄国，在彼得格勒芬兰车站受到工人和士兵的热烈欢迎。列宁在车站广场的装甲车上向群众发表了热情洋溢的演说，提出“社会主义革命万岁”的口号。次日，他发表了著名的《四月提纲》。列宁分析了俄国工

1919 年 5 月列宁在莫斯科红场向士兵讲话

人阶级与资产阶级的力量对比，明确提出俄国当前形势的特点是从革命的第一阶段向革命的第二阶段过渡，沙皇制度推翻以后必须进而实现社会主义革命，而不能仅仅停留和满足于资产阶级民主革命，这就在历史发展的关键时刻为俄国革命指明了方向。

根据列宁《四月提纲》的精神，布尔什维克党将争取群众、发动群众作为中心工作，积极开展各种形式的宣传鼓动。1917 年 7 月，俄军在前线惨败的消息传来，引发了声势浩大的群众游行示威，结果遭到临时政府的血腥镇压。"七月事变"改变了俄国国内的政治状况和阶级力量对比。资产阶级临时政府的倒行逆施，激起了俄国民众大规模的抗议浪潮。"七月事变"后，列宁为躲避反动军警和密探的追捕，装扮成割草人匿居于拉兹里夫湖畔。他洞观局势，于 1917 年 8—9 月写成《国家与革命》。该书深刻批判了第二国际机会主义对马克思主义国家学说的歪曲，捍卫和发展了无产阶级革命和无产阶级专政的理论，为俄国革命提供了及时的思想指导。到 1917 年 9 月，俄国的工人罢工、农民起义、士兵暴动进一步发展，革命形势日渐成熟。布尔什维克党领导的工人赤卫队对科尔尼洛夫叛军作战取得胜利，大大提升了布尔什维克党的威信，促使全国各地苏维埃迅速布尔什维克化。在军队中，大部分士兵拥护布尔什维克的主张。据此，列宁认为，武装起义的时机成熟。

但是，列宁关于迅速进行社会主义革命的主张，遭到孟什维克的讥讽和反对，也受到布尔什维克党内一些重要成员反对，反对意见主要集中在"俄国是否有进行社会主义革命的客观条件"这样一个问题上。如何正确判断和把握俄国革命的大势？在历史的重要转折关头，机遇稍纵即逝，列宁迅速作出了判断和选择。他指出，马克思主义不是教条，而是行动的指南，马克思主义者应该从实际出发，而不是抱着昨天的理论不放。俄国武装夺取政权的主客观条件已经成熟，如果错过这样的时机，“历史是不会饶恕我们的”[①]。

“阿芙乐尔号”巡洋舰

历史证明了列宁判断的正确性。1917 年 11 月 6 日下午，在列宁的推动和指导下，武装起义开始。7 日（俄历 10 月 25 日）晚 9 点 40 分，根据革命军事委员会的命令，停泊在涅瓦河上的“阿芙乐尔号”巡洋舰发出了攻打冬宫的炮声。起义群众很快就占领了冬宫，逮捕了最后一届临时政府的部长。与此同时，全俄苏维埃第二次代表大会在斯莫尔尼宫召开，宣告推翻资产阶级临时政府，建立苏维埃政府。随后革命迅速向全国发展，到 1918 年春，苏维埃政权掌握了全国的局势。[②]

【案例讨论】

1. 1985 年 9 月 23 日，邓小平在《中国共产党全国代表会议上的讲话》中指出：“马克思主义理论从来不是教条，而是行动的指南。它要求人们根据它的基本原则和基本方法，不断结合变化着的实际，探索解决新问题的答案，从而也发展马克思主义理论本身。”[③]请结合俄国十月革命的历史，谈谈你对邓小平这句话的理解和认识。

【案例解析】

正如恩格斯、列宁、邓小平等正确指出的，马克思主义理论不是教条，而是行动的指南，是指导人们进一步认识世界和改造世界的方法，要求人们根据马克思主义的基本原则和方法，结合不断变化的实际，探索解决新问题的答案。

---

① 《列宁全集》第 32 卷，人民出版社 1985 年版，第 234 页。

② 本案例摘选自：中共中央宣传部理论局：《世界社会主义五百年》，学习出版社 2014 年版，第 72—75 页。

③ 《邓小平文选》第 3 卷，人民出版社 1993 年版，第 146 页。

反之，把马克思主义理论看成是永恒不变的教条，把马克思主义经典作家的某些具体论断看作是必须遵循的一般原则，看似坚持了马克思主义，实则违背了马克思主义。马克思主义的活的灵魂是具体问题具体分析，这样做的目的是使主观符合客观，正确把握事物的真实状态和特殊矛盾，进而制定出正确的行动纲领。因为时代条件所限，马克思恩格斯虽然指出了社会主义革命的一般条件和规律，但不可能精确预知俄国社会主义革命的特殊历史背景，不可能为解决他们去世几十年后俄国革命所面临的问题提供现成答案。在此时，如果固守马克思主义的一般论述，而不是根据马克思主义的基本原则和基本方法，不结合变化的实际进行大胆的理论创新和实践创新，则会错失革命良机。因此，俄国十月革命不仅是马克思主义从理论到实践的伟大成就，而且是理论创新与实践创新的伟大成就。这种思想为毛泽东、邓小平、江泽民、胡锦涛、习近平等继承和发扬，创立了毛泽东思想和中国特色社会主义理论体系，取得了中国特色社会主义革命和建设的伟大成就。

案例 6　无产阶级专政

【案例内容】

被旧事物的破坏时坏了的人们和为新事物而斗争的人们
(列宁　1918 年 1 月 6—9 日)

“布尔什维克执政已经两个月了,但我们所看到的却不是社会主义的天堂,而是由混乱、内战和更大的经济破坏所造成的地狱。”资本家同他们的自觉的和半自觉的拥护者就是这样写,这样说,这样想的。

我们回答说,布尔什维克执政虽然才两个月,可是已经向社会主义迈出了一大步。只有那些不愿意联系起来看历史事件或者不善于联系起来评价这些历史事件的人,才看不到这一点。他们不愿意看到,军队、农村和工厂里的各种不民主的制度,在几个星期内就几乎被彻底摧毁了。不经过这种破坏,便没有也不可能有其他通向社会主义的道路。他们不愿意看到,那种在拖延战争、用秘密条约掩饰掠夺和侵略的对外政策方面的帝国主义谎言,在几个星期内就被争取真正民主和平的真正革命民主的政策代替了。这一政策已经取得了重大的实际成果,即实现了停战和百倍地加强了我们革命的宣传力量。他们不愿意看到,工人监督和银行国有化已经开始实行,而这正是走向社会主义的最初步骤。

有些人看不清历史的前景,他们被资本主义的陈规所束缚,他们被旧事物的急剧破灭、被沙皇制度和资产阶级的历史建筑崩溃倒塌的折裂声、巨响和“混乱”(表面上的混乱)弄得目瞪口呆,他们被发展到极端尖锐程度的,即变成了内战的阶级斗争吓坏了,而这是唯一合理的、唯一正义的、唯一神圣的战争,这不是神父所说的神圣战争,而是凡人所说的神圣战争,即被压迫者要推翻压迫者,使劳动者从一切压迫下解放出来的神圣战争。实质上,所有这些受到束缚的、被弄得目瞪口呆的、被吓坏了的资产者、小资产者和“资产阶级手下的职员”,常常不自觉地以那种“道听途说”的、陈旧的、荒谬的、温情的、知识分子庸俗的关于“实施社会主义”的观念为指导,抓住社会主义学说的一鳞半爪,重复着被那些不学无术和一知半解的人所歪曲的社会主义学说,并且把这种“实施"社会主义的思想，甚至计划，硬加到我们马克思主义者的头上。

这种思想是同我们马克思主义者不相容的，更不用说这种计划了。我们一向就知道，并且反复地说过，社会主义是不能"实施"的；社会主义是在最激烈的、最尖锐的、你死我活的阶级斗争和内战的进程中成长起来的；在资本主义和社会主义之间有一段很长的"阵痛"时期；暴力永远是替旧社会接生的助产婆；同资产阶级社会到社会主义社会的过渡时期相适应的，是一种特殊的国家（这就是对某一阶级有组织地使用暴力的特殊制度），即无产阶级专政。而这种专政的前提和含意就是被抑制着的战争的状态，就是对无产阶级政权的敌人采取军事斗争措施的状态。公社就是无产阶级专政，马克思和恩格斯曾经责备过公社，认为公社失败的原因之一，就是它在运用自己的武力镇压剥削者的反抗时不够坚决。

实质上，知识分子对于镇压资本家的反抗而发出的这种种号叫，说得"客气"一点，不过是旧的"妥协主义"的复活。如果使用无产阶级的直率的说法，那就得说：是继续向富人讨好的奴才行为，这就是反对现在工人对资产阶级、怠工分子和反革命分子使用暴力（可惜还太弱，还不够坚决）的号叫的实质。一个妥协派的部长，好心肠的彼舍霍诺夫在 1917 年 6 月曾经宣布过："资本家的反抗已经被粉碎了。"这个好心人甚至没有怀疑过，反抗确实应该被粉碎，它一定会被粉碎，用科学的语言来说，这种粉碎就叫作无产阶级专政，这一整个历史时期的特点就是镇压资本家的反抗，因而也就是系统地对整个阶级（资产阶级）及其帮凶使用暴力。

富人的贪婪，肮脏的、狠毒的、疯狂的贪婪，他们的食客的那种惊惶万状和奴颜婢膝，这就是现在从《言语报》到《新生活报》的知识分子大肆叫嚣，反对无产阶级和革命农民使用暴力的真正的社会基础。他们的叫嚣，他们的抱怨的话，他们关于"自由"（资本家压迫人民的自由）的虚伪叫喊等等的客观意义就是这样。假如人类能够来一次精彩的跳跃，一下子就跳到社会主义，没有摩擦，没有斗争，没有剥削者的切齿痛恨，没有剥削者用迂回办法维护或恢复旧制度的多种尝试，没有革命无产阶级用暴力对这种尝试作出的一次又一次的"回答"，那么，这些知识分子是"愿意"承认社会主义的。这些资产阶级的知识分子食客，正如德国一句有名的谚语所说的，只要毛皮一刻不湿，他们"愿意"进水洗一洗。

当资产阶级和惯于为资产阶级效劳的官吏、职员、医生、工程师等等采取最极端的反抗手段时，这些知识分子就吓坏了。他们怕得发抖，他们更加凄厉地哀号必须回到"妥协主义"上去。我们和所有被压迫阶级的真诚朋友对剥削者所采取的极端的反抗手段只能感到高兴，因为我们并不期待通过商议和规劝，通过甜蜜的宣传或夸夸其谈的说教，而是通过生活的锻炼、斗争的锻炼，使无产阶级成长壮大起来，掌握好政权。无产阶级要成为统治阶级并且彻底战胜资产阶级，就应该学会这一点，因为它不能立刻得到这种本领。必须在斗争中学到本领。只有严酷的、顽强的、你死我活的斗争才能把这种本领教给无产阶级。剥削者的反抗愈激烈，被剥削者对他们的镇压也就愈有力，愈坚决，愈无情，愈有效。剥削者愈是千方百计地拼命维护旧事物，无产阶级也就愈快地学会把自己的阶级敌人从他最后的藏身之所赶走，挖掉他们统治的老根，铲除能够滋生（而且必然滋生）雇佣奴隶制、群众贫困和富人大发横财、厚颜无耻的肥壤沃土。

随着资产阶级及其食客们的反抗的加强，无产阶级和同它联合在一起的农民的力量也在增长。随着被剥削者的敌人——剥削者反抗的加强，被剥削者也在成长壮大、学习本事，并且从自己身上抛掉雇佣奴隶制的“旧亚当”。胜利是属于被剥削者的，因为生活是属于他们的，数量的优势、群众的力量是属于他们的，一切奋不顾身的、有思想的、真诚的、勇往直前的、正在觉醒过来建设新事物的、蕴藏着无穷的精力和才能的所谓“老百姓”，即工人和农民的那种取之不尽的力量是属于他们的。胜利一定是他们的。[①]

【案例讨论】

1. 列宁指出，“社会主义是不能‘实施’的；社会主义是在最激烈的、最尖锐的、你死我活的阶级斗争和内战的进程中成长起来的；在资本主义和社会主义之间有一段很长的‘阵痛’时期；暴力永远是替旧社会接生的助产婆。”请结合人类社会发展史及社会主义革命史，谈谈你对这句话的理解和认识。

2. 列宁指出，无产阶级专政的“前提和含意就是被抑制着的战争的状态，就是对无产阶级政权的敌人采取军事斗争措施的状态”。请谈谈你对这句话的理解和认识。

【案例分析】

作为与资本主义制度本质不同的新制度，社会主义制度代替资本主义制度的过程注定不是温情的，其原因在于制度变革的背后是不同阶级之间物质

① 本案例摘选自：中共中央马克思恩格斯列宁斯大林著作编译局：《列宁选集》第3卷，人民出版社1995年版，第371—374页。

利益和权力地位的根本性变革。资产阶级和其他反动阶级为了维护其剥削和统治地位，对试图推翻他们统治的无产阶级运动极力绞杀，而无产阶级作为觉醒了的革命阶级，为了维护占人口大多数人的利益，实现无产阶级的彻底解放和推动生产力发展，必然会奋起反抗，当双方矛盾激化时，激烈的阶级斗争在所难免。从人类社会演进的历史来看，从奴隶社会到封建社会，从封建社会到资本主义社会，每次新旧社会制度的更替都是在激烈的阶级斗争和战争的进程中实现的，其中虽然有以和平手段实现新旧制度更替的若干特例，但在和平手段背后同样也是以暴力手段作为基础的。正因如此，马克思恩格斯在《共产党宣言》的末尾写道："共产党人不屑于隐瞒自己的观点和意图。他们公开宣布：他们的目的只有用暴力推翻全部现存的社会制度才能达到。让统治阶级在共产主义革命面前发抖吧。无产者在这个革命中失去的只是锁链。他们获得的将是整个世界。"①

无产阶级通过阶级斗争和战争取得政权后，必须建立无产阶级专政的政治统治，并利用自己的政治统治，在政治和军事上，镇压剥削者的反抗；在经济上，必须对所有权和资产阶级生产关系实行强制性干涉，逐步夺取资产阶级的全部资本，把一切生产工具集中在国家即成为统治阶级的无产阶级手里，从而巩固无产阶级专政政权，为进一步解放和发展生产力奠定政治和经济基础。反之，如果无产阶级在取得政权后放弃专政权力，忽视对资产阶级反动势力的坚决镇压，则反动势力很可能会死灰复燃，重新集聚力量后进行疯狂反扑，无产阶级革命取得的前期成果很可能会得而复失。在总结巴黎公社革命的经验和教训时，马克思和恩格斯正确地指出，巴黎公社在运用自己的武力镇压剥削者的反抗时不够坚决是公社失败的原因之一。因此，列宁反复强调无产阶级专政对于巩固社会主义国家制度的极端重要性，而20世纪90年代初，苏联解体就是弱化甚至最后放弃了无产阶级专政。

① 中共中央马克思恩格斯列宁斯大林著作编译局：《马克思恩格斯文集》第2卷，人民出版社2009年版，第66页。

案例7　主动把握历史的未来

【案例内容】

12月25日，苏联解体整整20年。苏联解体是20世纪最具震撼力的事件之一。印有五角星和镰刀锤头的红旗在克里姆林宫上空悄然滑落，不仅割断了一个大国苦难辉煌交织的历史，也将世界推入"单极时代"。"共产主义失败了"，西方的市场经济和民主政治是"最后一种统治形式"。人类社会的发展史，就是一部"以自由民主制度为方向的人类普遍史"。美国学者弗朗西斯·福山提出的"历史终结论"，一时间成为西方乃至世界的主导哲学思维。

如果说一切历史都是当代史，那么国际关系史也是国家史。世界风云变幻，中国人有自己的观照。对照1991年和2011年，我们找到这样两个"交集"：中国会不会成为"下一个"？社会主义阵营"老大哥"消失，西亚北非地区陷入动荡。尽管两件事相隔20年，但是一些人探寻"传导效应"的目光没有变，把祸水引向中国的邪念也没有变。意识形态对立进一步凸显。无论是当年热炒的"中国崩溃论"，还是今天的"不可持续论"，其最终指向都是中国的社会主义制度。干扰中国发展环境、压缩中国战略空间的小动作并未停歇。如果说有什么不同，不过是花样翻新而已。苏联解体是一面镜子，为我们观察国际关系走势，思考国家发展道路和人类社会历史演进，提供了一个不寻常的视角。

解读中国的发展有两种方式。一种是以西方设定的"终极目标"为框架，硬套中国活生生的现实。20年来，这一框架下的论调形形色色，大都昙花一现。一些西方人带着希望与躁动观察中国，总是为中国发展进程没有按照他们预设的道路前行而失望。西方的框架远离中国的现实，舆论对有关中国的悲观预测也越来越淡漠。但是，这些人恐怕还是要在希望与失望的交替反复中折腾下去。在他们眼里，停止折腾意味着放弃炫耀西方模式的优越感，放弃宣扬西方道路的理想和责任。理解中国发展的另一种方式，可以从中国为什么没有走苏联老路、没有发生西方所期待的变化入手。中国的稳定发展不是天上掉下来的，它是中国坚持改革开放换来的。中国改革开放之所以能有今天的成功，恰恰是因为没有听信别人的误导，在严峻的国际环境中走出了一条适合本国国情的发展道路。今年是中国加入世界贸易组织10周年。为了全面融入国际经济体系，中国的改革力度远远超过世界贸易组织其他成员国。改革是痛苦的，也是值得的。改革的收益终将高于付出的成本。改革开放30多年来，中国实实在在地尝到了这个道理的甜头。

只有坚持改革开放，才能不断进步，才能破解发展进程中的难题。"改则进，不改则退"的观念在中国深入人心。它既是一种执政理念，也是中国面向未来的一种生存方式。中国的体制优势将在改革进程中得到充分发挥。中国的发展实践证明，历史终结论不过是西方编织的一道梦幻彩虹。而人类社会发展的"终极目标"以及"单线性发展"模式，则是陈旧历史哲学思维的新变种。

大发展大变革大调整的新时期，发展道路的选择变得更加复杂，也更加多样。新旧体制转型过程中问题不断出现，制度创新的需求空前突出。世界各国面临的共同问题是，由于社会经济发展的不平衡，现有体制难以满足民众日益增长的诉求。在西亚北非，求变革造成剧烈动荡；在西方国家，体制调整滞后引发严重不安。各国遇到的麻烦，背后大都有国际国内因素的交织作用。国际与国内因素从未像现在这样密切互动。世界格局呈现出向多极转变的趋势。多极并非只意味着新兴大国的力量提升，更意味着新兴大国的发展路径多样化。没有发展路径的多样化，也不可能出现新兴大国群体性崛起。这种群体性崛起呈现出一种扇形的开放结构，没有人能够预测这个扇面打开后会有多么宽阔。宽阔的扇面必然会给发展路径、改革方式创造更多的选择可能。一个国家的稳定发展，取决于能否通过改革找到自己的路径。而寻找这个路径的主动性越强，折腾与反复就会越少。

西亚北非动荡是苏联解体以来又一波多国群体剧变。有西方人士断定，这是全球寻求民主自由进程的延续。其言外之意，这个进程还没有结束。和苏联解体时不一样的是，面对西亚北非变局，西方政治家和学者较少表现出惊喜，一些人还有明显的压力感。革命时不需要太多复杂的选择，或许只要有一腔热血，就会痛痛快快地走向战场。但是，总有一天要回到发展路径的选择上来，这个过程谁也绕不过去，而且越是想绕开就越是会麻烦缠身。西亚北非国家的局势演变，取决于内部各种力量的整合与协调，取决于能否在保持国家稳定前提下找到一条适合自己的发展道路。

西方国家仍在政治经济等方面占据优势，这让它们有实力对西亚北非国家发展进程施加自己的影响。更重要的是，西方有施加这种影响的强烈意愿。探讨西亚北非局势走向，更大的担心也来自于此。在西方影响力的挤压下，一些国家在发展理念、制度模式等方面可能找不到更好的参照。人们不会忘记，前苏联地区国家在寻找发展路径时也走过一段弯路，经历过“照搬”的痛苦。原因之一，就是在如何应对外部影响问题上没有保持清醒头脑，受到西方“导演”的蛊惑。西亚北非动荡的背后，同样有西方导演的身影。一些时候，导演甚至借助战争手段走到了前台。现实表明，西方在自身力量和影响力受到削弱情况下，就越是要拼力维护在发展路径选择问题上的主导地位。走什么路，怎么走，不只需要勇气，还需要耐心与智慧。西亚北非国家对发展路径的选择难度很大，不稳定局面可能还要持续一段时间。

今年，西方国家同样遭遇体制方面的严峻挑战。欧洲债务危机，美国减赤之争，伦敦骚乱、占领华尔街运动……西方国家政治经济体制出了毛病，这已经是明摆着的事。美国的体制危机，首先在于它担当“世界警察”的负担；其次，虚拟经济远离实体经济，寄生性越来越严重；第三，参与全球化带来的利益在国内分配严重不均，加剧了美国社会的不平等；第四，两党政治被选票左右，致使白宫决策力和执行力越来越弱。弗朗西斯·福山今年出版了一本新著，书名为《政治秩序的各种起源》。福山在书中这样写道，“当政治体制不能很好地适应改变了的环境，政治衰败就会出现。”他预言美国政治制度的适应性有可能遇到一场“重大检测”。美国仍然是实力最强大的国家，是资本主义世界的“领头羊”。美国能否找到足够的变革勇气，能否较为顺利地通过这场“重大检测”，是一个值得关注的问题。

欧洲制度调整的考验一点也不比美国小，其艰难程度甚至可以用“史无前例”一词来形容。这不只是用多少钞票去支撑即将倒下的几张“多米诺骨牌”，而是欧洲一体化的列车能否继续前行的抉择。欧盟由民族国家组成共同体的“大试验”已经步入一个关键点。设立共同遵守的严格财政纪律是一回事，而让成员国更严格地遵守这个财政纪律，以及成员国持续遵守而不至于被开除出去，才是解决当前问题的难度所在。体制变革意味着利益的让渡，这对一个由不同民族国家组成的共同体来说，将是异常艰难的。如果德国人和法国人不能把希腊人当作和自己一样的欧洲人，那么货币的统一乃至政治经济联盟就无法获得坚实的基础。痛苦的身份转变似乎已经开始。从某种角度看，它同样也是发展路径的选择。尽管选择的层面不同，但难度可能并不比西亚北非国家小。大试验如何进行下去？会不会半途而废或是开倒车？大多数欧洲人将带着忐忑不安的心情步入 2012 年。

2011 年留下太多值得思考的问题。当转型成为趋势，发展成为必然，改革就是成功的基础。改革决定着一个国家对自身命运的选择。苏联解体的一个重要原因，就是长期以来没有实施真正意义上的改革，虽然有过一些修修补补，最后还是走进了死胡同。在痛失改革机遇方面，西亚北非国家也有类似的教训。西亚北非的现实再次证明，发展问题无法通过暴力革命来解决。最终还是要回到以稳定求发展、以发展促稳定的路径上来。持续稳定的发展不是一劳永逸的事情。俄罗斯人创造了一种风靡一时的电子游戏“俄罗斯方块”，改革如同移除不断积累的方块，它在一个国家的发展进程中应当是永恒的。

世界上没有放之四海而皆准的发展道路和发展模式，也没有一成不变的发展道路和发展模式。避免危机、保持稳定需要不断进取。从这个意义上看，转型目标的实现，不仅意味着要坚持走自己的路，同样意味着要有创新的智慧与改革的勇气。强化忧患意识，清醒面对存在的矛盾和问题，非但不会影响一个社会的发展，还将催生变革的动力，帮助一个社会在解决矛盾与问题的过程中健康前行。中国过去 30 多年的快速发展靠的是改革开放，中国未来发展也必须坚定不移依靠改革开放。改革开放是决定当代中国命运的关键抉择，是坚持和发展中国特色社会主义、实现中华民族伟大复兴的必由之路。①

【案例讨论】

1. 结合上文及搜集相关材料，你认为苏联解体的主要原因是什么？
2. 你认为，我国从苏联解体事件中应该汲取哪些启示和教训？

【案例分析】

苏联解体是 20 世纪最具震撼力的事件之一，是社会主义运动史上的一个重要历史事件。究竟是什么原因导致了苏联解体？众说纷纭，在苏联解体将近 30 年后，再来总结这段历史或许看得更全面一些。

总体来看，导致苏联解体的主要原因有三个：一是思想原因，过度否定斯大林和西方的和平演变战略引发了长期思想混乱，而僵化的思想理论和传统宣传教育体制和机制又难以及时有效地予以消除。赫鲁晓夫在苏共二十大上对斯大林的全盘否定引起苏联社会的思想分裂，其中怀疑马克思主义和社会主义的群体成为几十年后导致苏联解体的骨干力量，他们被称为“苏共二大以后的一代”，其中就包括戈尔巴乔夫和叶利钦等人。俄罗斯学者总结说，赫鲁晓夫破坏了国家精神的支柱，勃列日涅夫没有对其进行修复，仅仅是用红色颜料封上裂痕，戈尔巴乔夫和叶利钦在裂痕上挖出窟窿，使大厦最终坍塌。此

---

① 本案例摘选自：国纪平：《苏联解体 20 年：主动把握历史的未来》，人民日报，2011 年 12 月 27 日第 3 版。

外，以美国为首的西方国家针对苏联展开了全方位的心理战。美国中央情报局参与出版各种诋毁和抹黑苏联的书籍，苏联被称为"邪恶帝国"和"集中营"，而美国等西方国家则是"自由又民主的天堂"。久加诺夫指出，国内的"第五纵队"在苏联解体中扮演了重要角色，它在各级甚至是最高领导机构中活动。

二是组织原因，苏联逐步提拔和重用了大批非马克思主义干部，而存在严重弊端的组织体制和机制又难以及时有效地予以消除。斯大林时期及以后，苏共干部选拔缺乏公开化，保密性成为官阶等级名录制的鲜明特征和重要原则，导致干部选拔缺乏公开讨论，许多干部为获升迁不择手段。勃列日涅夫上台后，选拔出的干部大多是"机械行事的"一代，缺乏责任担当意识和自主决定能力。戈尔巴乔夫上台后，更是以干部年轻化和改革为名，大规模撤换了坚持社会主义方向的原有党政军主要领导，提拔和重用了大批反党反社会主义或政治立场模糊的干部。

三是政治原因，苏共领导集团背叛马克思主义和社会主义，但高度集权和缺乏约束的传统政治体制和机制又难以及时有效地予以消除。在20世纪80年代，苏共内部出现了两种改革立场和倾向，一种坚持社会主义的改革方向，是苏维埃制度的自我革新；另一种则认为苏维埃制度已完成历史使命，应该打碎它，用资本主义制度取代，后者以戈尔巴乔夫为代表。1991年3月，戈尔巴乔夫领导集团试图放弃共产党执政和社会主义制度并解体苏联，因而举行了全民公决。全苏80%有权参加公投的公民参加投票，其中同意保留苏联的占76.4%，不同意的占21.7%。尽管大多数苏联民众希望保留苏联。但是，1991年12月8日，时任俄罗斯总统叶利钦与白俄罗斯和乌克兰领导人签署了"别洛韦日协议"（即《关于建立独立国家联合体协议》），宣布"苏联作为国家法主体和地缘政治实体已经终止存在"。①

苏联解体是一面镜子，为我们思考中国特色社会主义发展道路和人类社会历史演进，提供了一个不寻常的视角。首先，世界上没有放之四海而皆准的发展道路和发展模式，也没有一成不变的发展道路和发展模式，中国特色社会主义国家建设不仅意味着要坚持走自己的路，而且要有创新的智慧与改革的勇气，走前人没有走过的路，在实践探索中开拓前进。其次，就是敢于直面问题，以抓铁有痕、刮骨疗伤的勇气动真格、真改革，坚决革除各种沉疴痼弊，使党、国家和人民在思想上、组织上、政治上始终保持健康。第三，就是要时刻保

① 程恩富、丁军：《苏联剧变的主要原因的系统分析》，《中国社会科学》，2011年第6期，第207—217页。

持警惕，无产阶级与资产阶级的斗争、反动力量与进步力量的斗争是长期的、复杂的，不能因为经济发展了、生活改善了而放松警惕。“社会主义社会从本质上讲已经不是阶级社会，但由于历史和现实、国内和国外各种因素的影响，阶级斗争仍然在一定范围内长期存在，但已经不是社会的主要矛盾。……在社会主义初级阶段，既要注意区分不同性质的社会矛盾，正确处理人民内部矛盾，注意保持安定团结，防止把阶级斗争扩大化；又要对阶级斗争保持警惕，不能掉以轻心、麻痹大意，防止和纠正阶级斗争熄灭论。”①最后，认清社会主义制度取代资本主义制度是一个长期复杂的过程，资本主义必然灭亡，社会主义必然胜利，这是人类社会发展的客观规律，但这个新制度代替旧制度的过程是曲折而复杂的。

① 本书编写组：《马克思主义基本原理》，高等教育出版社 2023 年版，第 161 页。

案例8　正确辨析人类文明成果

【案例内容】

坚持和发展中国特色社会主义，必须要有世界眼光，要辨析人类文明成果。辨析人类文明成果，最核心的是如何认识和处理社会主义与资本主义的关系问题。从党艰辛探索马克思主义中国化的历史看，不能正确地认识和处理社会主义与资本主义的关系，主要有两种倾向。一种为"全盘西化"论，认为中国要照搬西方资本主义的政治经济模式，走欧美资本主义道路。自从近代西方文化进入中国后，这种主张从未间断过。另一种为"全盘否定资本主义"论，认为社会主义社会中不能有资本主义。在党内，"全盘西化"论者有一定市场，但从未占主导地位。在新中国成立以后的相当长时间内，后一种"左"的看法则极大地影响了党的路线和政策。在"文化大革命"中"左"的错误发展到极端，要对资产阶级实行"全面专政"，对资本主义要"彻底消灭"。直到十一届三中全会以后，和平与发展成为了时代的主题，中国共产党对社会主义与资本主义关系的认识也翻开了新的一页，才正确地和比较正确地解决了这个问题。

正确辨析人类文明成果，最为重要的是把握好三个问题。

一是继承和借鉴。社会主义与资本主义的关系有两个方面，从政治层面说为对抗和继承，从哲学上讲为对立和统一。两者的对立和对抗关系不言而喻，但这只是其一，还有继承关系。对于继承关系，在"左"的思想占主导时讲得很少。其实，我们的老祖宗在论证社会主义要代替资本主义的同时，就指出了两者的继承关系。在中国共产党内，毛泽东是第一个说中国资本主义不是多了而是少了，还要资本主义有"广大发展"的领导人。在资本主义改造基本完成后，他甚至还讲过"可以消灭了资本主义，又搞资本主义"。这都是光辉的思想，遗憾的是后来的认识发生了大逆转。十一届三中全会后，党矫正对社会主义与资本主义关系的认识，在哲学理论上既充分认识两者的对抗性、斗争性、排斥性，又强调两者的统一性、共存性、渗透性、可转化性和互补性。邓小平在反思党的历史经验后，把对两者哲学关系的正确认识应用到政治层面，强调：资本主义已经有了几百年历史，各国人民在资本主义制度下所发展的科学和技术，所积累的各种有益的知识和经验，都是必须继承和学习的。胡锦涛在十七大讲科学发展观时说，科学发展观，是立足于社会主义初级阶段基本国情，总结我国发展实践，借鉴国外发展经验，适应新的发展要求提出来的。改革开放三十多年来，关于社会主义对资本主义要继承和借鉴的认识有了巨大进步。

二是共存和补充。关于社会主义与资本主义的共存和补充关系，尽管党的第一代领导人曾有阐述，但未能完全作为政策实施。邓小平在改革开放后极大地丰富和发展了这方面的思想。他明确地提出在中国允许社会主义与资本主义长期共存，使“一国两制”构想成为活生生的现实。还说，两者将长期并存，在小范围内容许资本主义存在，更有利于发展社会主义。在经济制度方面，他也说，我国是以社会主义经济为主体的，社会主义的经济基础很大。吸收外国资金肯定可以作为我国社会主义建设的不可缺少的补充。“三资”企业受到我国整个政治、经济条件的制约，是社会主义经济的有益补充，归根到底有利于社会主义。我们采用资本主义的一些方法，目的就是要加速发展生产力。中国不走这条道路，就没有别的路可走。“只有这条路才是通往富裕和繁荣之路。”①“这条道路叫做建设有中国特色的社会主义道路。我们相信，这条道路是可行的，是走对了。”②三十多年来取得的伟大成就，充分证明邓小平的论断是正确的。

三是辨析和吸纳。对资本主义的东西要加以辨析、剥离、吸纳、结合和利用，尽管党在20世纪50年代就有这样的思想，但只是在总体上和原则上讲，而没有具体展开，更没有实际运用。将这个思想讲得最为明确、发挥得最为充分，并在改革开放和社会主义现代化建设实践中广泛运用的，还是以邓小平为代表的当代中国共产党人。邓小平认为，社会主义与资本主义，就社会制度而言，两者是根本对立的。但是不能简单地将资本主义社会的一切都说成是资本主义的，要作具体分析。有的属于人类社会创造的文明成果都可以用，一些反映现代社会化生产规律的先进管理方法，不存在姓“资”姓“社”问题，在任何社会、对任何国家都是有用的。他辨析、剥离、吸纳、结合和利用资本主义制度内属于反映现代社会化生产规律的最大成果，就是将市场经济从资本主义制度中剥离出来，让市场经济为社会主义服务，从而为发展社会主义市场经济奠定了理论基础，并成为马克思主义在中国发展

---

① 《邓小平文选》第3卷，人民出版社1993年版，第150页。

② 同上，第65—66页。

到一个新阶段的重要标志。

正确地认识和处理社会主义与资本主义的关系，邓小平是伟大的典范。这个典范体现在两方面：一方面，充分认识这是两种不同的社会制度和意识形态，它们之间的斗争是长期的，有时甚至会激化。在世界范围内要以两手对两手，纵横捭阖，绵里藏针。在国内，这种斗争在一定范围内会继续存在，要保持清醒的头脑和正确的斗争方法，任何时候都不能掉以轻心。另一方面，他又绝不因为资本主义是社会主义的对立物，对社会主义有负面影响而惧怕它和不敢利用它。他既反对"崇资病"，也反对"恐资病"，对资本主义文明加以辨析、剥离，充分地吸纳、结合和利用其积极的东西为社会主义服务，甚至使之成为社会主义的要素。对资本主义文明的辨析、剥离和吸纳的工作，党还要继续下去。社会主义既然是以资本主义作为母体而诞生的，那么它就必须充分汲取母体的营养才能茁壮成长。也只有这样，才能"青出于蓝而胜于蓝"，即充分利用资本主义，最终超越资本主义。这是中国特色社会主义的发展之道，也是马克思主义中国化的成功之道。①

【案例讨论】

1. 结合具体案例说明如何认识和处理社会主义与资本主义的关系？
2. 当前正确辨析人类文明成果应注意哪些问题？

【案例分析】

正确认识和处理社会主义与资本主义的关系是坚持和发展中国特色社会主义的重大课题。从历史上看，由于未能正确认识和处理社会主义与资本主义的关系，我国曾在国家建设和政策方针上受到影响。自新中国建立尤其是改革开放以来，中国在正确把握人类社会发展的一般规律和科学社会主义基本原则的基础上，守正创新，结合自己实际，在探索中开拓前进，创造性地开创了中国特色社会主义道路，建立健全了中国特色社会主义制度，在经济、政治、社会、文化和生态建设中取得了举世瞩目的伟大成就，中国经济总量跃居世界第二，综合国力和国际地位大幅提升，中国特色社会主义制度的优越性和先进性不断彰显。但是，当前以美国为首的资本主义国家依然势力强大，这些国家为了维护其霸权和垄断地位，妄图遏制中国发展，中美两国关系正面临严峻考

① 本案例摘选自：石仲泉：《树立世界眼光，核心是正确辨析人类文明成果》，《北京日报》，2011年10月17日，第18版。

验，人类正面临百年未有之大变局。在此情境下，正确认识和处理社会主义与资本主义的关系，对于中国乃至世界未来发展都具有特别重要的意义。我国过去的发展得益于在坚持社会主义制度的基础上，积极吸收资本主义国家创造的先进科技与社会管理经验，今后仍然要采取开放的态度，做好对资本主义文明进行辨析、剥离和吸纳的工作，只有这样，才能充分利用资本主义，最终超越资本主义。但是，不能照抄照搬任何国家的发展模式，更不接受任何国家强加给中国的发展模式。

第七章 共产主义崇高理想及其最终实现

案例1 理想的社会蓝图

【案例内容】

(1)《理想国》:“正义就是给每一个人恰如其分的报答”。“在一个完美的城邦之中,妇女和儿童是公有的,不管是战时,还是和平时期,所有的教育和工作也是公有的,最优秀的哲学家和最勇敢的战士将会是这个城邦的统治者。”①

(2)《乌托邦》:“把我内心的感想坦率对你说吧:我觉得,任何地方私有制存在,所有的人凭现金价值衡量所有的事物,那么,一个国家就难以有正义和繁荣。除非一切最珍贵的东西落到最坏的人手里,你认为这符合正义;或是极少数人瓜分所有财富,你认为这称得上繁荣……这少数人即使未必生活充裕,其余的人已穷苦不堪了。所以,当我心头思考乌托邦人的非常贤明而神圣的制度时,想到他们中间法令极少而治理得宜,善必有赏,可是由于分配平均,人人一切物资充裕;于是和乌托邦人的政策相对照,我又想到别处许多国家不断制定法律,却全都不上轨道……在这些国家,一个人不管取得了什么东西,就把它叫做自己的私产,然而那儿每天订出的全部法律却不够使一个人对于轮到可称为他自己的商品,给以保护防卫,或从别人的商品分辨出来。这种困难处境,容易从无数层出不穷的诉讼得到证实。我重复一句,当我考虑到以上一切实际情况,我就更加赞同柏拉图,更不奇怪何以他不肯给拒绝财产均有法规

① 柏拉图:《理想国》,李飞、李景辉 译,华中科技大学出版社2012年版,第7页、第230页。

的人们制定法律。这位哲人当然轻易地预见到，达到普遍幸福的唯一道路是一切平均享有。我怀疑当个人所有即是私人财产时，一切平均享有能否达到。如果人人对自己能取得的一切财物力图绝对占有，那就不管产品多么充斥，还是少数人分享，其余的人贫困。在一般情况下，穷人倒很应该享有富人的境遇，因为富人贪婪、肆无忌惮，毫无用处，而穷人则正派、直率，终日辛勤劳动，牺牲自己为国家作出贡献。我深信，如不彻底废除私有制，产品不可能公平分配，人类不可能获得幸福。私有制存在一天，人类中绝大的一部分也是最优秀的一部分将始终背上沉重而甩不掉的贫困灾难担子。"①

（3）《礼记·礼运》："大道之行也，天下为公，选贤与能，讲信修睦。故人不独亲其亲，不独子其子，使老有所终，壮有所用，幼有所长，矜、寡、孤、独、废疾者皆有所养，男有分，女有归。货恶其弃于地也，不必藏于己；力恶其不出于身也，不必为己。是故谋闭而不兴，盗窃乱贼而不作，故外户而不闭，是谓大同。"②

（4）《陶渊明集·桃花源记》："土地平旷，屋舍俨然，有良田、美池、桑竹之属。阡陌交通，鸡犬相闻。其中往来种作，男女衣着，悉如外人。黄发垂髫，并怡然自乐。"③

【案例讨论】

比较中西空想社会主义思想各有何异同及为何有此异同？

【案例解析】

动物只是活着，而人则要活好。对于活好的追求激励人类不断追求更理想的社会。在人类的实践能力和认识水平都比较低的情况下，人类基于有限的知识，借助理性和想象的翅膀对理想社会进行了美好的描画，因为这些描画缺乏实现它们的现实力量而只是主观想象或理论设想，因此被称为空想社会主义或乌托邦社会主义。但空想社会主义不是凭空产生的，而是在特定的社会历史条件下产生和发展起来的，并因此而带有其产生和发生的特定社会历史条件的烙印，从上述材料所描画的"理想社会图景"可以清晰地反映出来。柏拉图在《理想国》中描画的理想社会看似符合理性原则，

---

① 托马斯·莫尔：《乌托邦》，戴镏龄译，商务书馆 2009 年版，第 43—44 页。

② 唐品：《礼记精粹》，天地出版社 2017 年版，第 138 页。

③ 陶渊明著，袁行霈解读：《陶渊明集》，国家书馆出版社 2020 年版，第 171 页。

实质上只是一个理想的以等级制和劳动分工为基础的奴隶制社会，而非真正的理想国。莫尔认为在乌托邦中应该消灭等级制和私有制，实行按需分配制度，但它本质上只是一个小国寡民的城邦国家，而非生产力高度发达的社会。而《礼记》中所描绘的大同世界固然符合儒家的政治传统和伦理思想，但缺乏对达到这种理想世界的前提条件的正确认识，因此也只能存在于思想中。陶渊明所描画的“桃花源”人文自然景色绝美，但其实只是理想农业社会的缩影。这种差异反映了生活在不同社会背景下的学者的不同社会意识。

案例2　共产主义的三种描述

【案例内容】

共产主义的本质究竟是什么？经典作家至少有过三种描述。

第一种是隐喻式的描述。在《德意志意识形态》中，马克思恩格斯富有诗意地描绘道："在共产主义社会里，任何人都没有特殊的活动范围，而是都可以在任何部门内发展，社会调节着整个生产，因而使我有可能随自己的兴趣今天干这事，明天干那事，上午打猎，下午捕鱼，傍晚从事畜牧，晚饭后从事批判，这样就不会使我老是一个猎人、渔夫、牧人或批判者"。也就是说，在未来社会中，每个人都可以摆脱强制性的旧式分工，不必局限在特殊的活动范围内从事某种单一的工作；每个人都可以随着自己的兴趣在任何部门内自由发展，可以出于自愿选择适合自己的工作，"消除了把一个人变成农民、把另一个人变成鞋匠、把第三个人变成工人、把第四个人变成投机者的现象"。说到底，这就是一个每个人自由全面发展的社会。

第二种是总括式的描述。在《共产党宣言》中，马克思恩格斯是这样说的："代替那存在着阶级和阶级对立的资产阶级旧社会的，将是这样一个联合体，在那里，每个人的自由发展是一切人的自由发展的条件"。这是关于未来社会的一个核心命题。未来的共产主义社会是以"每个人的全面而自由的发展为基本原则的社会形式"，除了以"每个人自由全面发展"来界定未来社会的身份，没有其他更合适的身份标识。正是"每个人的自由全面发展"将共产主义社会同一切旧社会从根本上区别开来。

第三种是对比式的描述。在《1857—1858 年经济学手稿》中，马克思认为：人的依赖关系是最初的社会形态。以物的依赖性为基础的人的独立性，是第二大形态。建立在个人全面发展基础上的自由个性，是第三个阶段。在这里，"最初的社会形态"对应的是前资本主义社会，"第二大形态"指的是资本主义社会，"第三个阶段"则是共产主义社会。在第三个阶段，个人完全摆脱了人的依赖性和物的依赖性，以全面的方式自由地占有自身，实现了人的自由全面发展，实现了人与自然、人与人、人与社会之间的真正和解。

从以上三种描述来看，经典作家尽管手法不一样，其本质是一致的，那就是：

共产主义社会是以每个人的自由全面发展为基本原则的社会形式。今天，我们理解共产主义，关键是抓住这一本质。看当代中国是不是以“共产主义”为最终目的，关键也就是看每个人是不是比过去能够更自由、更全面地发展自己的才能，是不是更少地受到物的奴役、资本的奴役，是不是向着“自由全面发展”的方向挺进。当然，也许步伐是慢的，但关键是看我们是否已经行走在这条路上。[①]

【案例讨论】

1. 经典作家为何以“每个人自由全面发展”来界定共产主义社会的特征？

2. 如何从实现每个人自由全面发展程度的角度来理解共产主义远大理想与中国特色社会主义共同理想之间的关系？

【案例分析】

马克思主义始终把人的解放作为社会发展的目的。但是马克思主义所追求的人的解放不是片面的思想解放或政治解放，也不是个别的人的解放，而是全面的、所有人的社会解放，是在生产力高度发达、物质生活资料极大丰富、摆脱了强制性的旧式分工，劳动成为每个人自由发展条件的社会，是在正确认识和把握世界本质规律的基础上进行自我创造的社会，是一种消灭了阶级因而扬弃了人与人之间剥削与压迫关系平等互助的社会，是一种真正人道主义的社会。

共产主义社会是以每个人的自由全面发展为基本原则的社会形式，抓住这一本质，有助于我们准确理解共产主义及其与中国特色社会主义的关系。“看当代中国是不是以‘共产主义’为最终目的，关键也就是看每个人是不是比过去能够更自由、更全面地发展自己的才能，是不是更少地受到物的奴役、资本的奴役，是不是向着‘自由全面发展’的方向挺进。”[②]党始终以全心全意为人民服务作为宗旨，坚持以人民为中心的根本立场，无论是新民主主义革命、社会主义改造，还是社会主义建设的最初探索和改革开放全面推进中国特色社会主义现代化建设，都是为了使人民摆脱被压迫被奴役的状态，站起来、富起来、强起来，向着更自由全面的方向发展。因此，中国特色社会主义共同理想与共产主义远大理想是本质统一的，是现实进程与理想愿景的关系。

---

① 本案例摘选自：陈曙光：《共产主义这面旗帜什么时候都不能丢》，《光明日报》，2016 年 3 月 17 日，第 1 版。

② 本案例摘选自：陈曙光：《共产主义这面旗帜什么时候都不能丢》，《光明日报》，2016 年 3 月 17 日，第 1 版。

案例3　树立共产主义理想

【案例内容】

“一个幽灵，共产主义的幽灵，在欧洲游荡……”《共产党宣言》用一万多字，深刻指出了共产主义的神圣使命。这个“幽灵”，成为一切旧势力的掘墓人，敲响了资本主义的丧钟，奏出了一曲曲迈向未来理想社会的奋进凯歌。

自古以来，人类对理想社会的追求从来没有停止过。无论是柏拉图的“理想国”还是儒学经典《礼记》中的“大同”社会，无论是康帕内拉的“太阳城”还是莫尔的“乌托邦”，无论是傅立叶的“法郎吉”还是欧文的“新和谐公社”，都是对未来社会的美好想象，但由于缺乏实践基础和科学理论支撑，最后都成为空想。马克思、恩格斯提出科学社会主义和共产主义的学说，犹如一次壮丽日出，照亮了人类通向理想社会的康庄大道。一百多年过去了，共产主义运动有过高潮也有过低谷，蹚过激流也涉过险滩，但它不仅没有“山穷水尽”，反而“青山遮不住，毕竟东流去”。

在世界发展的滚滚洪流中，资本主义出现了很多新变化，共产主义运动遇到了许多新情况。于是，一些人对共产主义产生了怀疑，对共产主义信仰发生了动摇。要澄清认识、消除怀疑、坚定信仰，需要在理论上作出科学解答。

共产主义到底是什么样的社会？马克思、恩格斯作出了总体描绘：生产力高度发展，物质极大丰富，人们的精神觉悟极大提高；社会成员共同占有全部生产资料，各尽所能、按需分配，彻底消灭剥削、消除两极分化；国家、阶级消亡；从必然王国走向自由王国，实现人的全面而自由的发展。这些设想，涵盖了物质和精神、个人和社会、生产力和生产关系、经济基础和上层建筑等各个方面，是对理想社会状态的科学预测，寄托了人类关于美好未来的全部情愫和渴望。

共产主义是可望而不可即的吗？马克思主义经典作家设想的共产主义，不是“空中楼阁”“海市蜃楼”，而是有具体路径、有现实支撑的。在马克思、恩格斯看来，共产主义取代资本主义不是一蹴而就的，而是分阶段实现的，是在社会生产力不断发展的基础上由低级向高级不断发展的过程。社会主义是共产主义的第一阶段，中国又处在社会主义的初级阶段。我们坚持和发展中国特色社会主义，不断完善各方面的制度，就是在社会现实中不断增加共产主义的因素，向人类最崇高的社会理想不断靠近。

共产主义最终能取代资本主义吗？马克思在《〈政治经济学批判〉序言》中深刻指出，无论哪一个社会形态，在它所能容纳的全部生产力发挥出来以前，是决不会灭亡的；而新的更高的生产关系，在它的物质存在条件在旧社会的胎胞里成熟以前，是决不会出现的。资本主义世界虽然发生了几次大的经济危机，但仍然具有很强的修复能力。近年来，西方主要资本主义国家增加国家干预、提高工人福利、重视科技创新，使它的生产力发展获得了一定的空间和回旋余地。但必须看到，资本主义生产资料私有制和社会化大生产的基本矛盾没有变，它的固有弊端无法根除，西方国家所作的政策调适，只是局部的修修补补，无济于事，不能从根本上治愈资本主义的绝症，资本主义必然灭亡，社会主义必然胜利，资产阶级的灭亡和无产阶级的胜利是同样不可避免的。

人间正道是沧桑。“罗马不是一天建成的”，共产主义也不是轻而易举就能实现的，需要一代又一代共产党人坚定信仰，脚踏实地，接续奋斗。①

【案例讨论】

有人认为，共产主义社会是可望不可即的乌托邦，你是否同意这种观点并说明理由。

【案例分析】

人类必将走向共产主义社会是马克思主义根据人类社会发展的历史与一般规律、资本主义社会发展的历史与特殊规律，以及社会主义革命与建设历史与规律而做出的科学论断，是对理想社会状态的科学预测，同时寄托了人类对于美好未来的向往，是人类社会发展的客观规律性与人类主观能动性的辩证统一。共产主义取代资本主义不是一蹴而就的，而是分阶段实现的，是在社会生产力不断发展的基础上由低级向高级不断发展的过程。社会主义是共产主义的第一阶段，中国又处在社会主义的初级阶段。我们坚持和发展中国特色社会主义，不断完善各方面的制度，就是在社会现实中不断增加共产主义的因素，向人类最崇高的社会理想不断靠近。虽然，从目前来看，资本主义势力依

① 本案例摘选自：《补足精神之钙：如何坚定理想信念》，《经济日报》，2017年4月24日，第6版。

然强大，但资本主义社会正面临越来越严重的危机，而中国特色社会主义正迸发出勃勃生机。世界正处于百年未有之大变局，随着社会生产力的发展，随着资本主义内部矛盾的进一步加深和激化，资本主义必然灭亡，社会主义必然胜利，资产阶级的灭亡和无产阶级的胜利是同样不可避免的，对此，既要有信心，又要有耐心，因为这个趋势和结果不是任何人一厢情愿的主观臆想，而是不以人的意志为转移的客观规律和必然趋势。

案例4　坚持远大理想和共同理想相结合

【案例内容】

党的十九大报告，是一篇中国共产党人坚定理想信念的政治宣言。习近平总书记强调：要把坚定理想信念作为党的思想建设的首要任务，教育引导全党牢记党的宗旨，挺起共产党人的精神脊梁，解决好世界观、人生观、价值观这个“总开关”问题，自觉做共产主义远大理想和中国特色社会主义共同理想的坚定信仰者和忠实实践者。共产主义远大理想和中国特色社会主义共同理想，是中国共产党人的精神支柱和政治灵魂，也是保持党的团结统一的思想基础。

共产主义是我们党的远大理想。中国共产党一经成立，就把实现共产主义作为党的最高理想和最终目标。96年来，共产主义远大理想激励了一代又一代共产党人英勇奋斗，谱写了一曲曲气吞山河的壮丽史诗。习近平总书记一再强调指出：“理想信念坚定，骨头就硬，没有理想信念，或理想信念不坚定，精神上就会‘缺钙’，就会得‘软骨病’。”学习掌握马克思主义基本理论，是共产党人坚定理想信念的看家本领。中国共产党人的理想信念，建立在马克思主义科学真理的基础之上。共产主义远大理想的信仰与坚定，来自于对马克思主义科学理论的领悟和把握。

夺取新时代中国特色社会主义伟大胜利，把我国建成富强民主文明和谐美丽的社会主义现代化强国，实现中华民族伟大复兴，是新时代全国各族人民的共同理想。习近平总书记指出：经过长期努力，中国特色社会主义进入了新时代，这是我国发展新的历史方位。坚持和发展中国特色社会主义，总任务是实现社会主义现代化和中华民族伟大复兴，在全面建成小康社会的基础上，分两步走，在本世纪中叶建成富强民主文明和谐美丽的社会主义现代化强国。坚持中国特色社会主义共同理想，必须用习近平新时代中国特色社会主义思想武装全党，牢牢把握社会主义初级阶段这个基本国情，牢牢立足社会主义初级阶段这个最大实际，牢牢坚持党的基本路线这个党和国家的生命线、人民的幸福线，为中国人民谋幸福，为中华民族谋复兴，为实现人民对美好生活的向往不懈奋斗。

坚定理想信念，既要树立共产主义远大理想，又要坚持中国特色社会主义共同理想。必须把践行共同理想和坚定远大理想统一起来。没有远大理想，就会迷失前进方向；离开现实工作，再远大的理想也是空想。必须坚持和发展中国特色社会主义，坚定道路自信、理论自信、制度自信、文化自信，全面贯彻党的基本理论、基本路线、基本方略，"扎扎实实做好每一项工作，取得'接力赛'中我们这一棒的优异成绩"。①

【案例讨论】

1. 为什么要把坚定共产主义理想信念作为党的思想建设的首要任务？

2. 结合学习和工作实际，谈谈如何做到坚持远大理想和共同理想的辩证统一？

【案例分析】

理想是指引人们奋斗方向的航标，也是鼓舞人们前进和奋斗的强大精神动力。一个社会不能没有理想，一个革命的政党不能没有理想，一个人也不能没有理想。理想信念动摇是最危险的动摇，理想信念滑坡是最危险的滑坡。心中有信仰，脚下才会有力量。但理想有对错之分、好坏之别，错误的理想会使人误入歧途，会使政党迷失方向、失去民心，最终被历史和人民淘汰，而正确的理想则会引导人们披襟斩棘，走上康庄大道。共产主义理想是建立在科学基础上的社会理想，是人类最伟大的社会理想。中国特色社会主义共同理想是中国人民历经革命与建设实践的锤炼而形成的共同信念，共产主义远大理想和中国特色社会主义共同理想，不仅是中国共产党人的精神支柱和政治灵魂和保持党团结统一的思想基础，也是绝大多数中国人民的精神支柱和精神脊梁。没有远大理想，就会迷失前进方向；离开现实工作，再远大的理想也是空想。实现共产主义的远大理想需要一代又一代人脚踏实地的接力奋斗，当前就是要坚定中国特色的社会主义共同理想，坚定走中国特色社会主义道路的信念，推进中国特色社会主义事业。

① 王树荫：《坚持远大理想和共同理想相结合》，《光明日报》，2017年11月7日，第6版。